FEEDING GROUND

LANG ✦ LAPINSKI ✦ MANGUN

ARCHAIA ENTERTAINMENT LLC
WWW.ARCHAIA.COM

FEEDING GROUND ™

creado y historia por

SWIFTY
LANG
escritor

MICHAEL
LAPINSKI
arte/tintas

CHRIS
MANGUN
diseño de producción/letras

traducción por
NATHALIA RUIZ MURRAY

editado por
PAUL MORRISSEY

editado en español por
OSCAR PINTO

diseño de producción por
SCOTT NEWMAN

tapas/diseño del libro por
MICHAEL LAPINSKI

ARCHAIA ™
NEW STORIES. NEW WORLDS.

Publicado por **Archaia**

Archaia Entertainment LLC
1680 Vine Street, Suite 912
Los Angeles, California, 90028, USA
www.archaia.com

FEEDING GROUND Edición en Español de Pasta Dura. Septiembre 2011. PRIMERA IMPRESIÓ

10 9 8 7 6 5 4 3 2 1

ISBN: 1-936393-12-3
ISBN 13: 978-1-936393-12-1

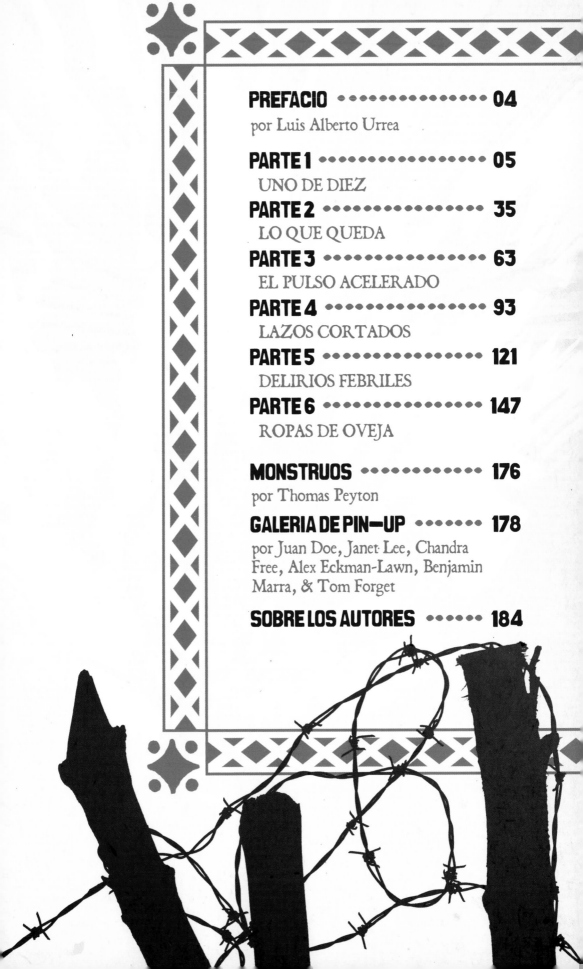

TERRENOS DE ALIMENTACIōN
DE LOS DIOSES MAYORES
POR LUIS ALBERTO URREA

Como escritor, estoy confrontado siempre con la misma pregunta: ¿Cuales son los libros mas influénciales en tu vida? Siempre quiero decir: Armadillo Comix #2 por Jim Franklin. Es por qué yo entre a la literatura por los dibujos. Aunque mi papa lo odiaba, Batman, y Hawkman alimentaron la visión que se mantuvo en mi prosa; visión sin hablar, hablando. Me encartaría saber cuantos de nosotros que somos escritores debemos nuestro estilo cinematografico a los cómics viejos.

Aunque el arte de cómics ha evolucionado hasta convertirse en algo común y corriente, retienen suficiente de su sentimiento de forastero y clandestino, que pueden desarrollar temas que nosotros nunca nos atreveríamos a tocar – no en compañía desente, y no en manifestaciones de el Tea Party. Uno no debe de acercarse a temas tan sucios y viles como el valor de la vida humana, la dignidad del espíritu humano, o el valor, como Bob Dylan una ves canto "estos niños que uno les escupe." Te estoy hablando a ti Señor político.

Y aquí esta una serie de libros que brinca justo al centro de los Corazones Oscurros: los damnificados (en todos sentidos de esa palabra) y el glorioso borde. El lugar en que yo escribo. El lugar donde nací.

Swifty Lang y yo tenemos un interés mutuo en la exquisitez del horror y la belleza de los terrenos baldíos donde los indocumentados tienen que luchar. Esa formidable región de un paisaje sin compromisos y donde Dios domina sin compasión. En mi libro EL CAMINO DEL DIABLO, yo digo que todos somos extranjeros en este paisaje, lo que yo llamo "La Desolación." Para los fanáticos de lo oculto, esto viene del Libro de Enoch. La tierra donde los caídos Watchers y sus hijos de la tierra, los Nephilim, están encadenados debajo de las montañas en llamas del desierto. Allí esperan su venganza.

Que aturdido y feliz estaba cuando estos cómics llegaron a mi buzón. Como todas las grandes novelas gráficas, estos libros crean un trabajo literario de poesía y admiración. El arte nos deja ver lo que no podemos – o no queremos – ver por nosotros mismos. Que mi trabajo tuvo una pequeña influencia con el genesis de este épico es lo mas cool que se me presenta. Me río en voz alta con aprecio cuando veo los contrabandistas (coyotes) y El Camino del Diablo propio, los maliciosos gánsteres en vivo, como si salieran de mi libro. Pero no me río por qué es gracioso. No. Estoy silbando a través del cementerio, amigos. Esta mierda me da miedo.

Lo que FEEDING GROUND ha creado y lo que Lang, Lapinski y Mangun han capturado, es la misteriosa naturaleza de este nuevo mito. La oscuridad en el centro de los campos de la muerte quemados por el sol. Hay algo... otro con respecto a la tierra. Hay algo que viene desde nuestras más profundas pesadillas que andan al acecho por allí. Sí, hay un peaje implacable de sufrimiento y muerte sin parar que va con la realidad de la aventura, emociones y acciones violentas. Ese es un hecho – todos los libros escritos sobre el borde tienen ese tema. Pero, el agente de la patrulla del borde sabe, el agente del DEA sabe, los chamanes de los cañones y dunas saben que algo... otro... acecha.

Estoy tratando de capturar este sentimiento similar a Lovecraft en mi trabajo. Sí, estoy un poco molesto que Swifty y todos lo hicieron primero, y tan bien hecho. Esta sensación es lo que los filósofos llaman "el arte sublime." Es una belleza, pero un terror también. Es un horror de más alto nivel: una sensación de lo eternal, lo oscuro, lo aplastante. Una épica tan adictiva que seduce llevándonos hasta un profundo cañón de rocas rojas donde nos esperan los peores sueños. Es tan malo que resulta precioso. Es un festival de maravillas que enseña el verdadero temor de la muerte terrible.

Luis Alberto Urrea
Chicago, 2011

LUIS ALBERTO URREA *es el escritor galardonado de ficción y no-ficción de libros como* ACROSS THE WIRE: LIFE AND HARD TIMES ON THE MEXICAN BORDER and THE DEVIL'S HIGHWAY, *finalista por el Premio Pulitzer del 2005 para no-ficción general.*

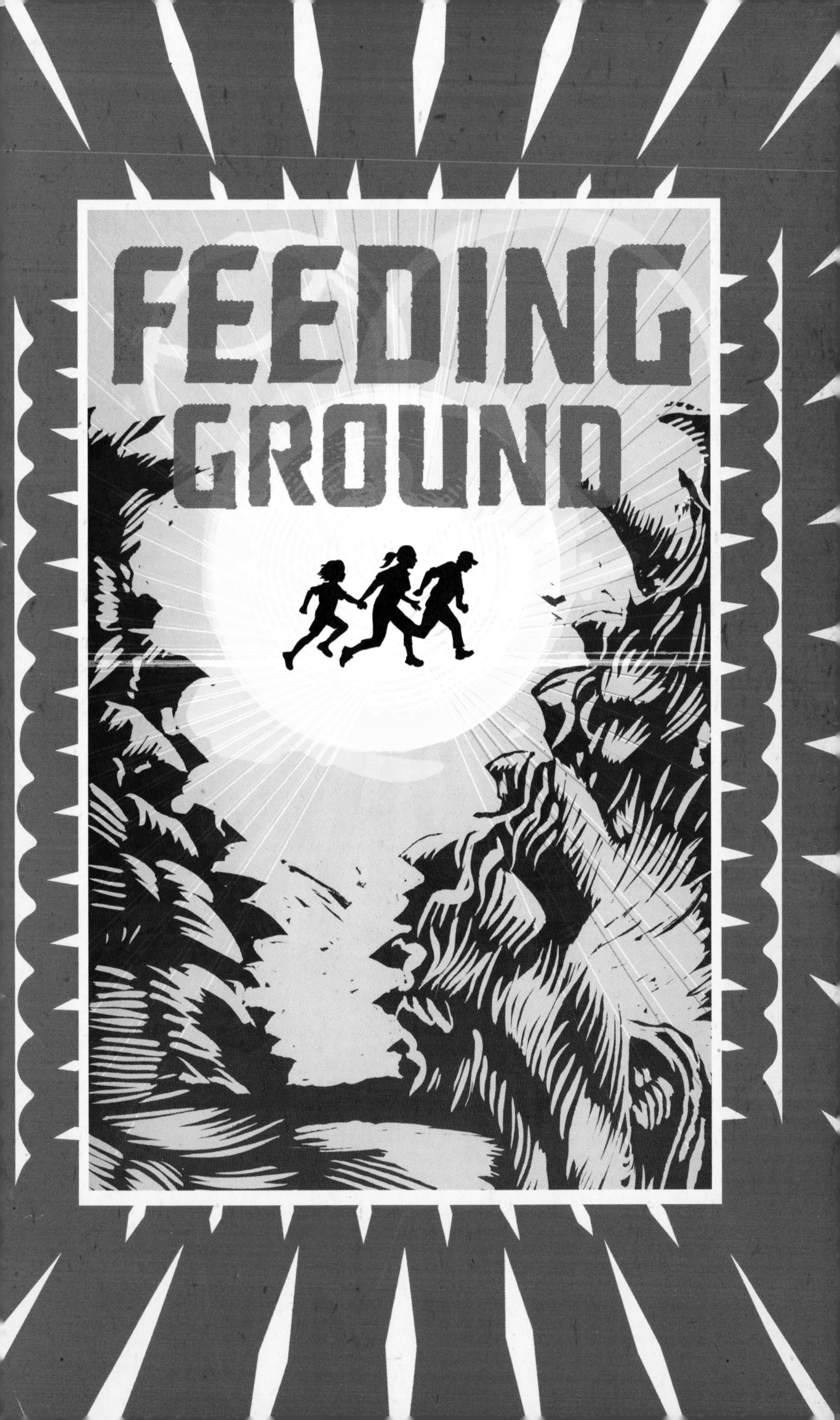
FEEDING
GROUND

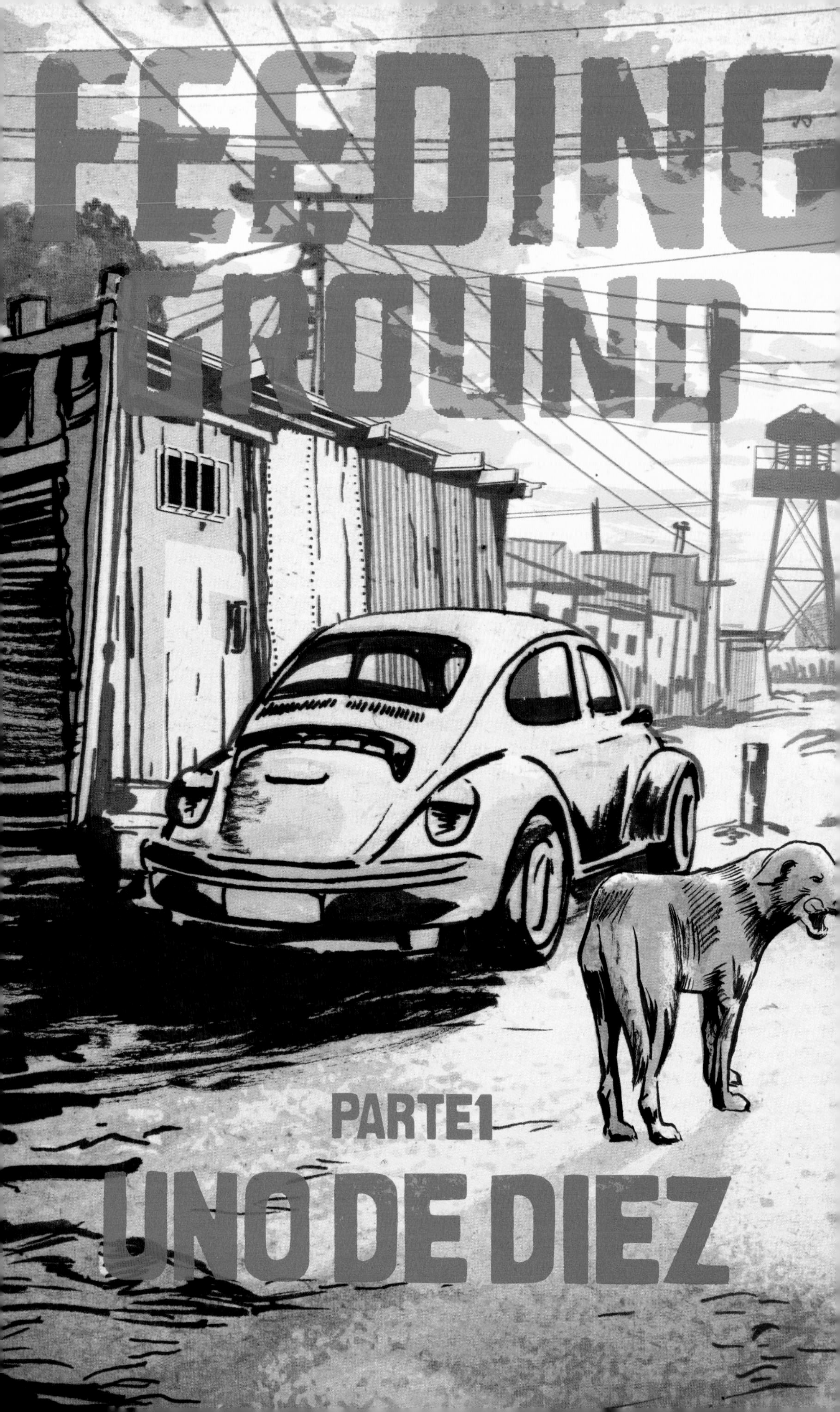
FEEDING
GROUND
PARTE1
UNO DE DIEZ

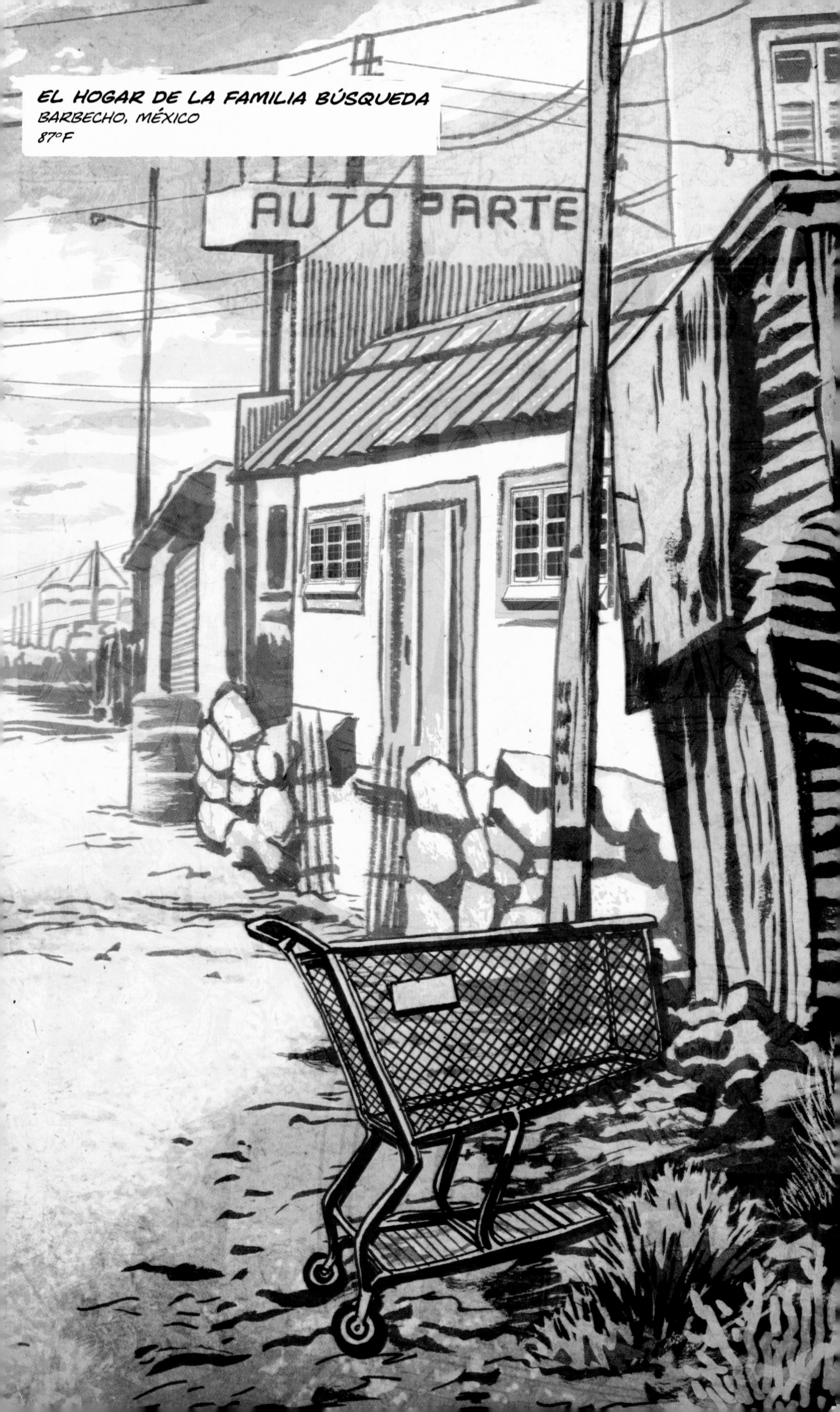
EL HOGAR DE LA FAMILIA BÚSQUEDA
BARBECHO, MÉXICO
87°F
AUTO PARTE

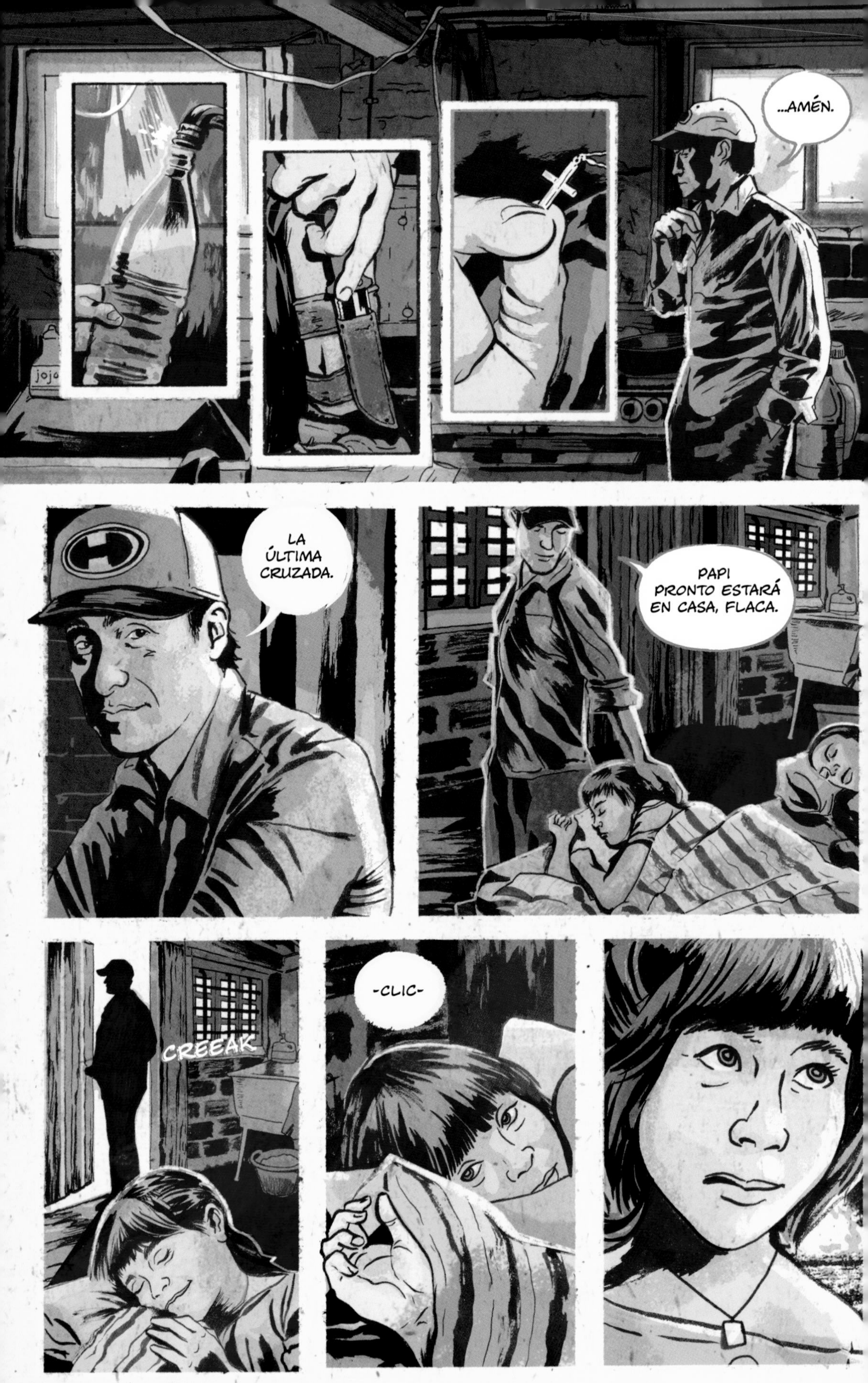

...AMÉN.
LA ÚLTIMA CRUZADA.
PAPI PRONTO ESTARÁ EN CASA, FLACA.
CREEAK
-CLIC-

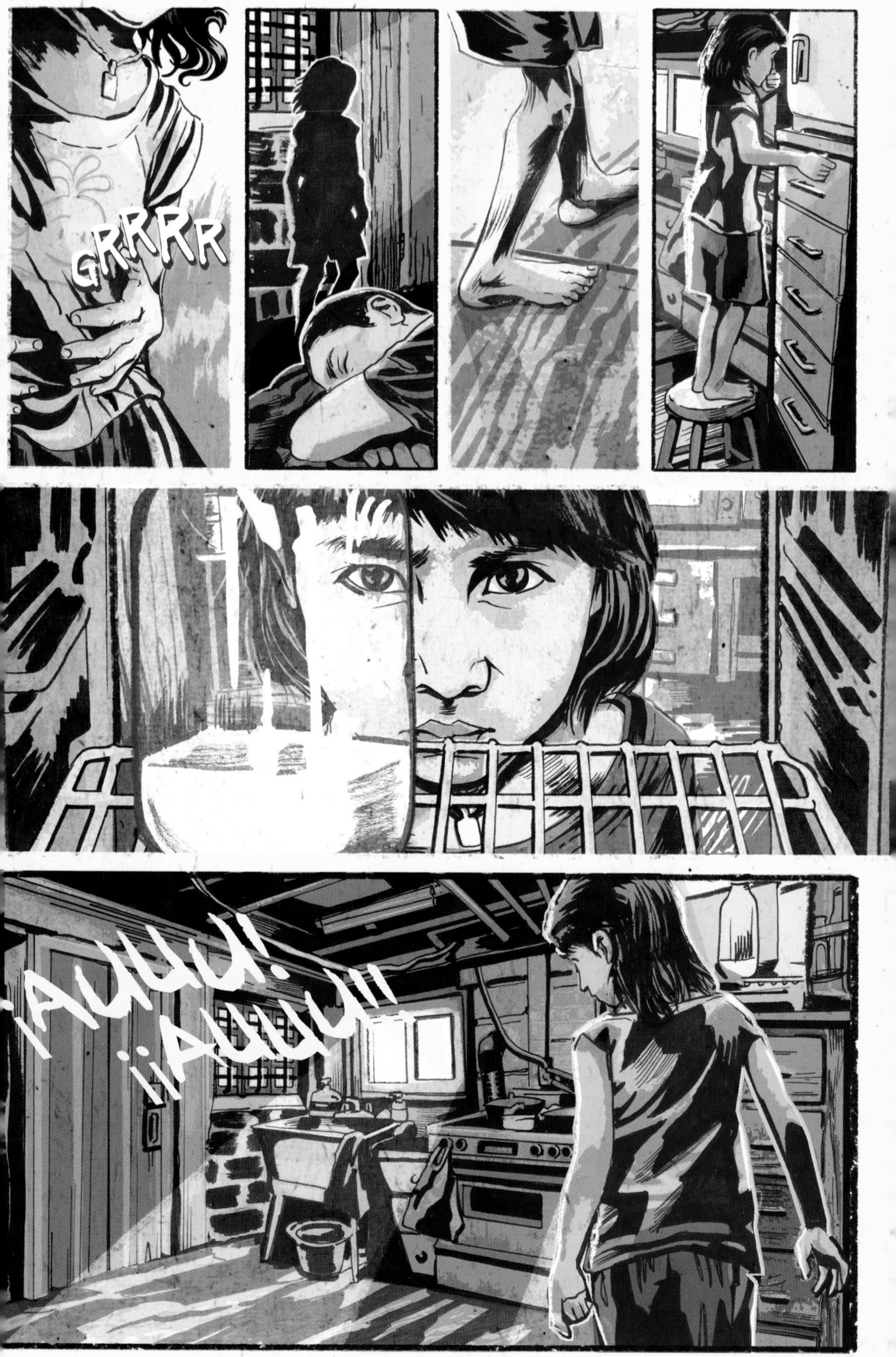
GRRRR
¡AUUU!
¡¡AUUU!!

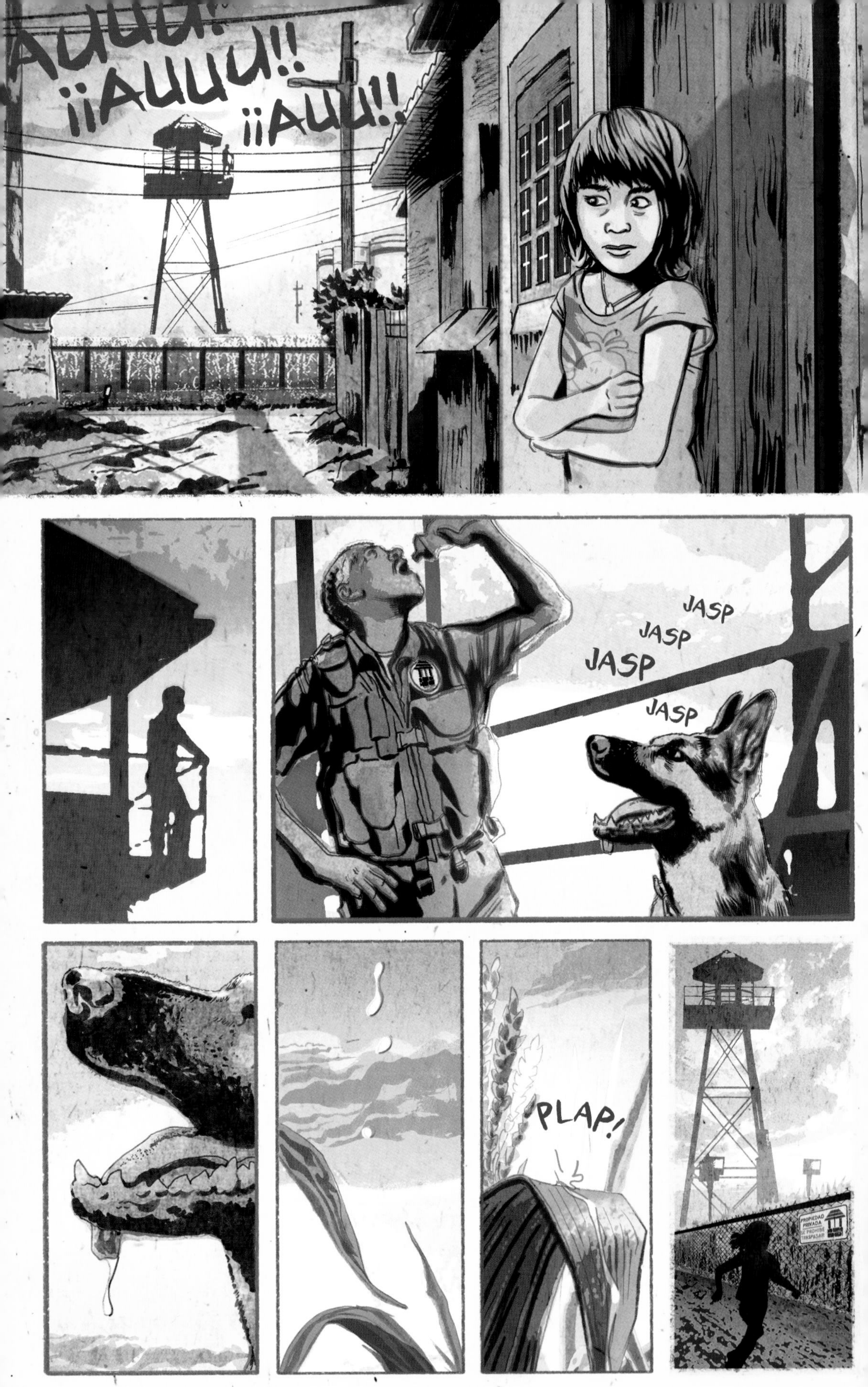
AUUU!
¡¡AUUU!!
¡¡AUU!!
JASP
JASP
JASP
JASP
PLAP!
PROPIEDAD PRIVADA
SE PROHIBE TRASPASAR

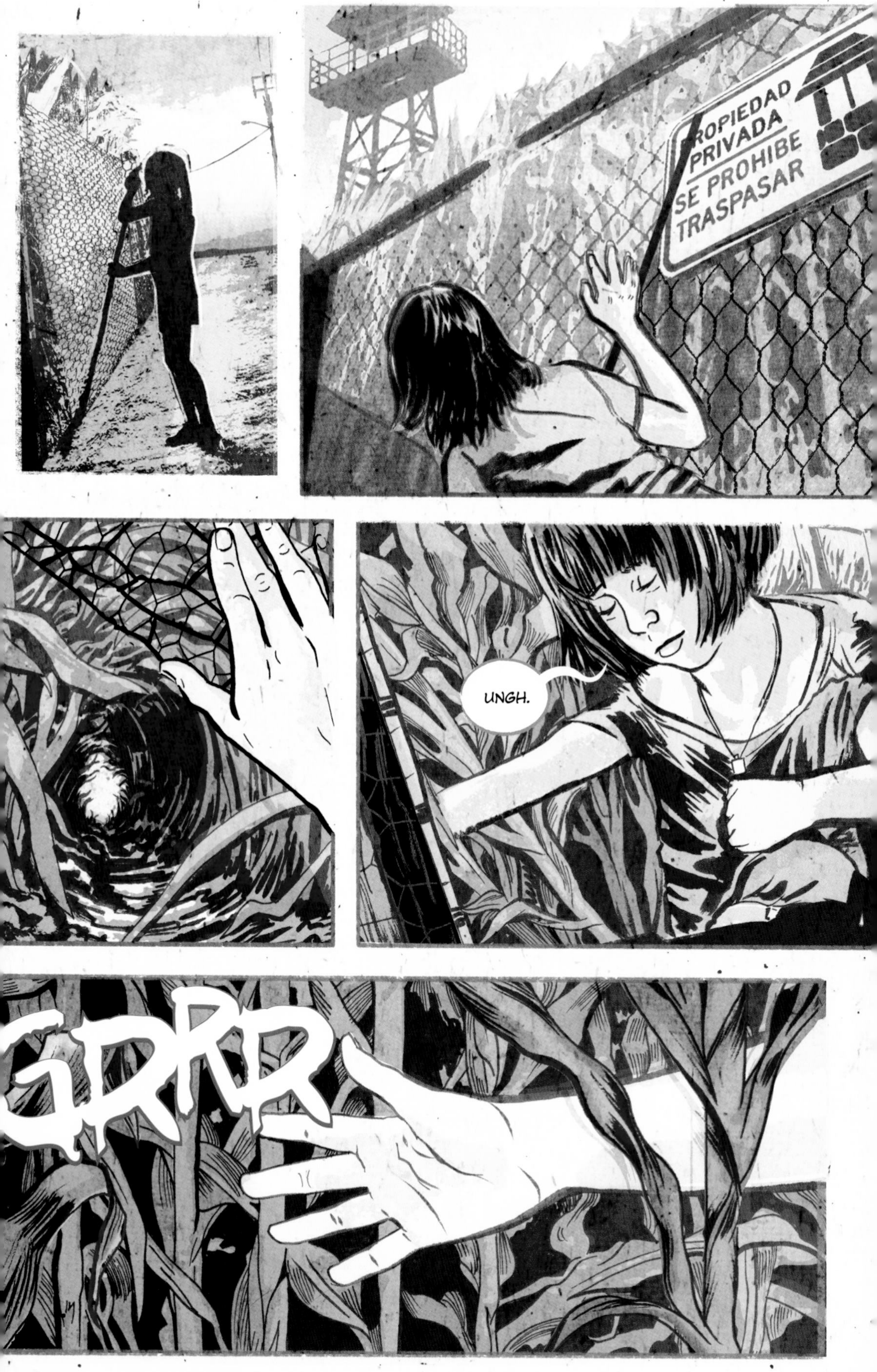
PROPIEDAD
PRIVADA
SE PROHIBE
TRASPASAR
UNGH.
GRRR

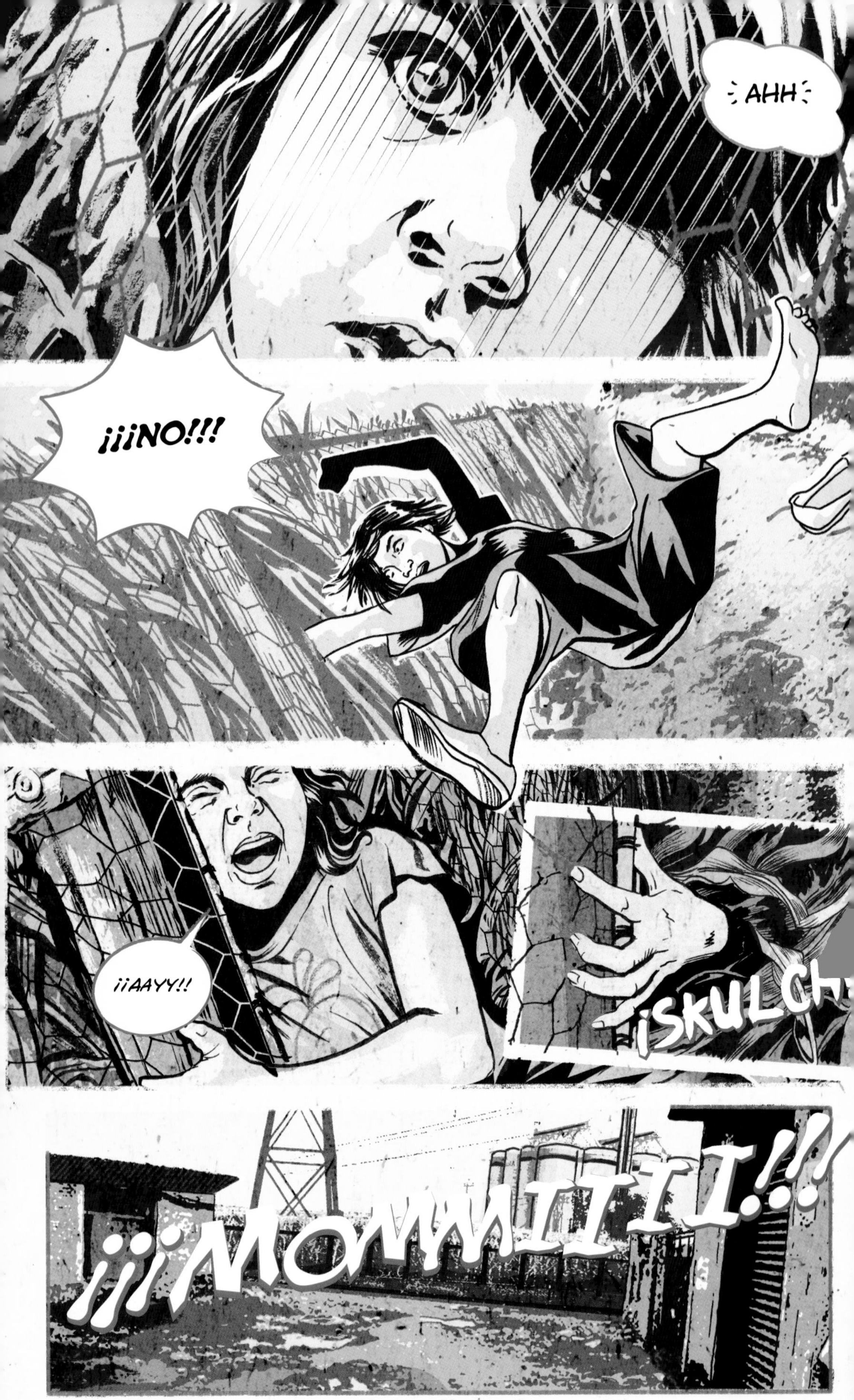
AHH
¡¡¡NO!!!
¡¡AAYY!!
¡SKULCH
¡¡¡MOMMIIII!!!

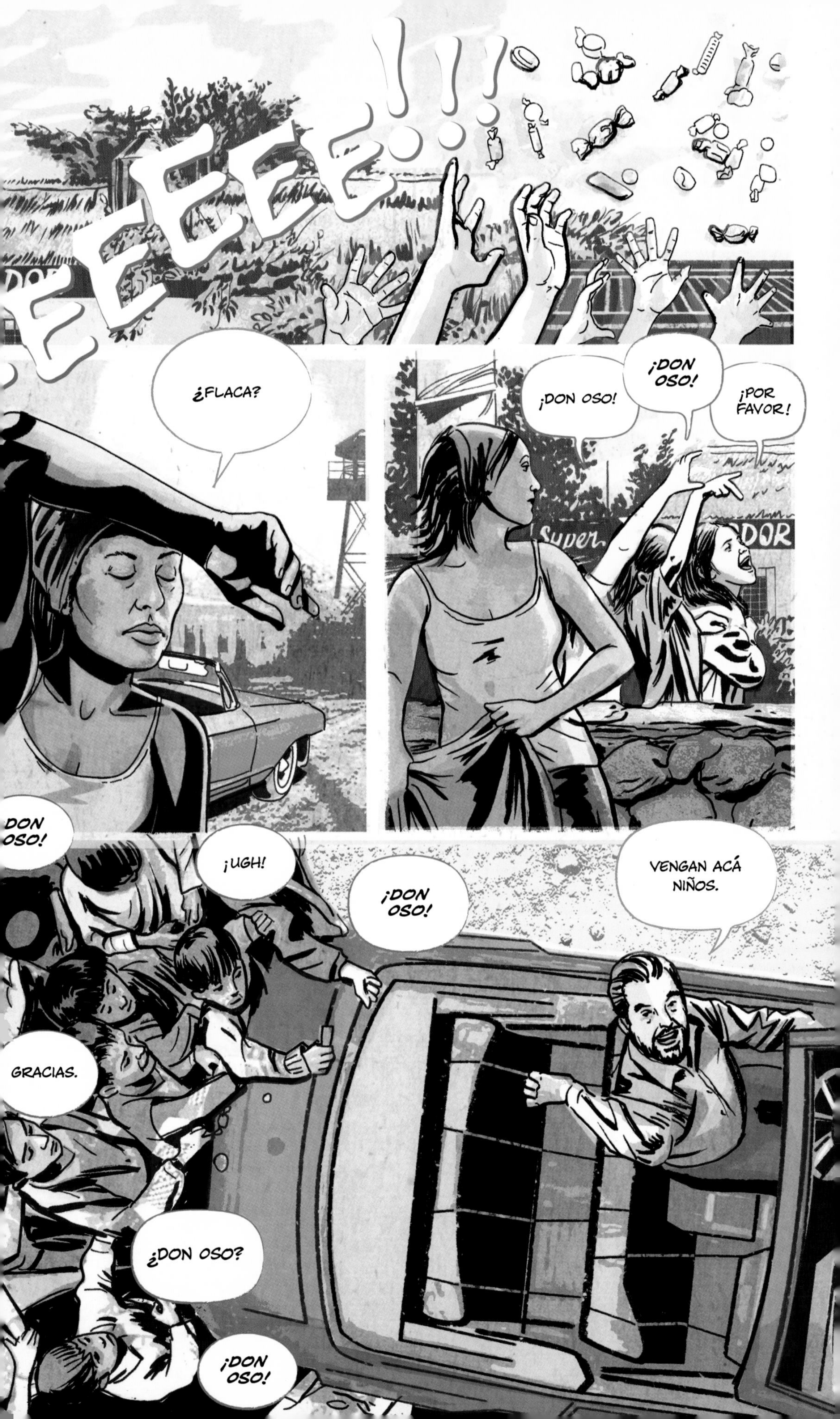
¡EEEEE!!!
¿FLACA?
¡DON OSO!
¡DON OSO!
¡POR FAVOR!
Super
DOR
DON OSO!
¡UGH!
¡DON OSO!
VENGAN ACÁ NIÑOS.
GRACIAS.
¿DON OSO?
¡DON OSO!

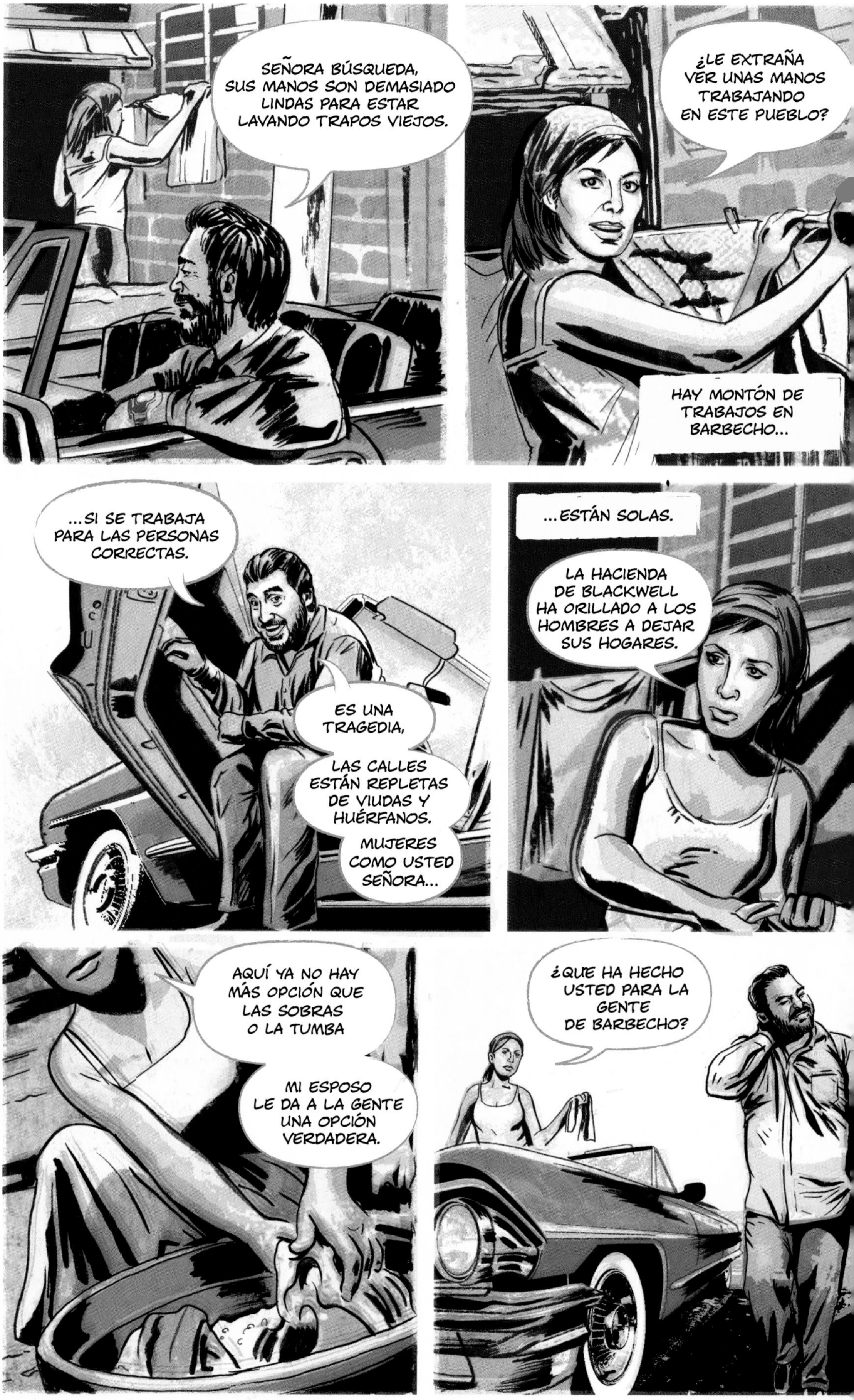
SEÑORA BÚSQUEDA, SUS MANOS SON DEMASIADO LINDAS PARA ESTAR LAVANDO TRAPOS VIEJOS.
¿LE EXTRAÑA VER UNAS MANOS TRABAJANDO EN ESTE PUEBLO?
HAY MONTÓN DE TRABAJOS EN BARBECHO...
...SI SE TRABAJA PARA LAS PERSONAS CORRECTAS.
ES UNA TRAGEDIA,
LAS CALLES ESTÁN REPLETAS DE VIUDAS Y HUÉRFANOS.
MUJERES COMO USTED SEÑORA...
...ESTÁN SOLAS.
LA HACIENDA DE BLACKWELL HA ORILLADO A LOS HOMBRES A DEJAR SUS HOGARES.
AQUÍ YA NO HAY MÁS OPCIÓN QUE LAS SOBRAS O LA TUMBA
MI ESPOSO LE DA A LA GENTE UNA OPCIÓN VERDADERA.
¿QUE HA HECHO USTED PARA LA GENTE DE BARBECHO?

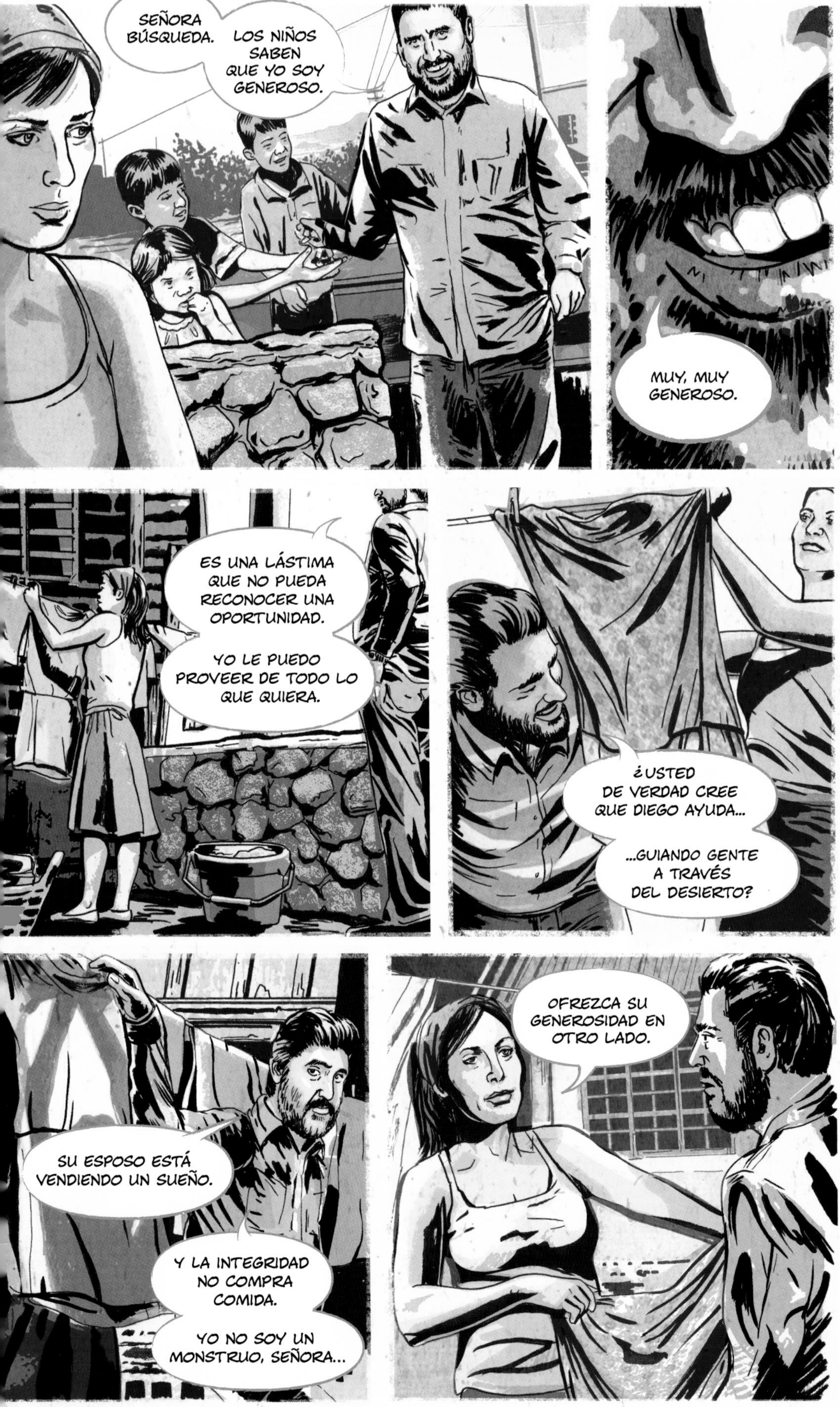
SEÑORA BÚSQUEDA.
LOS NIÑOS SABEN QUE YO SOY GENEROSO.
MUY, MUY GENEROSO.
ES UNA LÁSTIMA QUE NO PUEDA RECONOCER UNA OPORTUNIDAD.
YO LE PUEDO PROVEER DE TODO LO QUE QUIERA.
¿USTED DE VERDAD CREE QUE DIEGO AYUDA...
...GUIANDO GENTE A TRAVÉS DEL DESIERTO?
SU ESPOSO ESTÁ VENDIENDO UN SUEÑO.
Y LA INTEGRIDAD NO COMPRA COMIDA.
YO NO SOY UN MONSTRUO, SEÑORA...
OFREZCA SU GENEROSIDAD EN OTRO LADO.

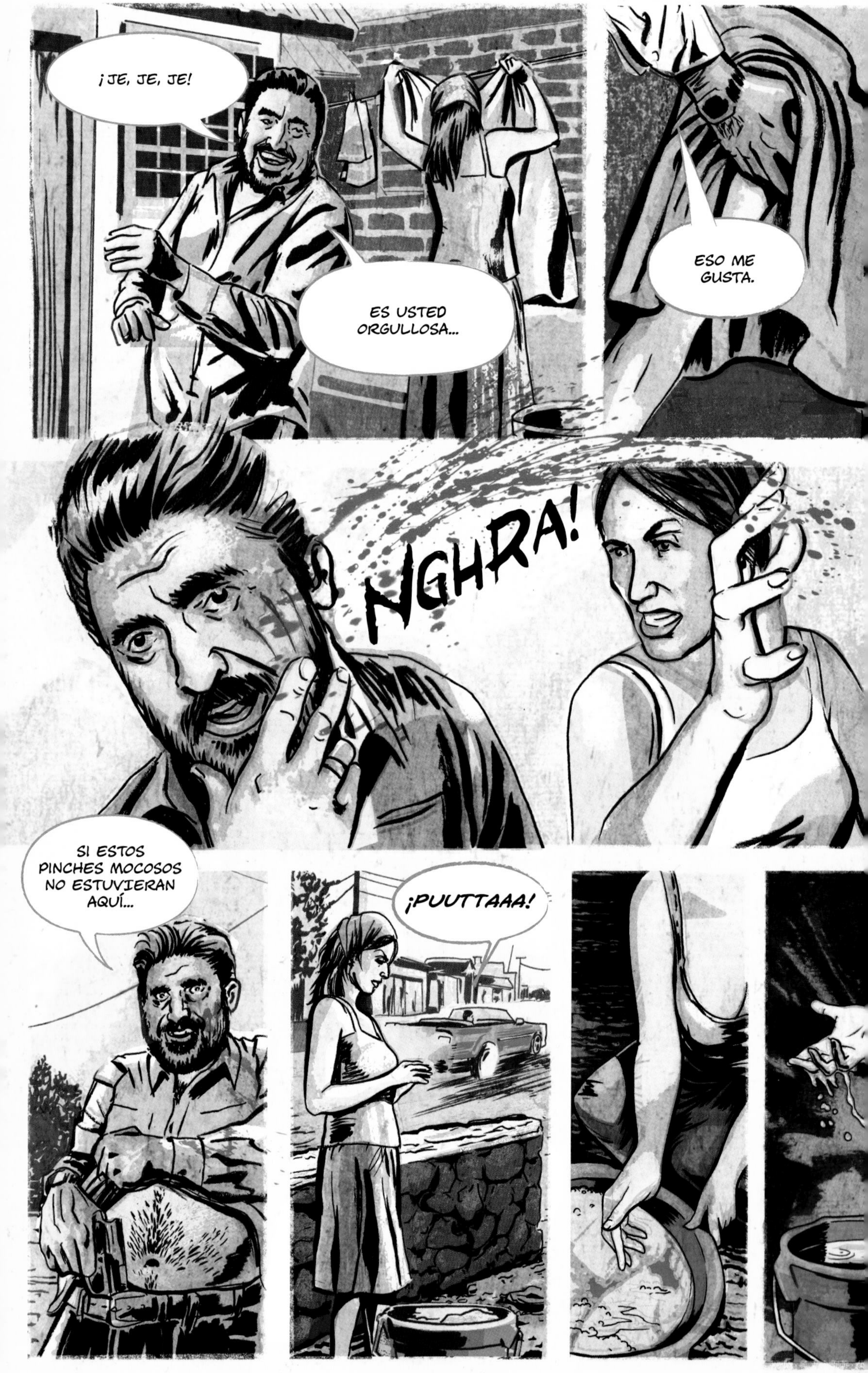
¡JE, JE, JE!
ES USTED ORGULLOSA...
ESO ME GUSTA.
NGHRA!
SI ESTOS PINCHES MOCOSOS NO ESTUVIERAN AQUÍ...
¡PUUTTAAA!

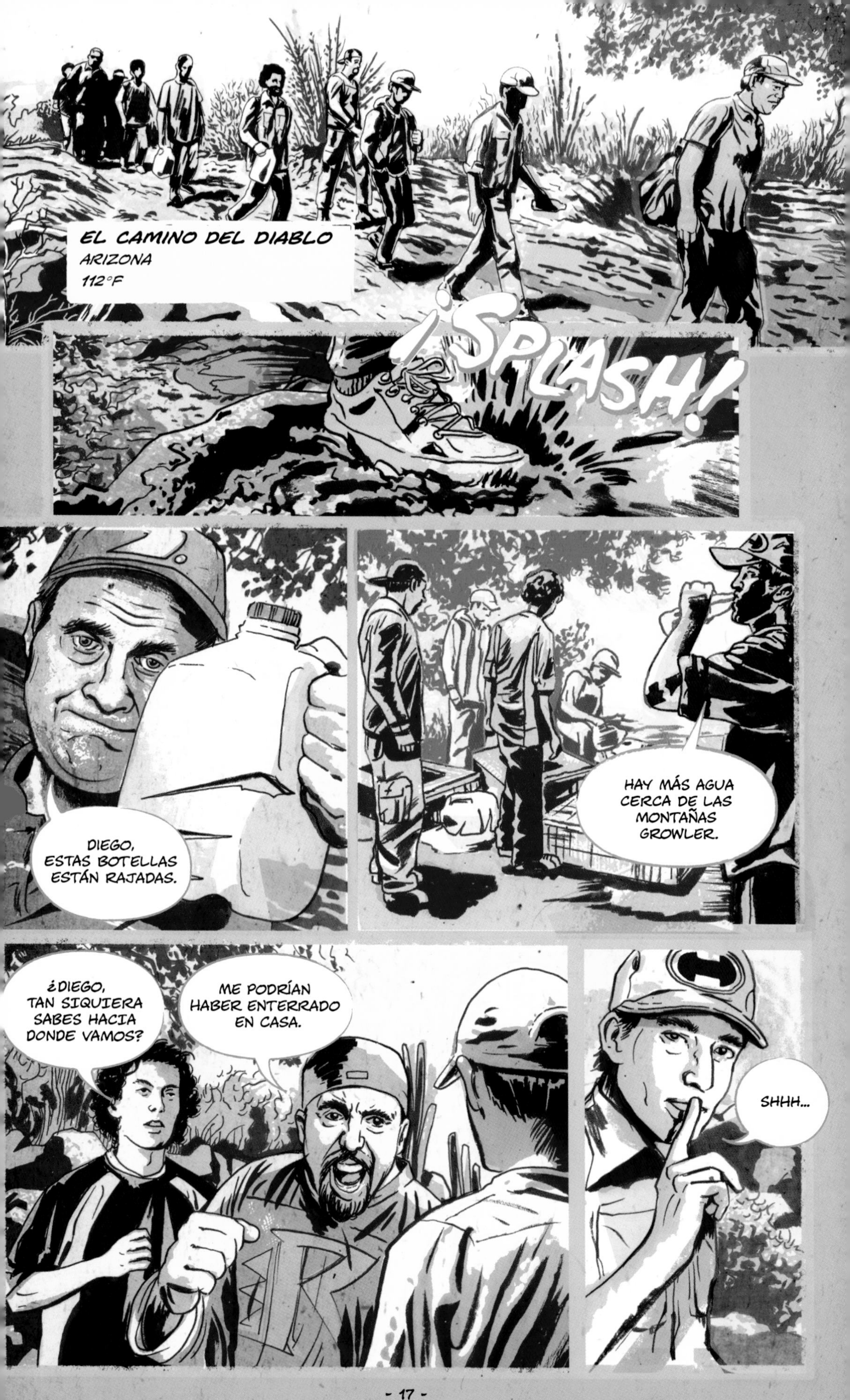
EL CAMINO DEL DIABLO
ARIZONA
112°F
¡SPLASH!
DIEGO, ESTAS BOTELLAS ESTÁN RAJADAS.
HAY MÁS AGUA CERCA DE LAS MONTAÑAS GROWLER.
¿DIEGO, TAN SIQUIERA SABES HACIA DONDE VAMOS?
ME PODRÍAN HABER ENTERRADO EN CASA.
SHHH...

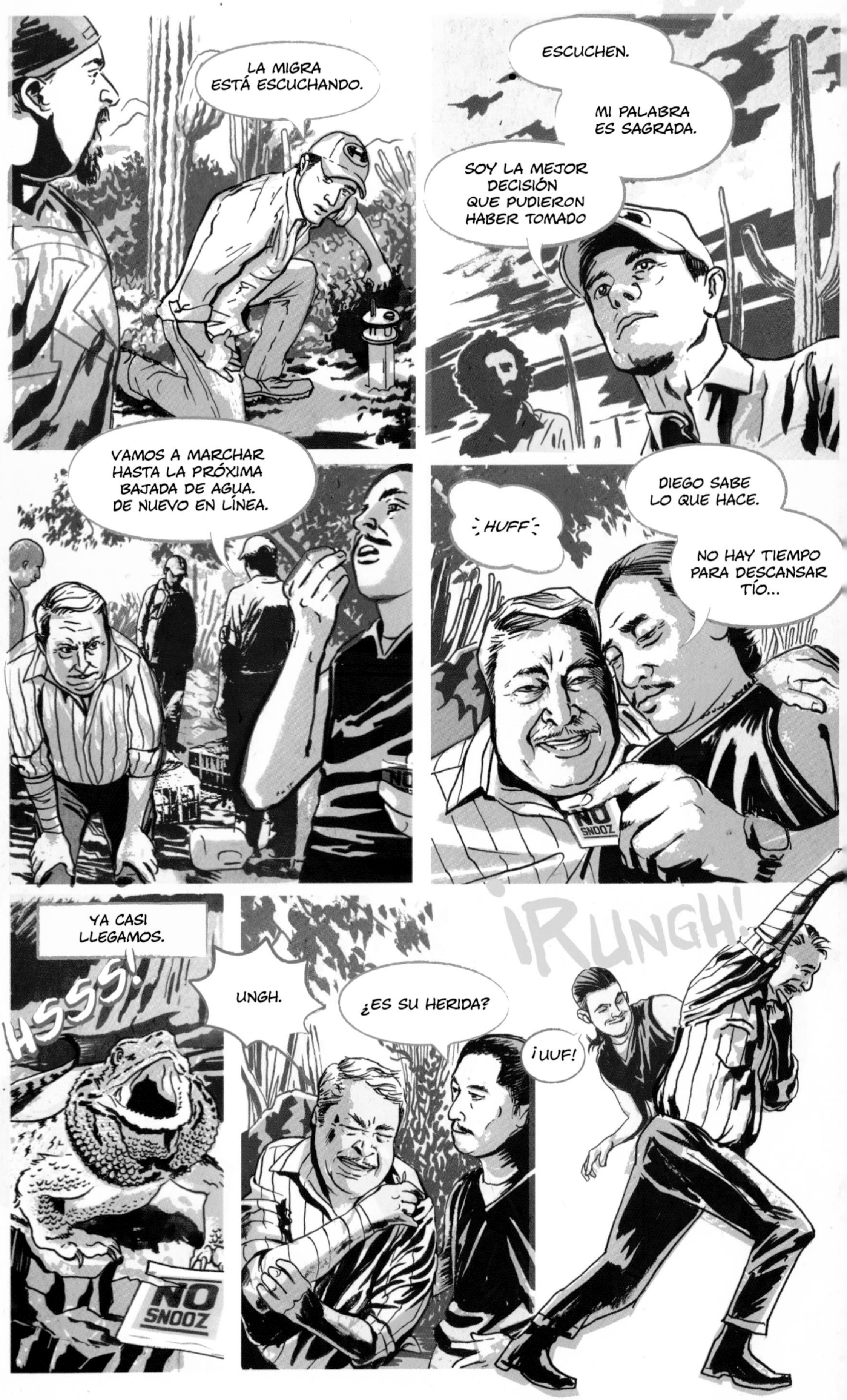
LA MIGRA ESTÁ ESCUCHANDO.
ESCUCHEN.
MI PALABRA ES SAGRADA.
SOY LA MEJOR DECISIÓN QUE PUDIERON HABER TOMADO
VAMOS A MARCHAR HASTA LA PRÓXIMA BAJADA DE AGUA. DE NUEVO EN LÍNEA.
NO
HUFF
DIEGO SABE LO QUE HACE.
NO HAY TIEMPO PARA DESCANSAR TÍO...
NO SNOOZ
YA CASI LLEGAMOS.
HSSSS!
NO SNOOZ
UNGH.
¿ES SU HERIDA?
¡RUNGH!
¡UUF!

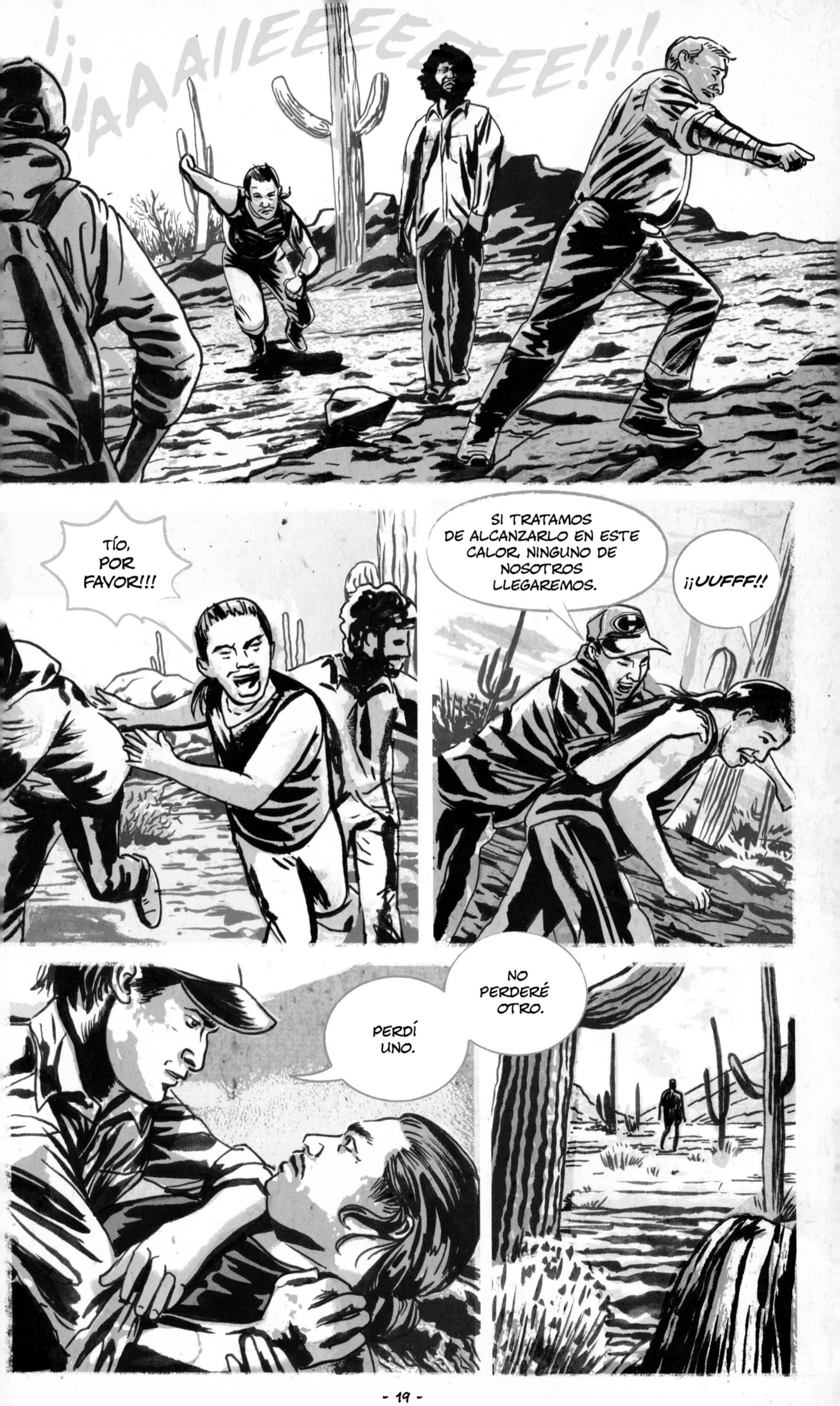
¡¡AAAIIEEEEEEEE!!!
TÍO, POR FAVOR!!!
SI TRATAMOS DE ALCANZARLO EN ESTE CALOR, NINGUNO DE NOSOTROS LLEGAREMOS.
¡¡UUFFF!!
PERDÍ UNO.
NO PERDERÉ OTRO.

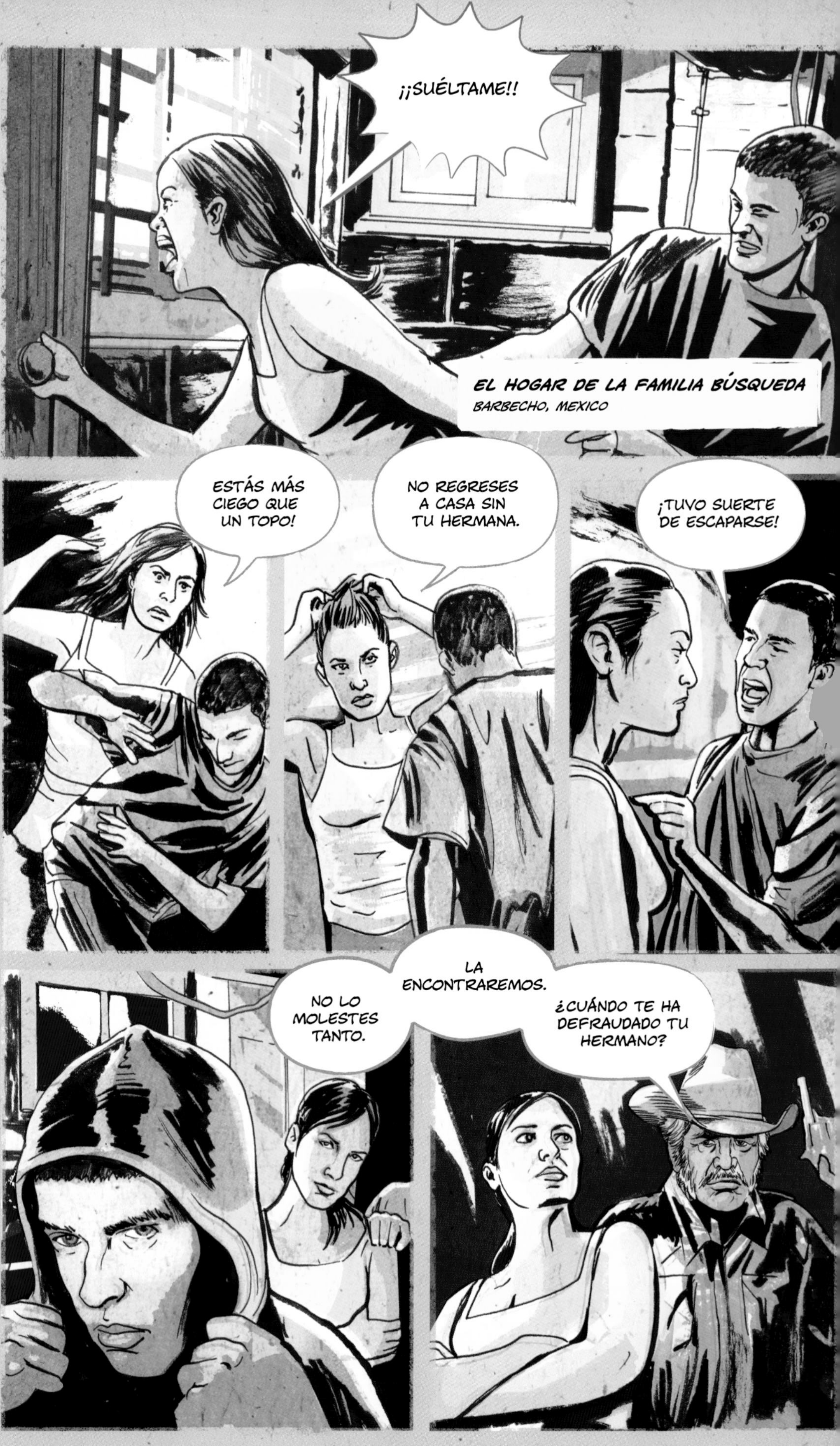
¡¡SUÉLTAME!!
EL HOGAR DE LA FAMILIA BÚSQUEDA
BARBECHO, MEXICO
ESTÁS MÁS CIEGO QUE UN TOPO!
NO REGRESES A CASA SIN TU HERMANA.
¡TUVO SUERTE DE ESCAPARSE!
NO LO MOLESTES TANTO.
LA ENCONTRAREMOS.
¿CUÁNDO TE HA DEFRAUDADO TU HERMANO?

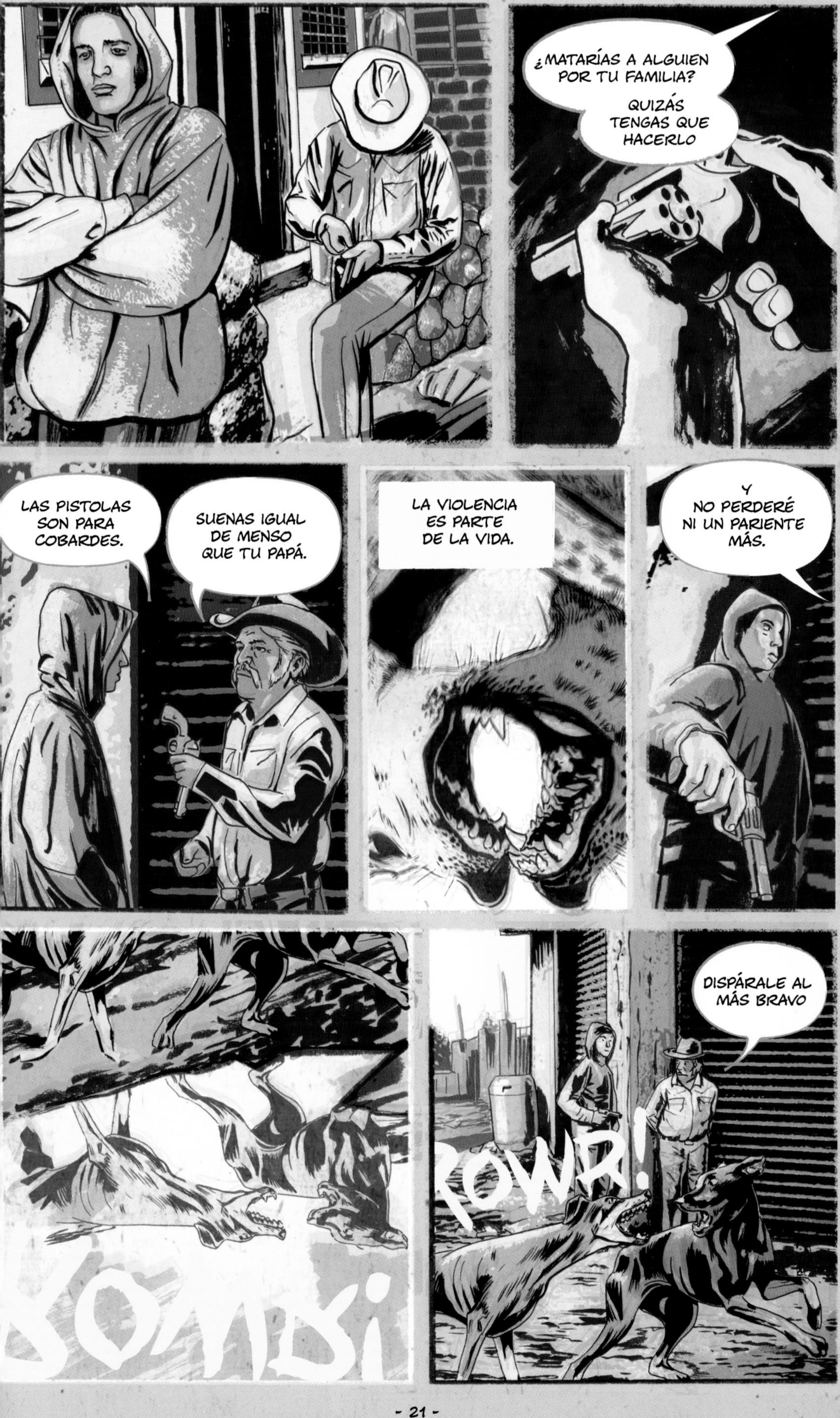
¿MATARÍAS A ALGUIEN POR TU FAMILIA?
QUIZÁS TENGAS QUE HACERLO
LAS PISTOLAS SON PARA COBARDES.
SUENAS IGUAL DE MENSO QUE TU PAPÁ.
LA VIOLENCIA ES PARTE DE LA VIDA.
Y NO PERDERÉ NI UN PARIENTE MÁS.
DISPÁRALE AL MÁS BRAVO
ROWR!

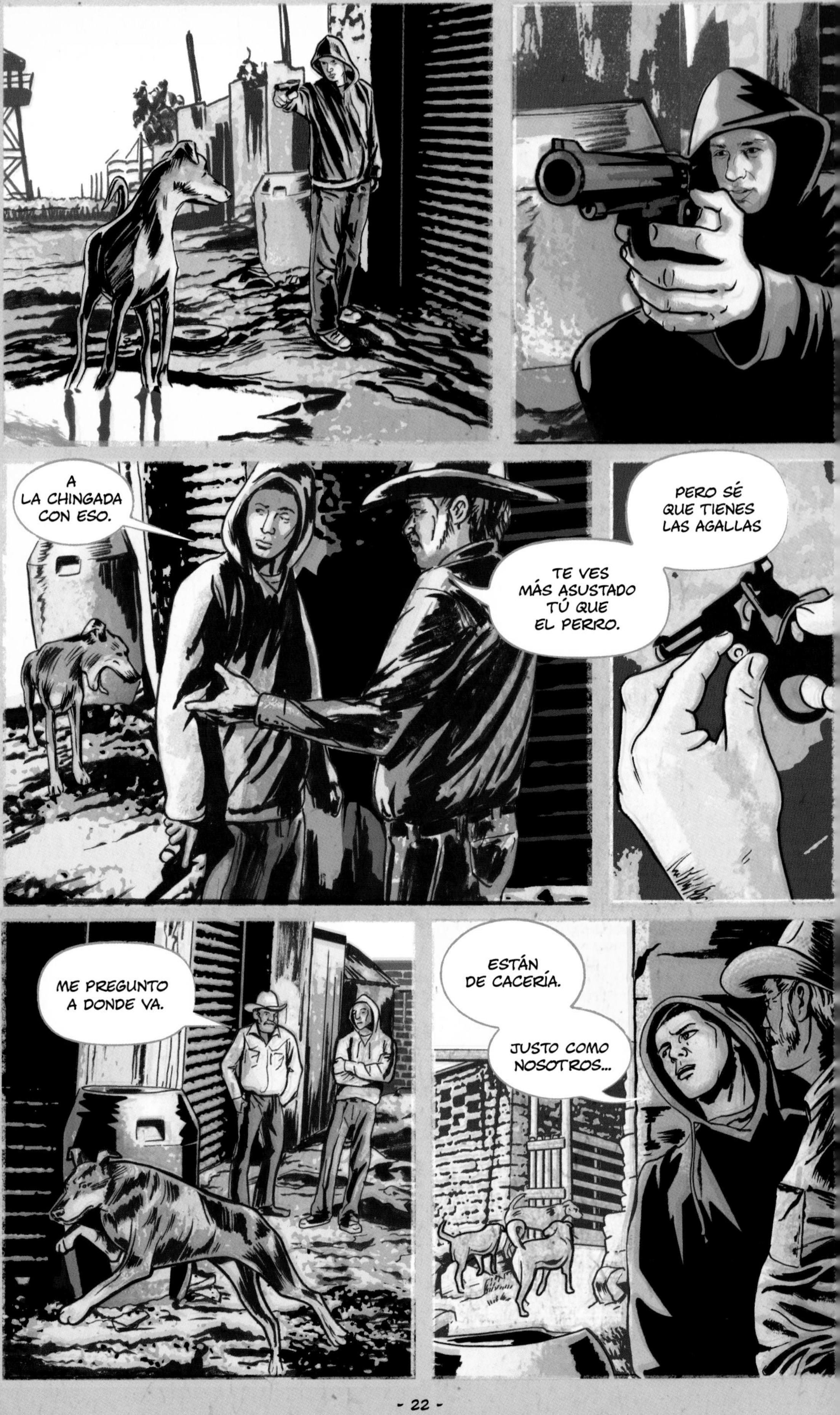
A LA CHINGADA CON ESO.
TE VES MÁS ASUSTADO TÚ QUE EL PERRO.
PERO SÉ QUE TIENES LAS AGALLAS
ME PREGUNTO A DONDE VA.
ESTÁN DE CACERÍA.
JUSTO COMO NOSOTROS...

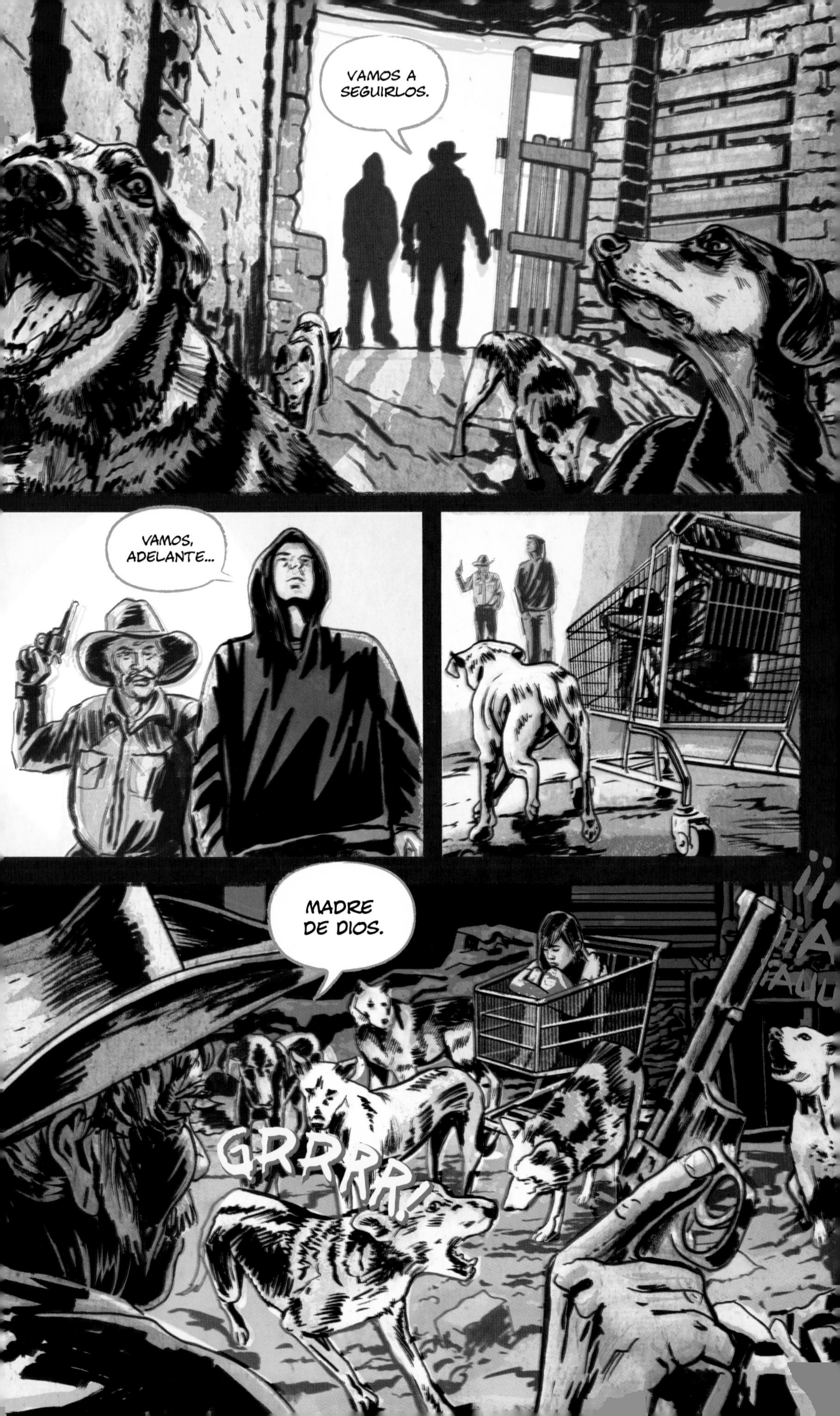
VAMOS A SEGUIRLOS.
VAMOS, ADELANTE...
MADRE DE DIOS.
GRRRR!

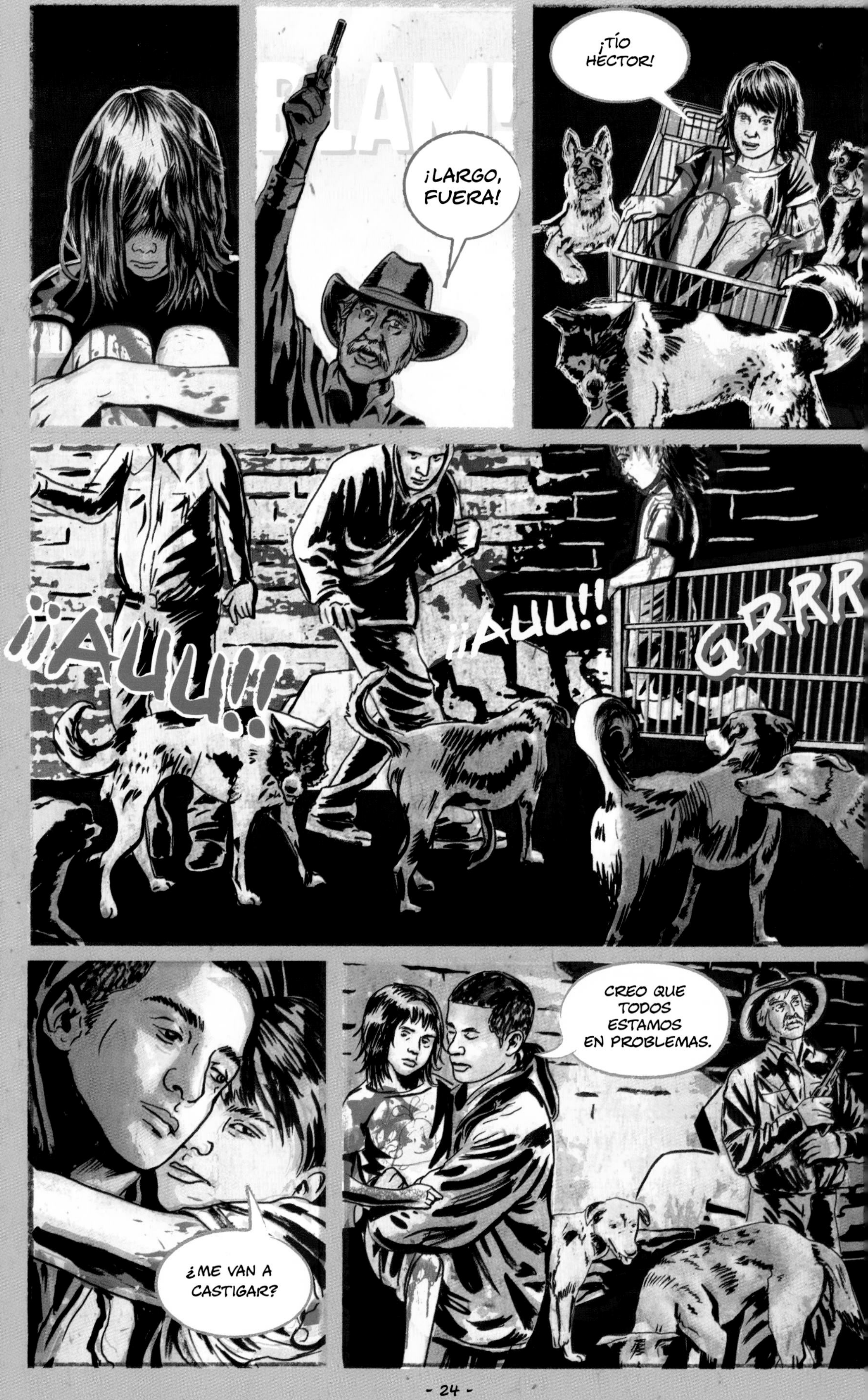
BLAM!
¡LARGO, FUERA!
¡TÍO HÉCTOR!
¡¡AUU!!
¡¡AUU!!
GRRR
¿ME VAN A CASTIGAR?
CREO QUE TODOS ESTAMOS EN PROBLEMAS.

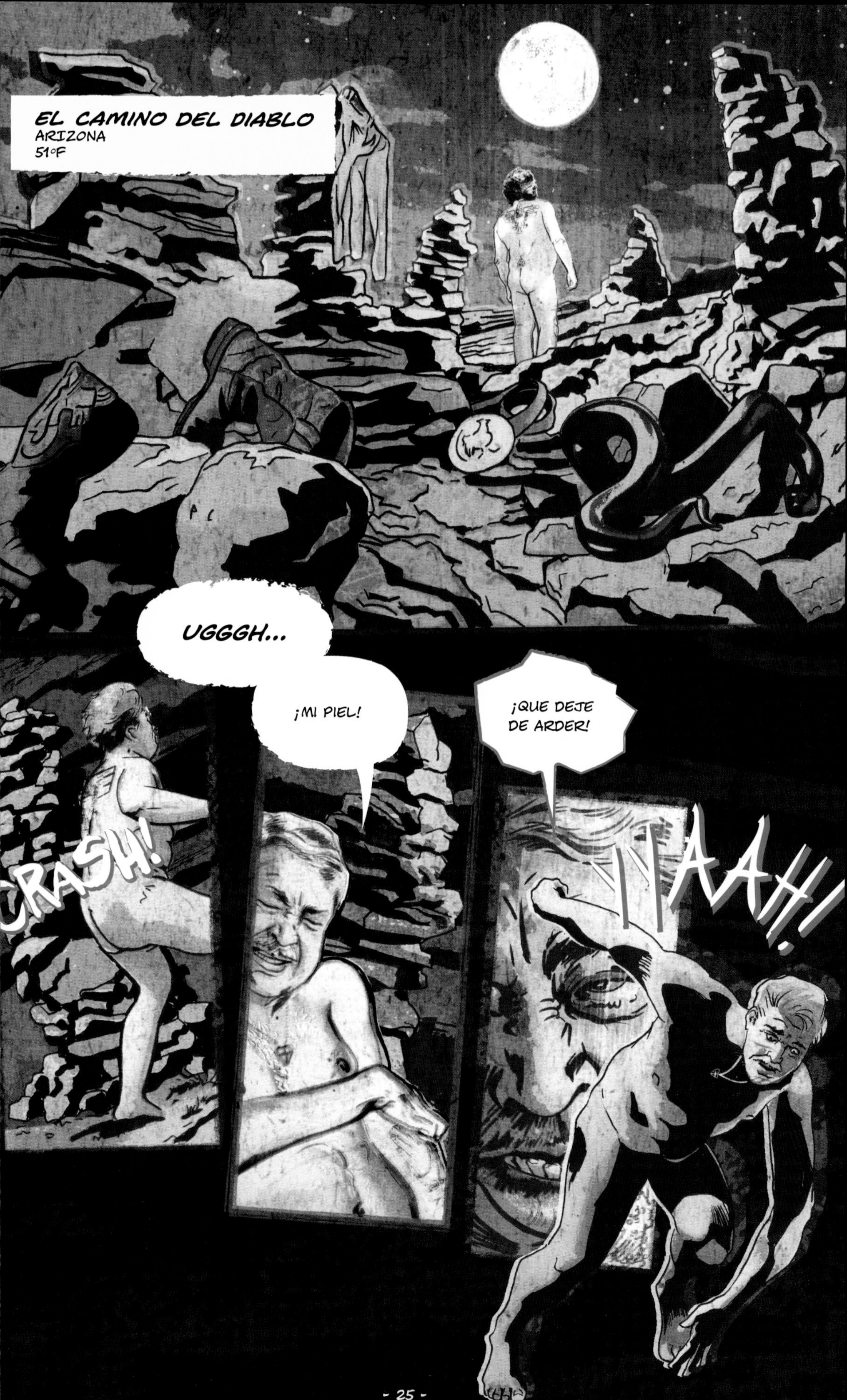
EL CAMINO DEL DIABLO
ARIZONA
51°F
UGGGH...
CRASH!
¡MI PIEL!
¡QUE DEJE
DE ARDER!
¡¡YAAH!!

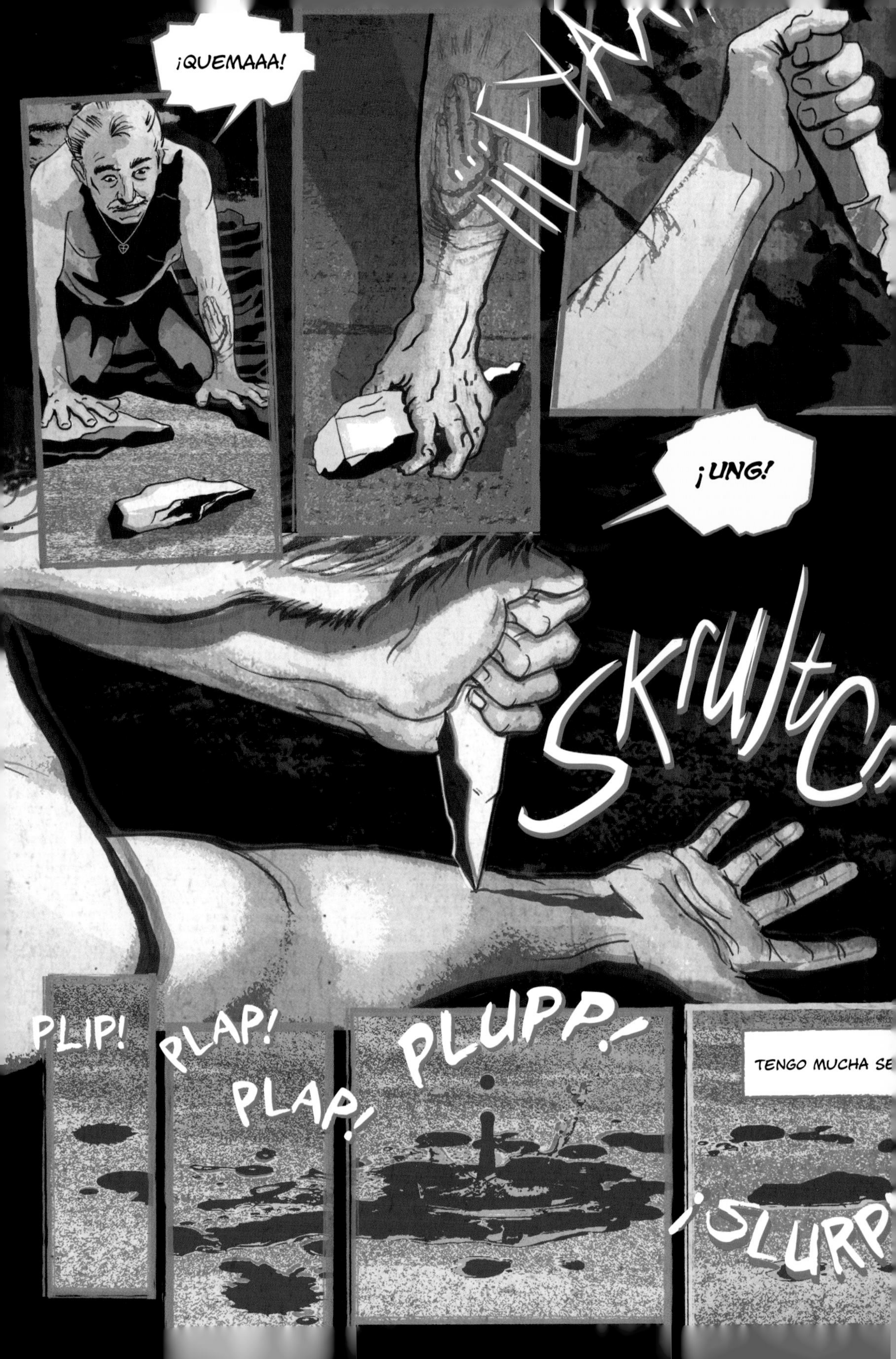
¡QUEMAAA!
¡UNG!
PLIP!
PLAP!
PLAP!
PLUPP!
TENGO MUCHA SE
¡SLURP

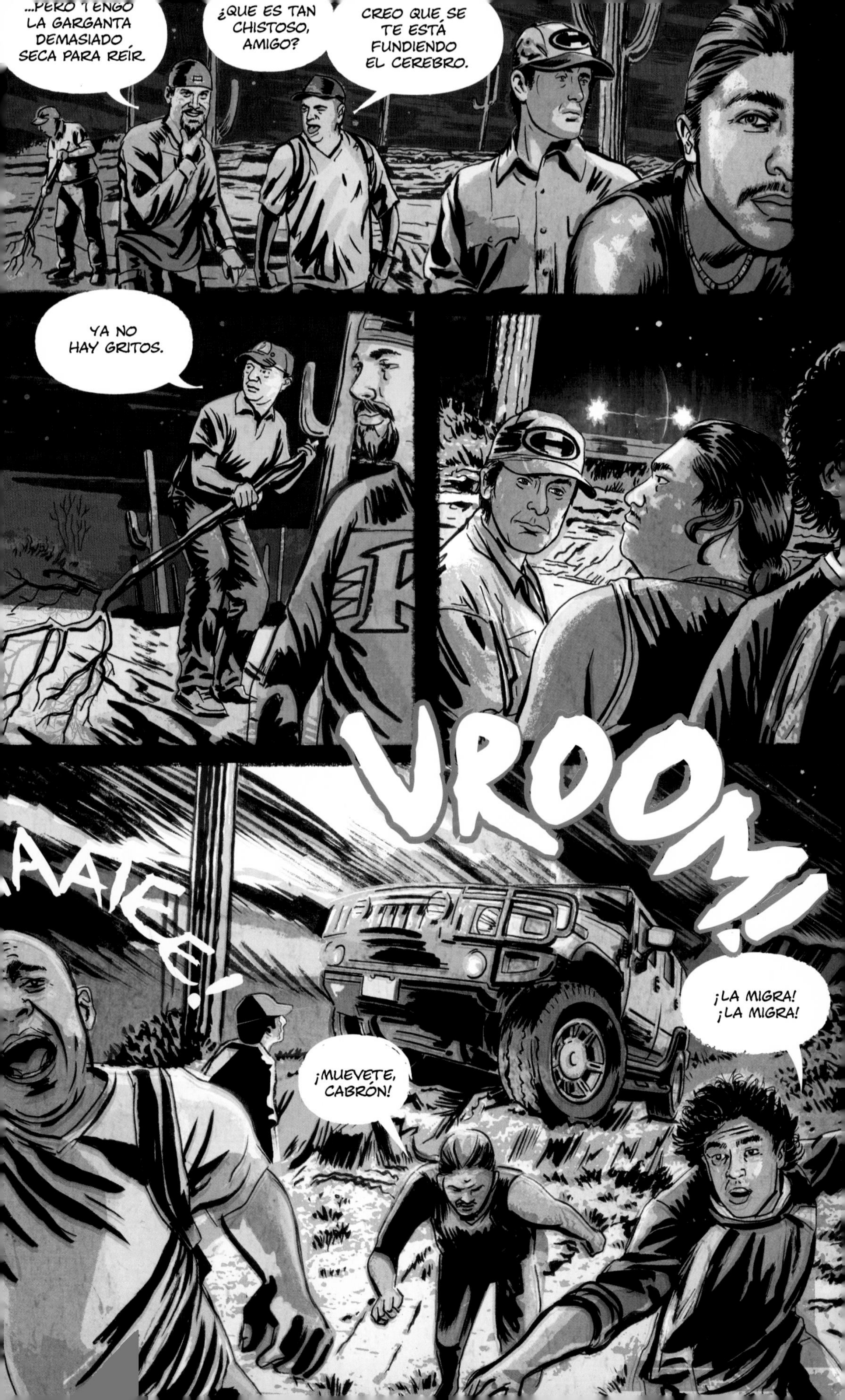

...PERO TENGO LA GARGANTA DEMASIADO SECA PARA REÍR
¿QUE ES TAN CHISTOSO, AMIGO?
CREO QUE SE TE ESTÁ FUNDIENDO EL CEREBRO.
YA NO HAY GRITOS.
VROOM!
AAIEE!
¡MUEVETE, CABRÓN!
¡LA MIGRA! ¡LA MIGRA!

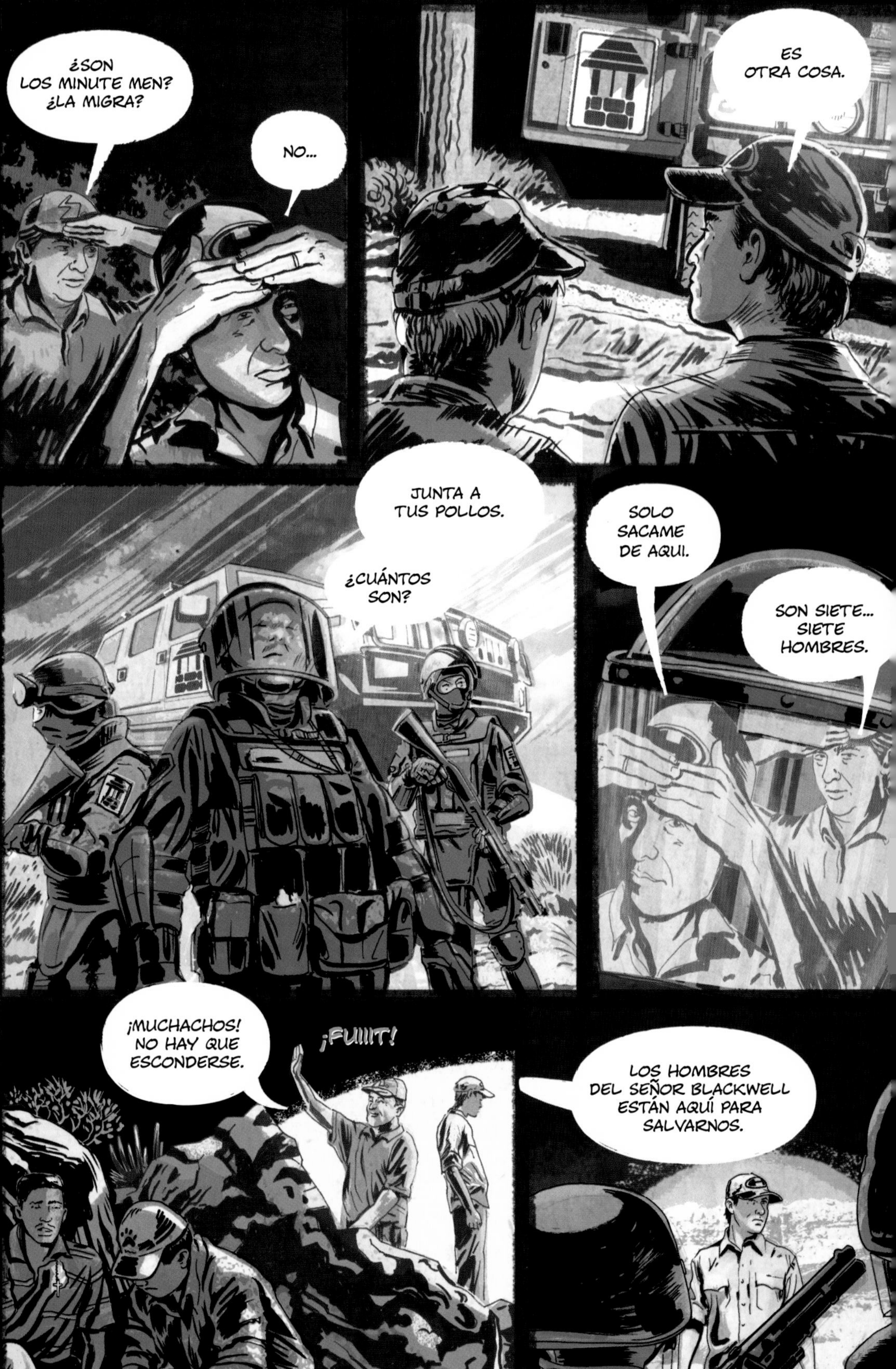

¿SON LOS MINUTE MEN? ¿LA MIGRA?
NO...
ES OTRA COSA.
JUNTA A TUS POLLOS.
¿CUÁNTOS SON?
SOLO SACAME DE AQUI.
SON SIETE... SIETE HOMBRES.
¡MUCHACHOS! NO HAY QUE ESCONDERSE.
¡FUIIIT!
LOS HOMBRES DEL SEÑOR BLACKWELL ESTÁN AQUÍ PARA SALVARNOS.

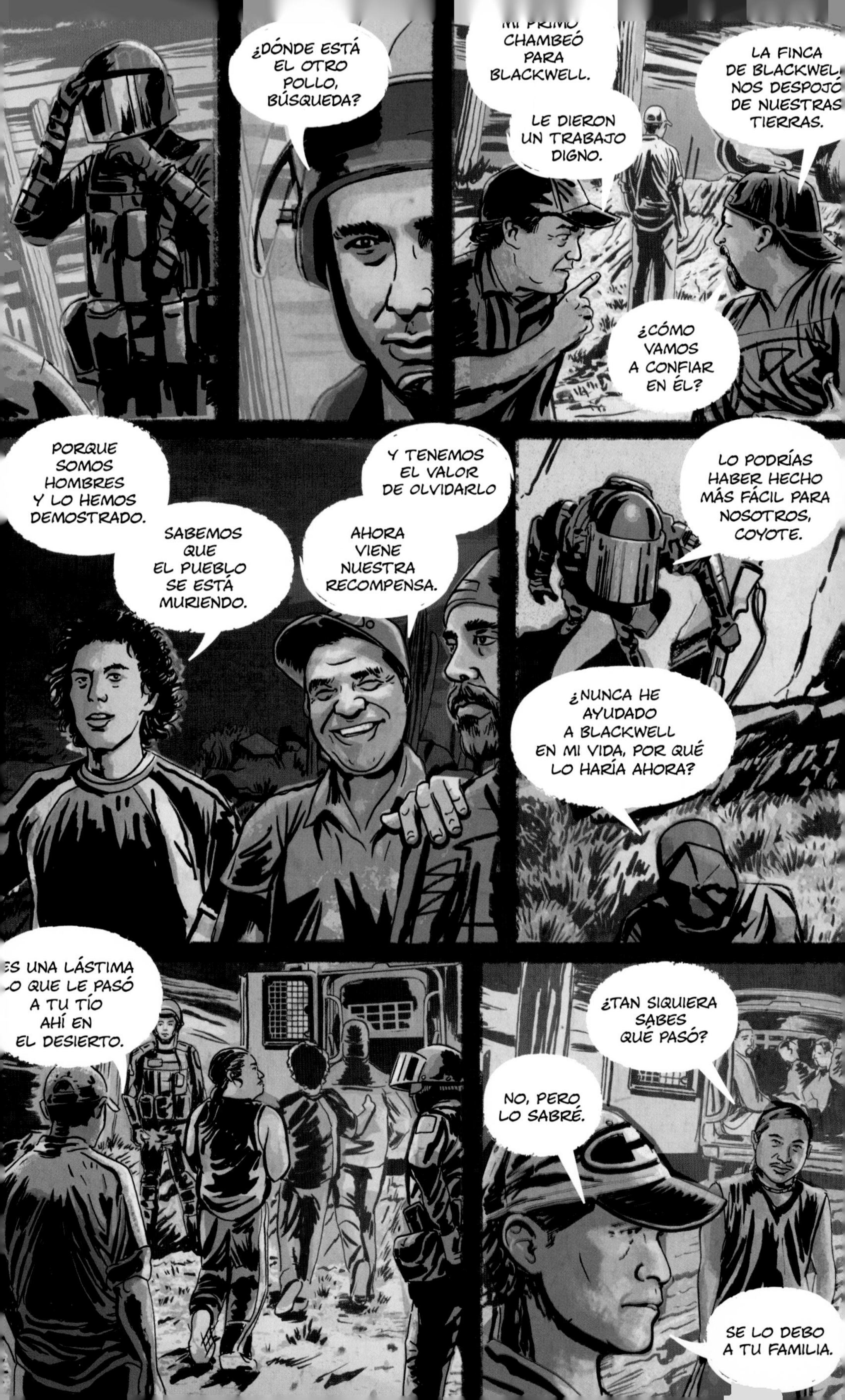

¿DÓNDE ESTÁ EL OTRO POLLO, BÚSQUEDA?
MI PRIMO CHAMBEÓ PARA BLACKWELL.
LE DIERON UN TRABAJO DIGNO.
LA FINCA DE BLACKWEL NOS DESPOJÓ DE NUESTRAS TIERRAS.
¿CÓMO VAMOS A CONFIAR EN ÉL?
PORQUE SOMOS HOMBRES Y LO HEMOS DEMOSTRADO.
SABEMOS QUE EL PUEBLO SE ESTÁ MURIENDO.
Y TENEMOS EL VALOR DE OLVIDARLO
AHORA VIENE NUESTRA RECOMPENSA.
LO PODRÍAS HABER HECHO MÁS FÁCIL PARA NOSOTROS, COYOTE.
¿NUNCA HE AYUDADO A BLACKWELL EN MI VIDA, POR QUÉ LO HARÍA AHORA?
ES UNA LÁSTIMA LO QUE LE PASÓ A TU TÍO AHÍ EN EL DESIERTO.
¿TAN SIQUIERA SABES QUÉ PASÓ?
NO, PERO LO SABRÉ.
SE LO DEBO A TU FAMILIA.

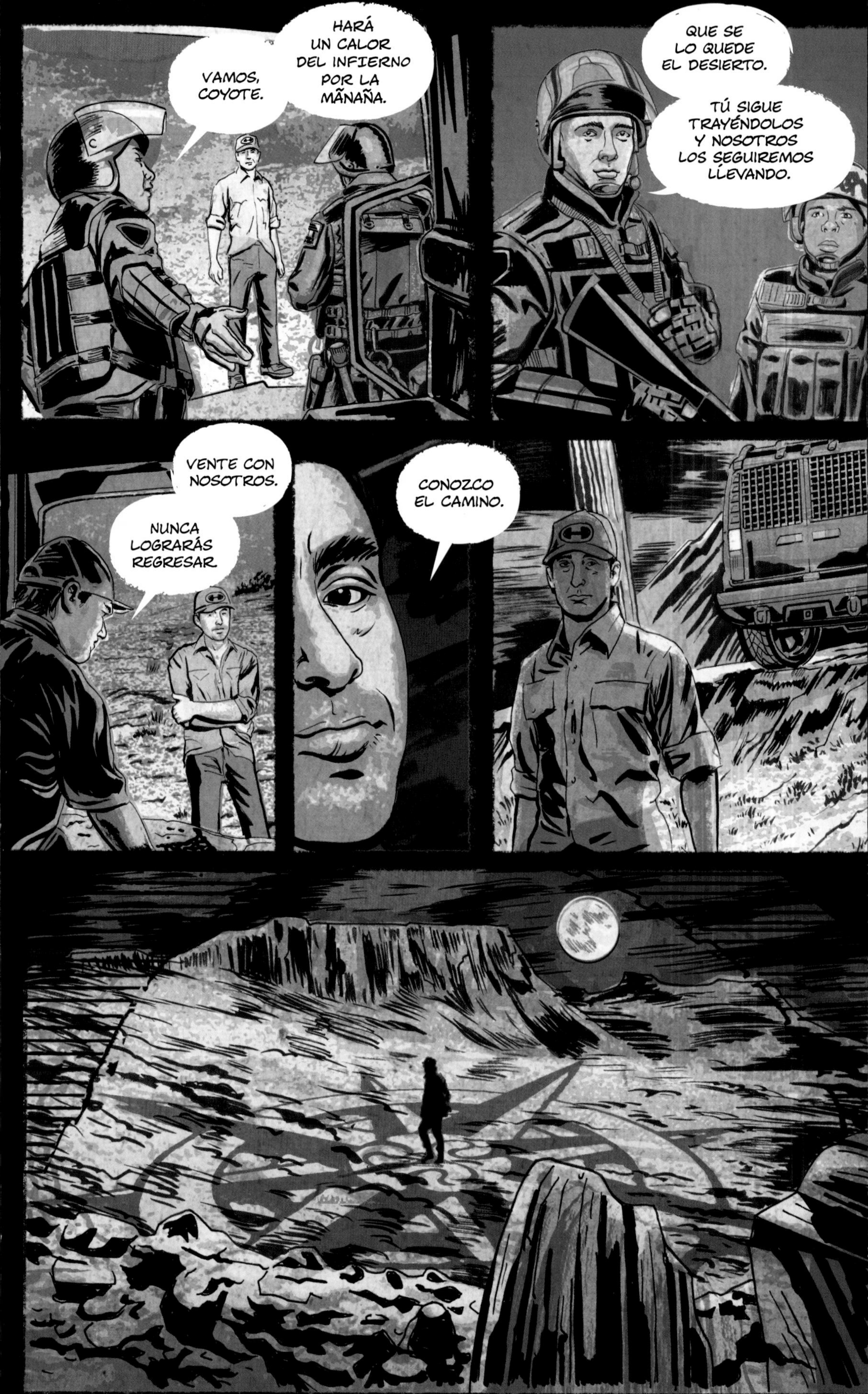
VAMOS, COYOTE.
HARÁ UN CALOR DEL INFIERNO POR LA MÃÑAÑA.
QUE SE LO QUEDE EL DESIERTO.
TÚ SIGUE TRAYÉNDOLOS Y NOSOTROS LOS SEGUIREMOS LLEVANDO.
VENTE CON NOSOTROS.
NUNCA LOGRARÁS REGRESAR
CONOZCO EL CAMINO.

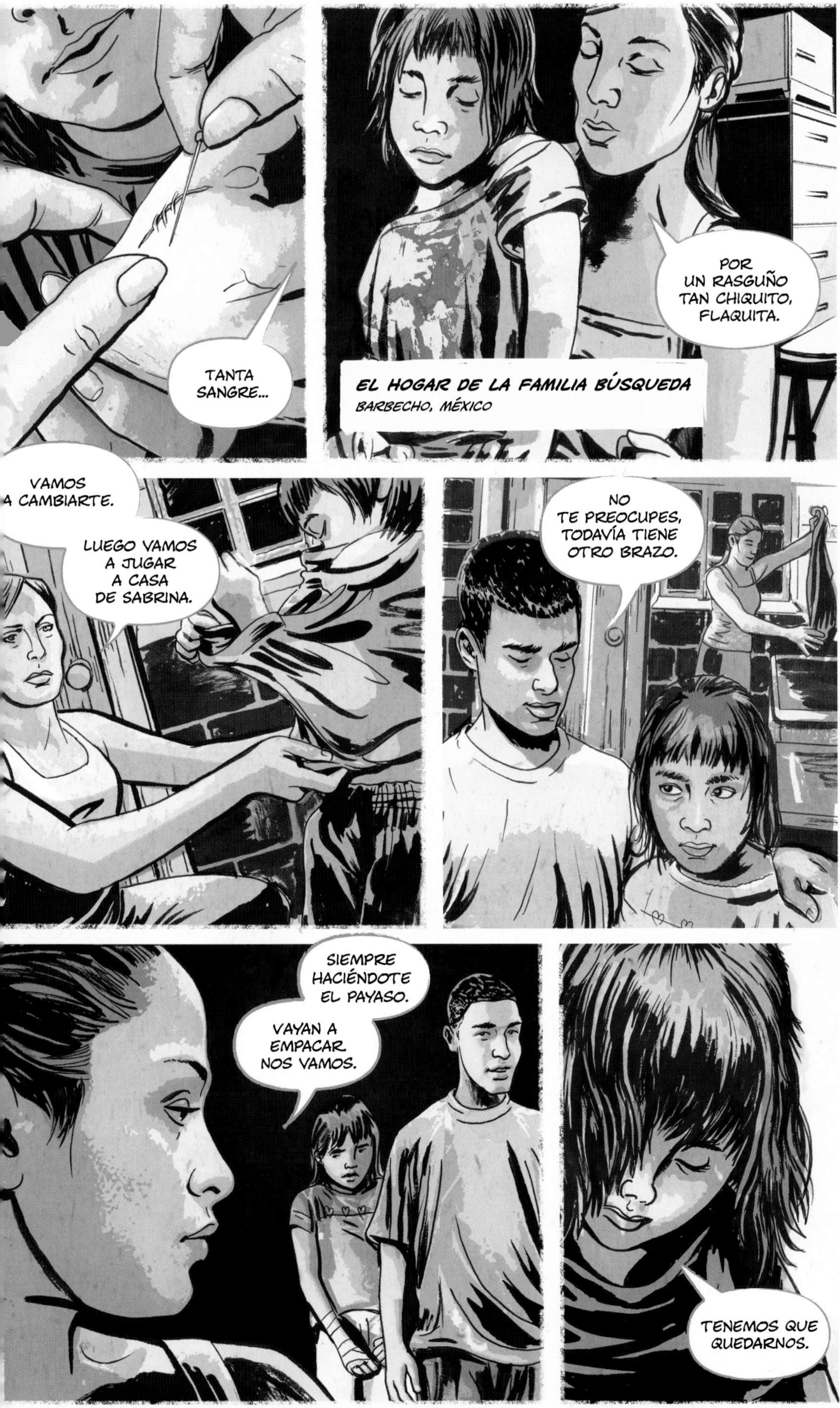
TANTA SANGRE...
POR UN RASGUÑO TAN CHIQUITO, FLAQUITA.
EL HOGAR DE LA FAMILIA BÚSQUEDA
BARBECHO, MÉXICO
VAMOS A CAMBIARTE.
LUEGO VAMOS A JUGAR A CASA DE SABRINA.
NO TE PREOCUPES, TODAVÍA TIENE OTRO BRAZO.
SIEMPRE HACIÉNDOTE EL PAYASO.
VAYAN A EMPACAR NOS VAMOS.
TENEMOS QUE QUEDARNOS.

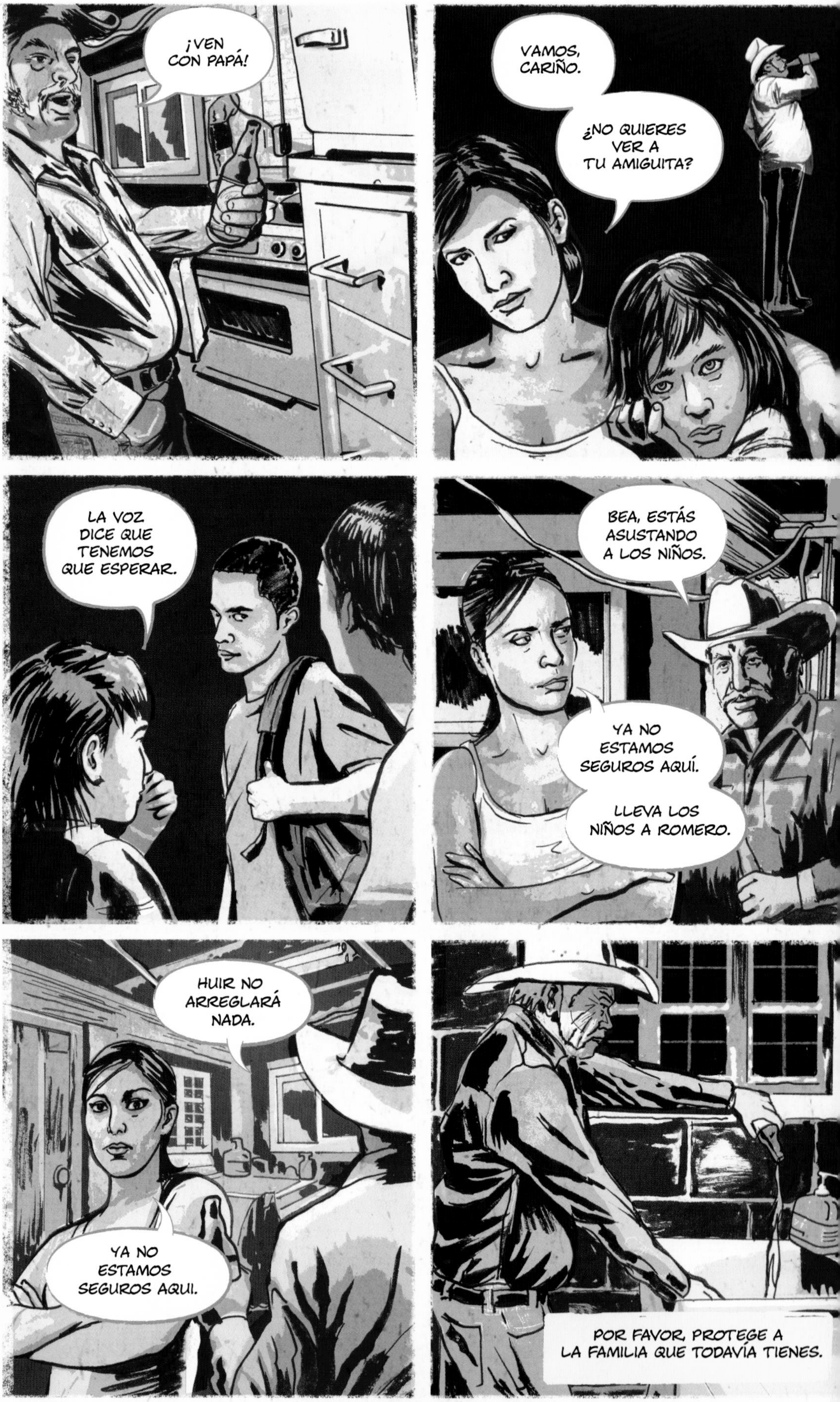
¡VEN CON PAPÁ!
VAMOS, CARIÑO.
¿NO QUIERES VER A TU AMIGUITA?
LA VOZ DICE QUE TENEMOS QUE ESPERAR.
BEA, ESTÁS ASUSTANDO A LOS NIÑOS.
YA NO ESTAMOS SEGUROS AQUÍ.
LLEVA LOS NIÑOS A ROMERO.
HUIR NO ARREGLARÁ NADA.
YA NO ESTAMOS SEGUROS AQUI.
POR FAVOR, PROTEGE A LA FAMILIA QUE TODAVÍA TIENES.

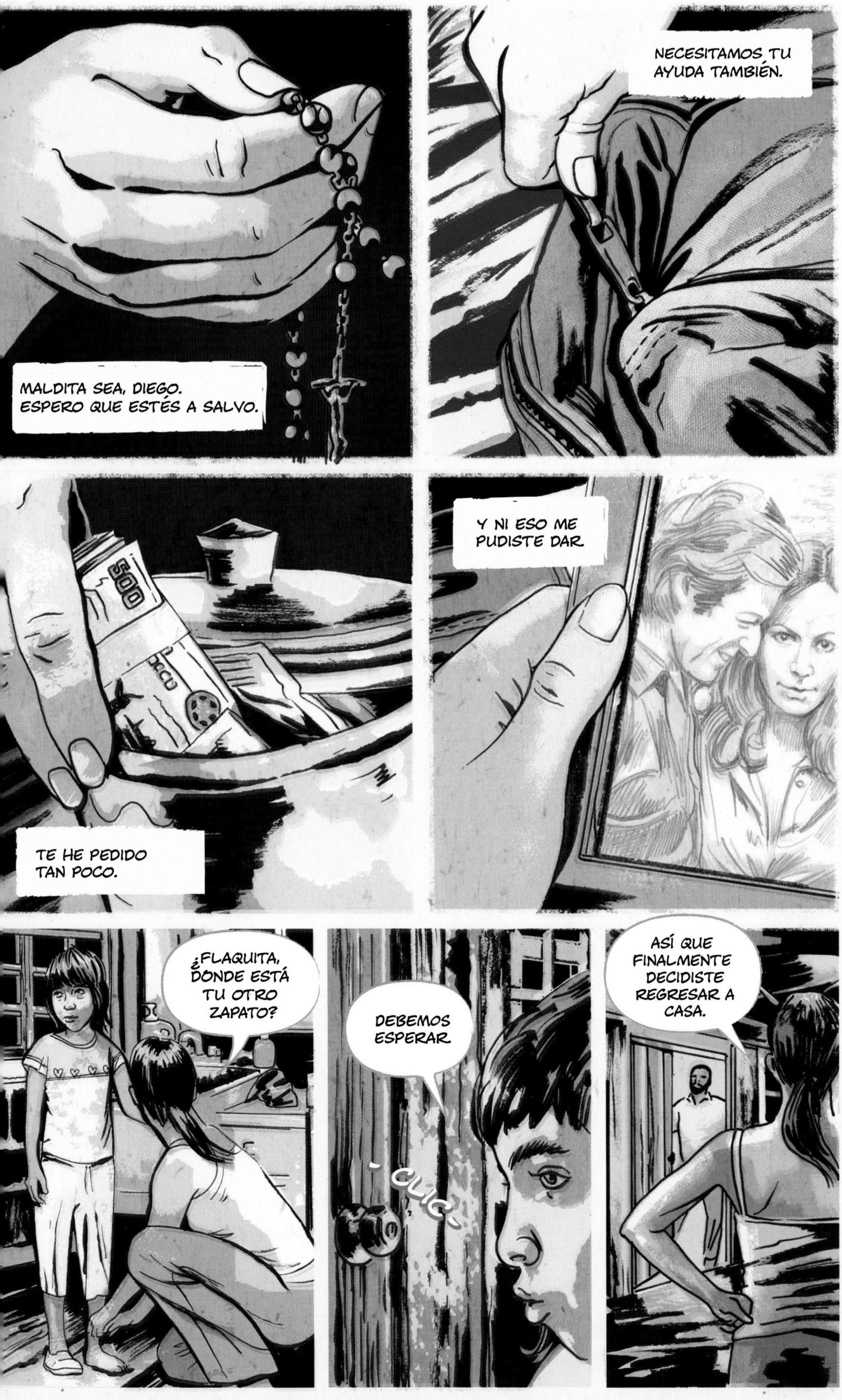
MALDITA SEA, DIEGO.
ESPERO QUE ESTÉS A SALVO.
NECESITAMOS TU
AYUDA TAMBIÉN.
TE HE PEDIDO
TAN POCO.
Y NI ESO ME
PUDISTE DAR
¿FLAQUITA, DONDE ESTÁ TU OTRO ZAPATO?
DEBEMOS ESPERAR
- CLIC -
ASÍ QUE FINALMENTE DECIDISTE REGRESAR A CASA.

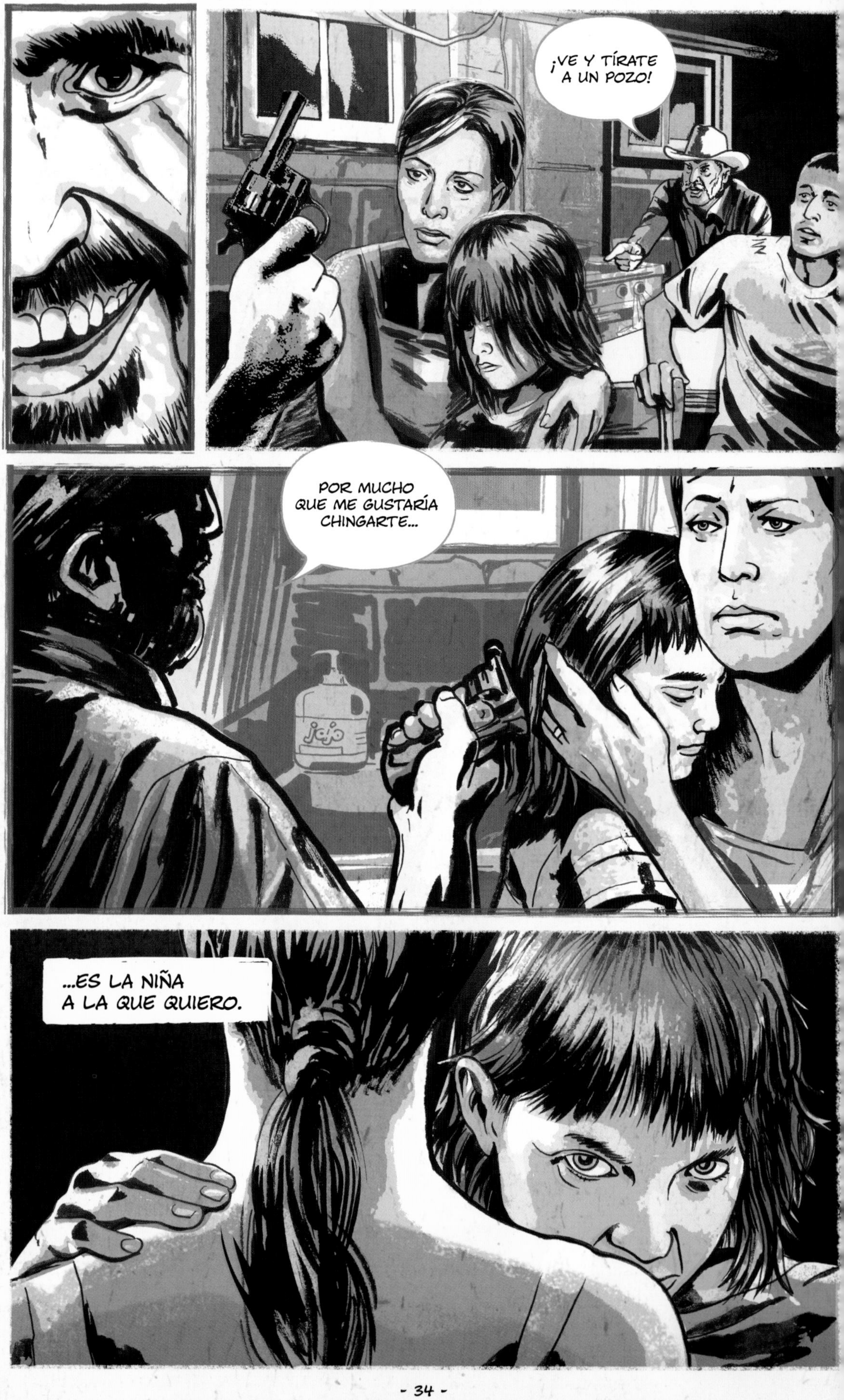
¡VE Y TÍRATE A UN POZO!
POR MUCHO QUE ME GUSTARÍA CHINGARTE...
...ES LA NIÑA A LA QUE QUIERO.

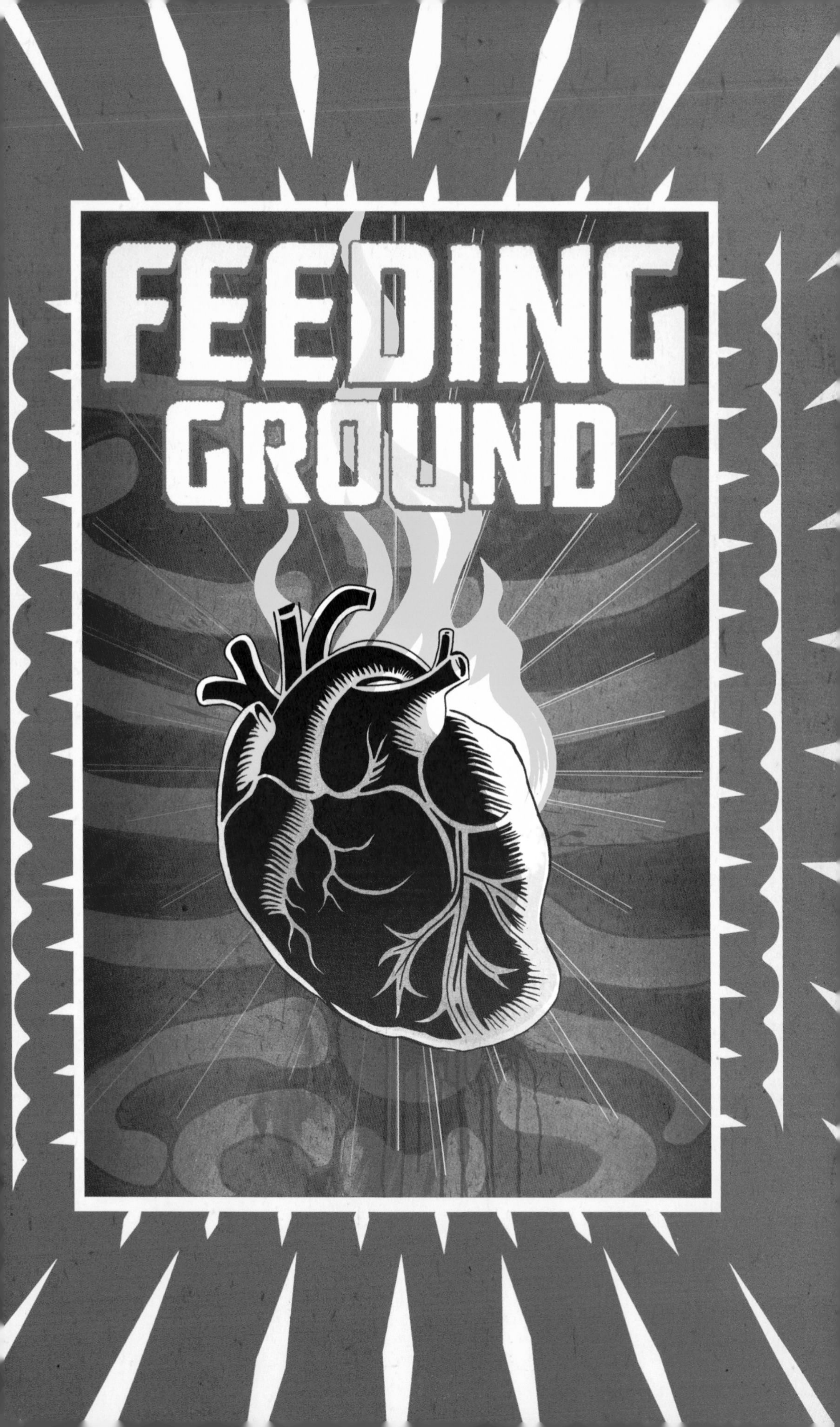
FEEDING
GROUND

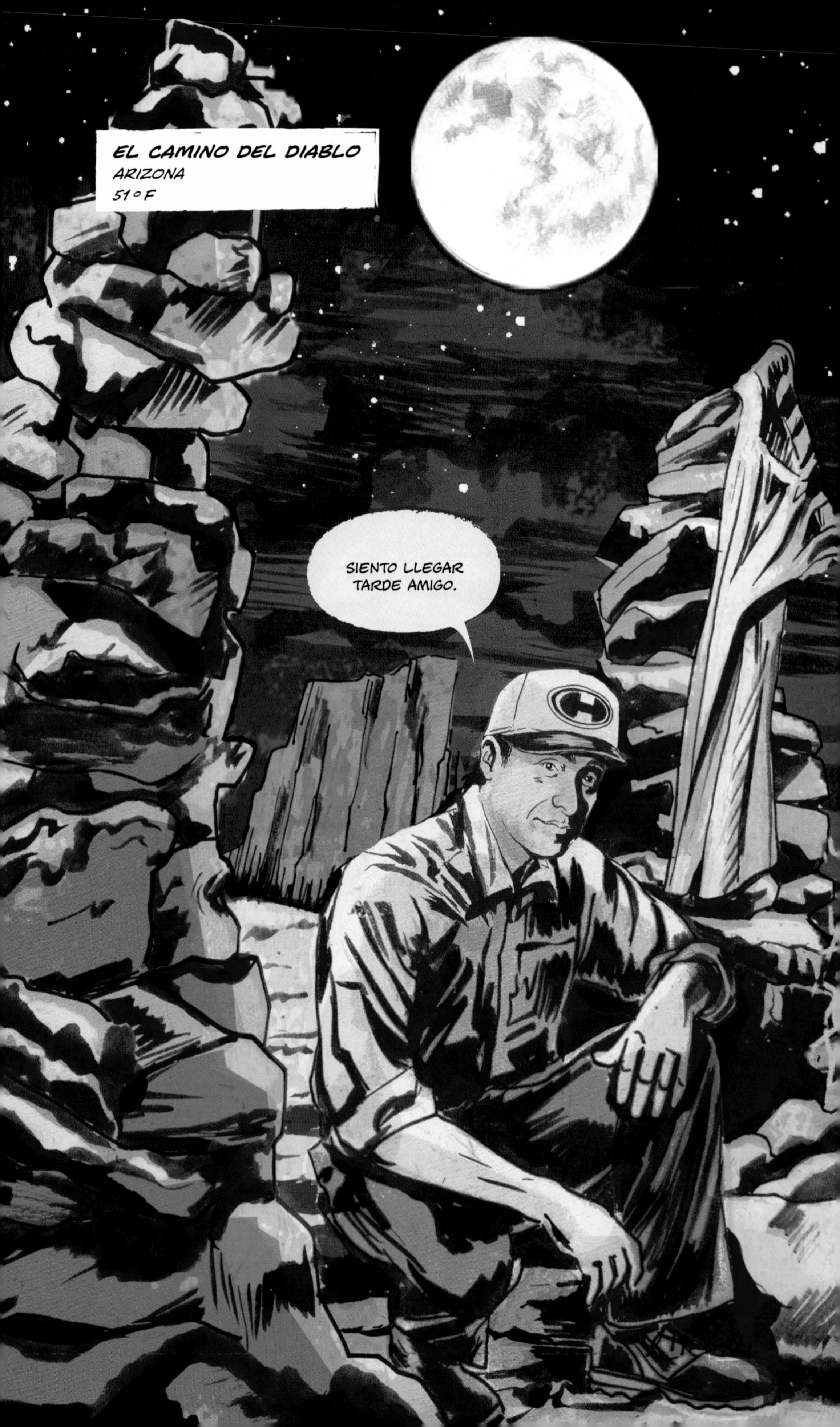
EL CAMINO DEL DIABLO
ARIZONA
51º F
SIENTO LLEGAR TARDE AMIGO.

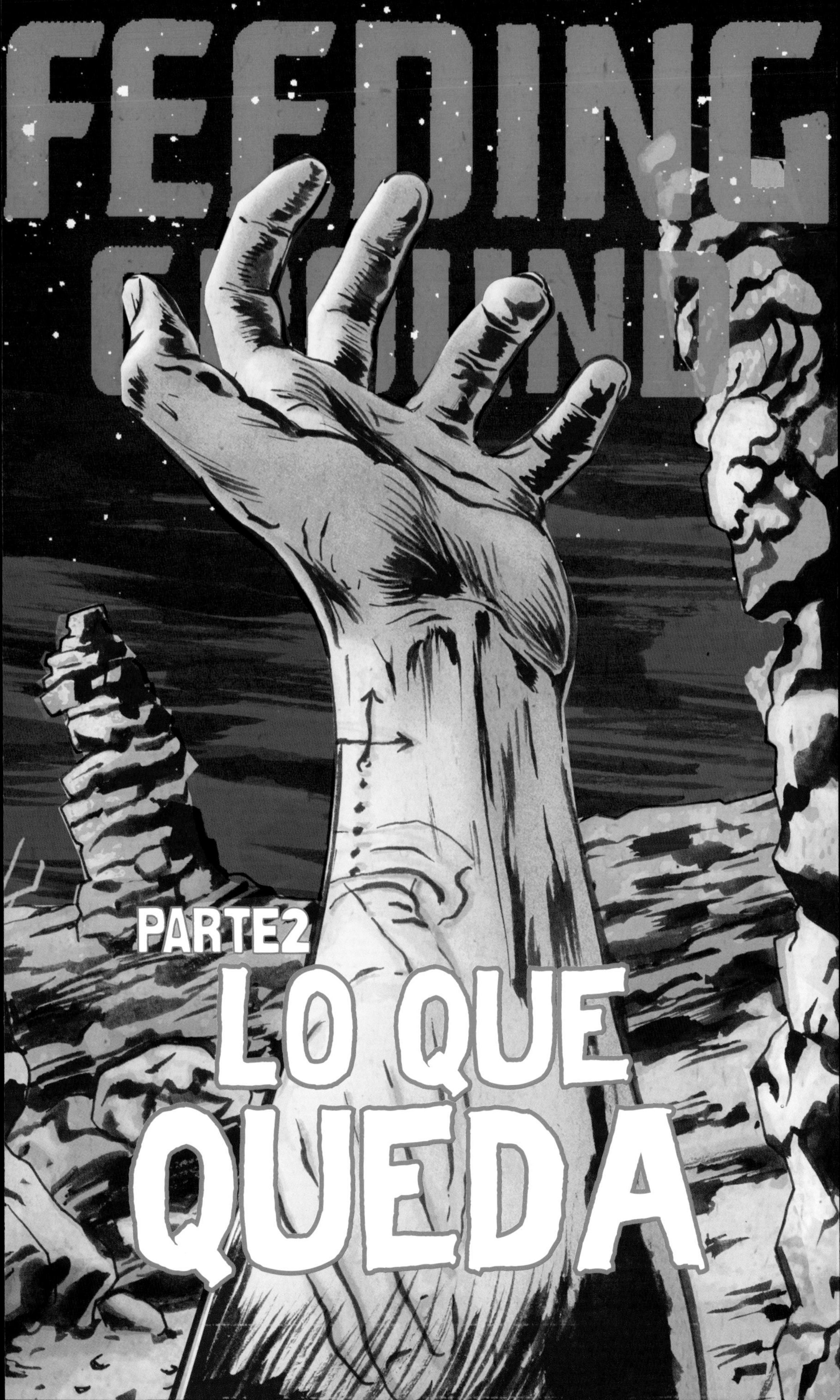
FEEDING GROUND
PARTE2
LO QUE
QUEDA

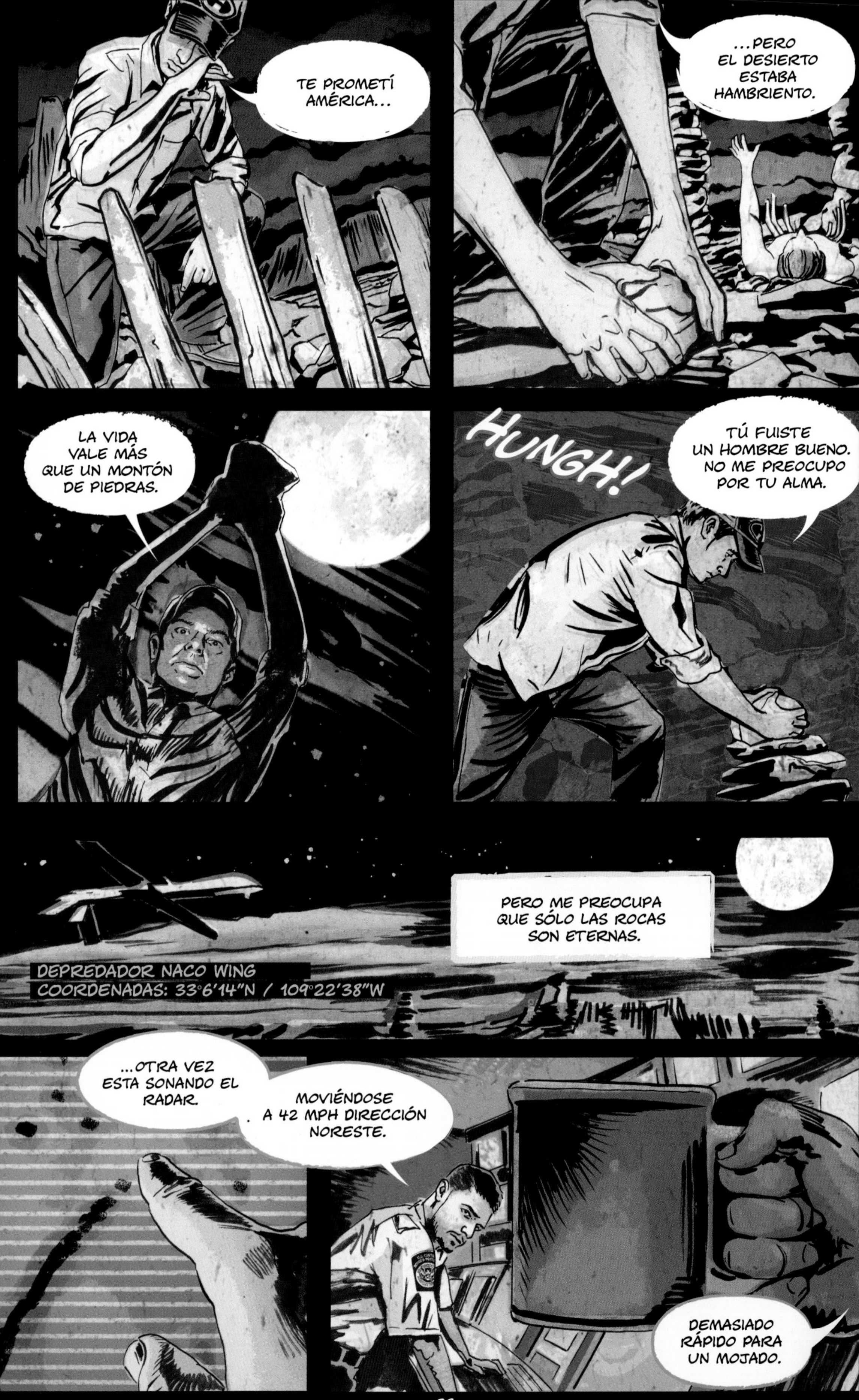
TE PROMETÍ AMÉRICA...
...PERO EL DESIERTO ESTABA HAMBRIENTO.
LA VIDA VALE MÁS QUE UN MONTÓN DE PIEDRAS.
HUNGH!
TÚ FUISTE UN HOMBRE BUENO. NO ME PREOCUPO POR TU ALMA.
PERO ME PREOCUPA QUE SÓLO LAS ROCAS SON ETERNAS.
DEPREDADOR NACO WING
COORDENADAS: 33°6'14"N / 109°22'38"W
...OTRA VEZ ESTA SONANDO EL RADAR.
MOVIÉNDOSE A 42 MPH DIRECCIÓN NORESTE.
DEMASIADO RÁPIDO PARA UN MOJADO.

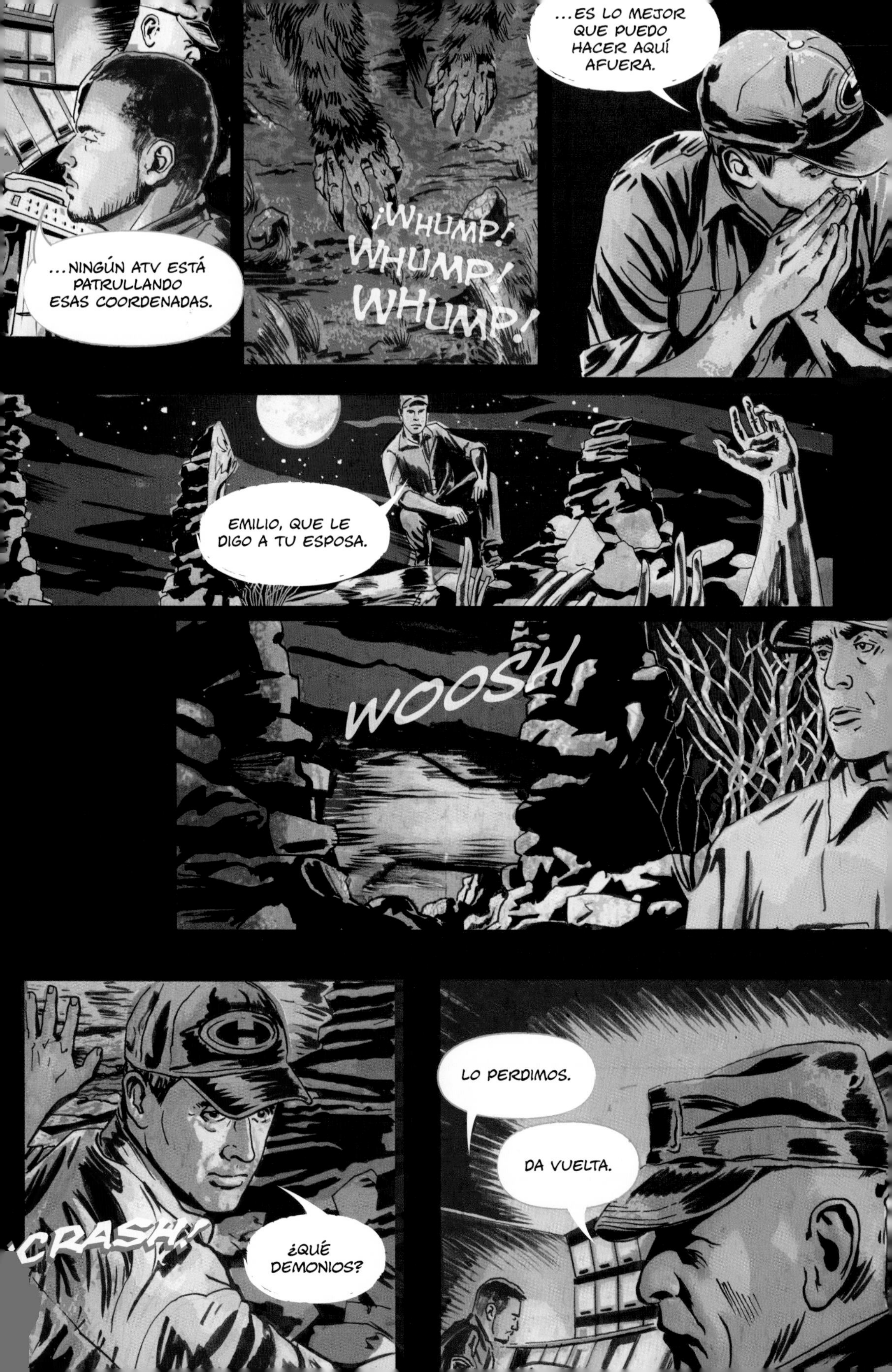
...NINGÚN ATV ESTÁ PATRULLANDO ESAS COORDENADAS.
¡WHUMP! WHUMP! WHUMP!
...ES LO MEJOR QUE PUEDO HACER AQUÍ AFUERA.
EMILIO, QUE LE DIGO A TU ESPOSA.
WOOSH!
CRASH!
¿QUÉ DEMONIOS?
LO PERDIMOS.
DA VUELTA.

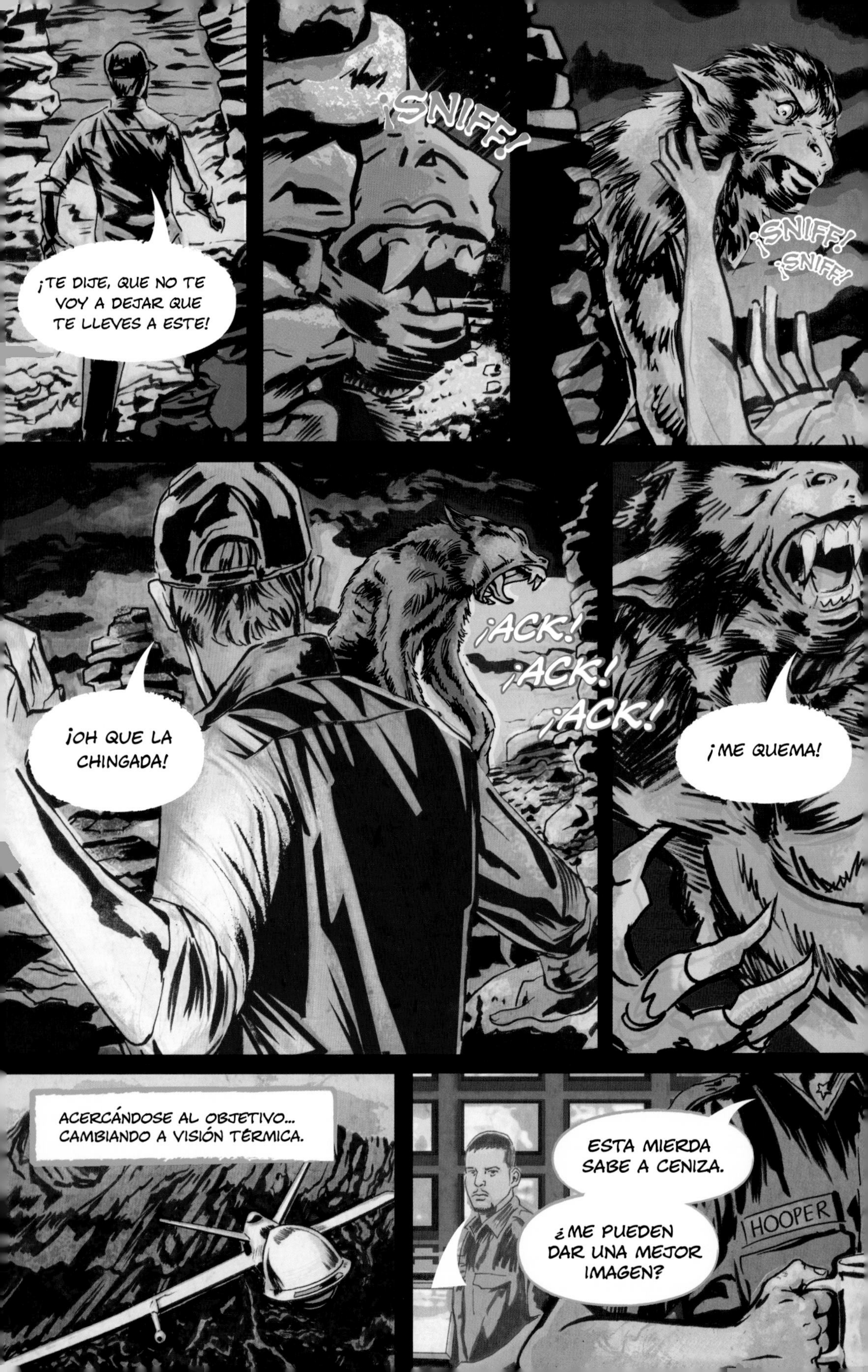
¡TE DIJE, QUE NO TE VOY A DEJAR QUE TE LLEVES A ESTE!
¡SNIFF!
¡SNIFF!
¡SNIFF!
¡OH QUE LA CHINGADA!
¡ACK!
¡ACK!
¡ACK!
¡ME QUEMA!
ACERCÁNDOSE AL OBJETIVO... CAMBIANDO A VISIÓN TÉRMICA.
ESTA MIERDA SABE A CENIZA.
¿ME PUEDEN DAR UNA MEJOR IMAGEN?
HOOPER

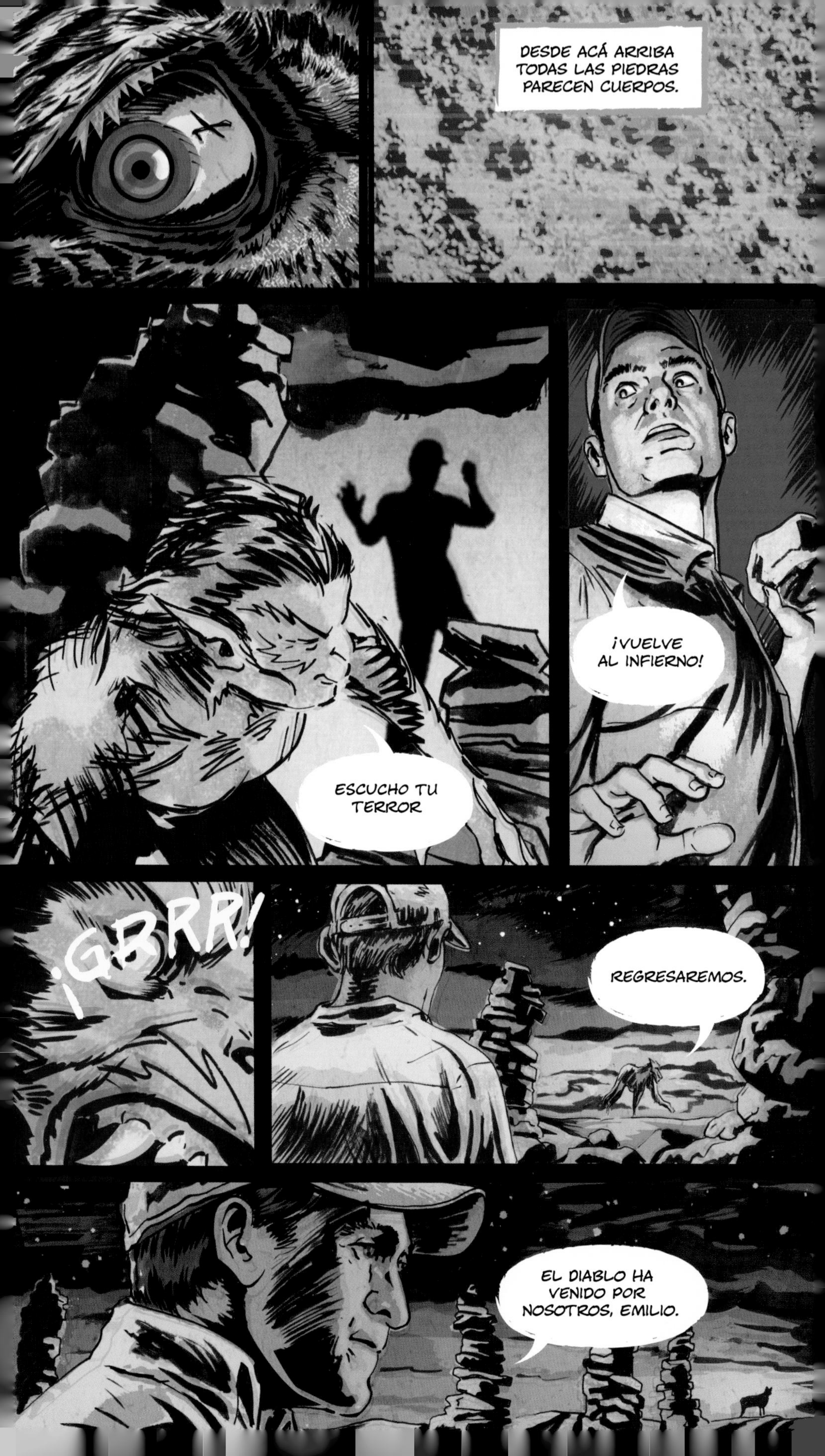
DESDE ACÁ ARRIBA TODAS LAS PIEDRAS PARECEN CUERPOS.
ESCUCHO TU TERROR
¡VUELVE AL INFIERNO!
¡GRRR!
REGRESAREMOS.
EL DIABLO HA VENIDO POR NOSOTROS, EMILIO.

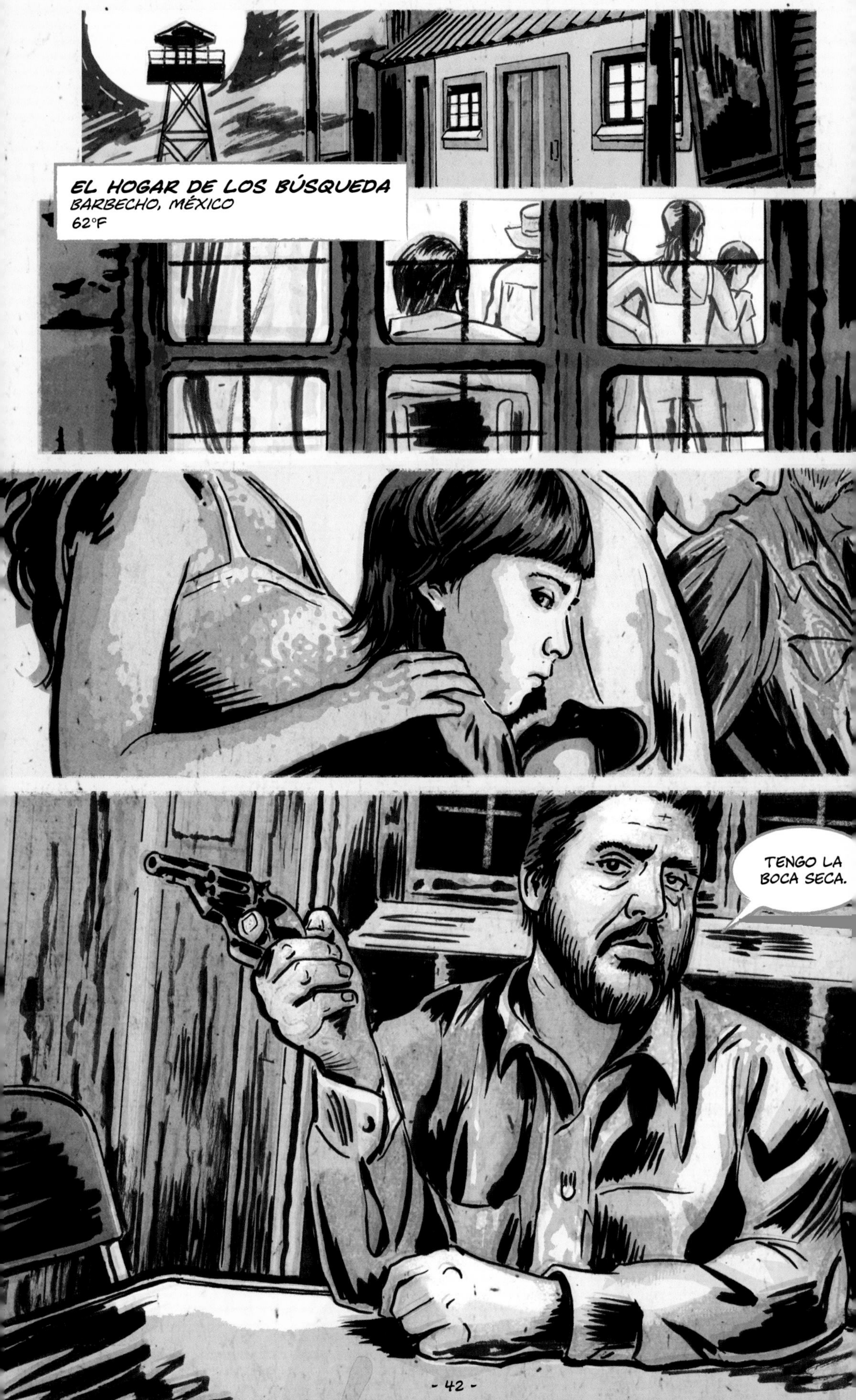
EL HOGAR DE LOS BÚSQUEDA
BARBECHO, MÉXICO
62°F
TENGO LA BOCA SECA.

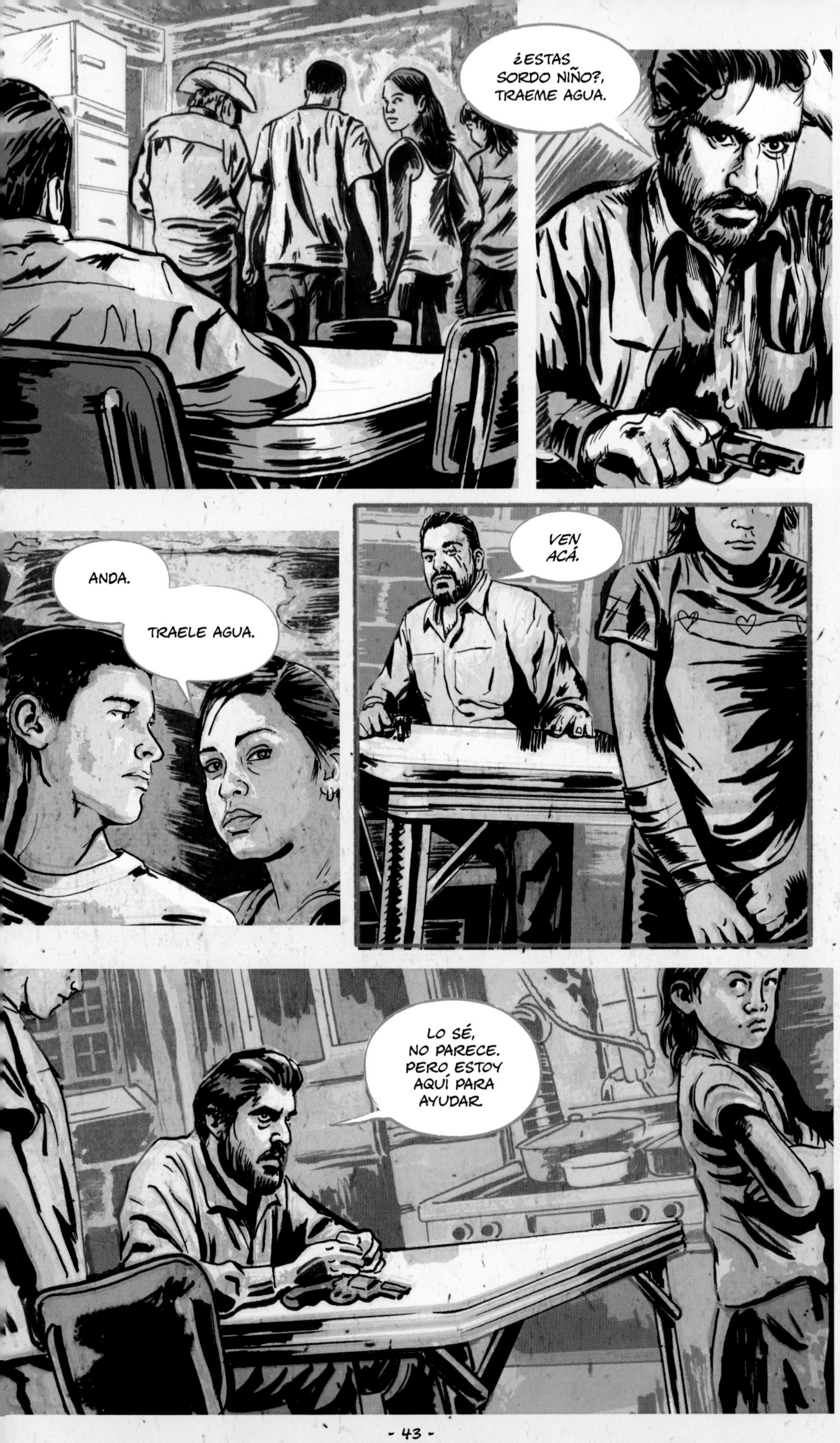
¿ESTAS SORDO NIÑO?, TRAEME AGUA.
ANDA.
TRAELE AGUA.
VEN ACÁ.
LO SÉ, NO PARECE. PERO ESTOY AQUÍ PARA AYUDAR

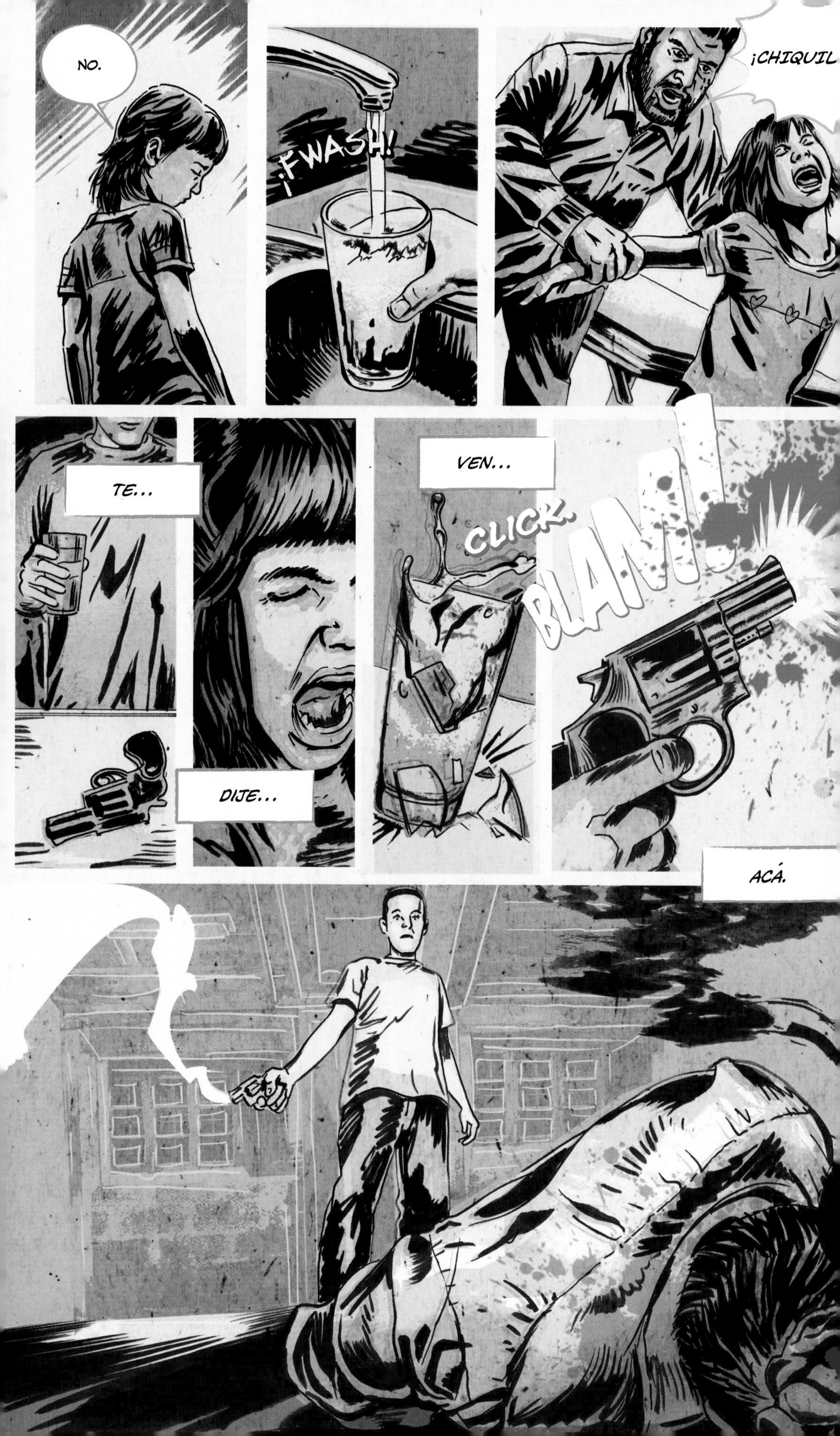
NO.
¡FWASH!
¡CHIQUIL
TE...
DIJE...
VEN...
CLICK.
BLAM!
ACÁ.

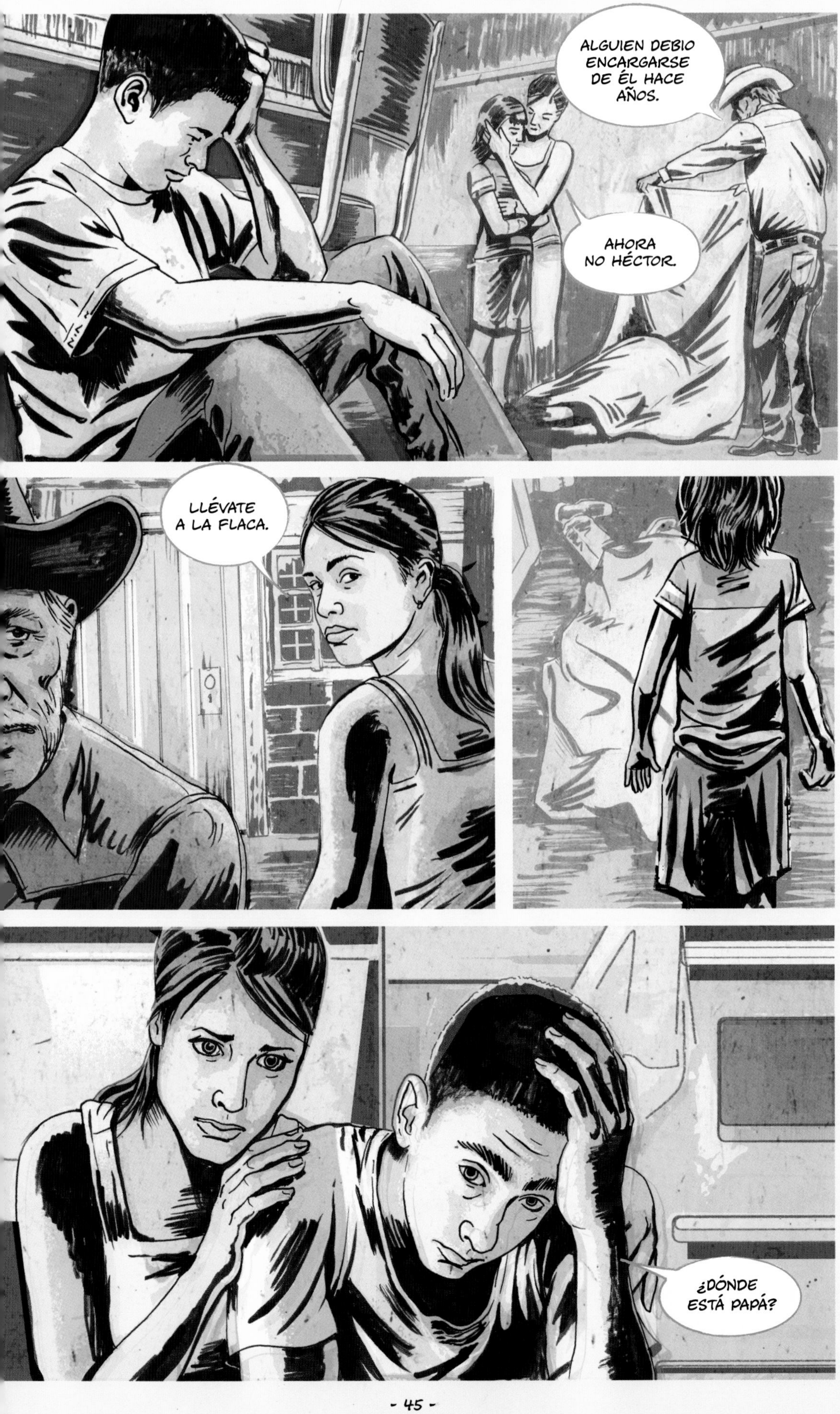
ALGUIEN DEBIO ENCARGARSE DE ÉL HACE AÑOS.
AHORA NO HÉCTOR.
LLÉVATE A LA FLACA.
¿DÓNDE ESTÁ PAPÁ?

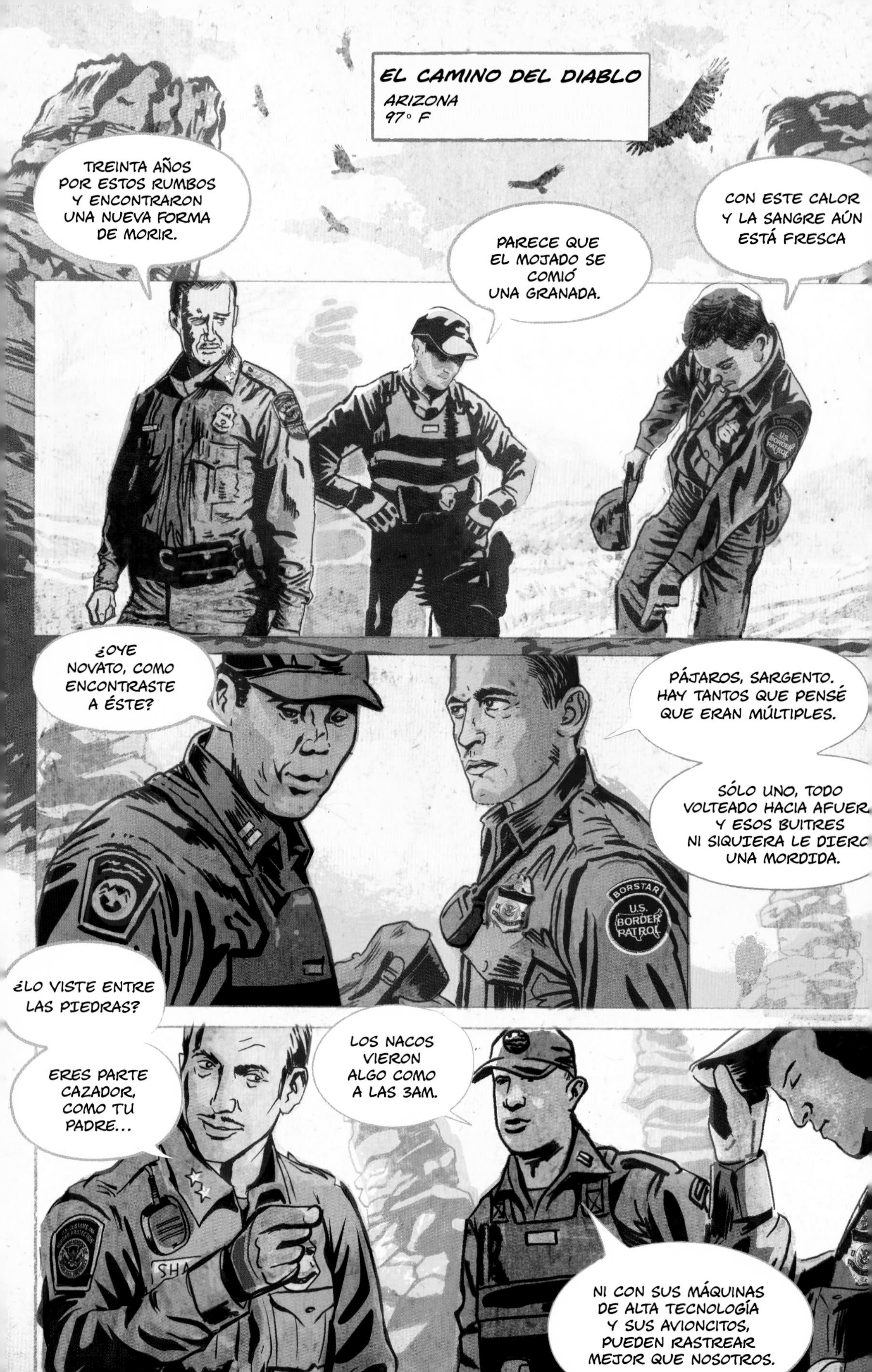

EL CAMINO DEL DIABLO
ARIZONA
97° F
TREINTA AÑOS POR ESTOS RUMBOS Y ENCONTRARON UNA NUEVA FORMA DE MORIR.
PARECE QUE EL MOJADO SE COMIÓ UNA GRANADA.
CON ESTE CALOR Y LA SANGRE AÚN ESTÁ FRESCA
¿OYE NOVATO, COMO ENCONTRASTE A ÉSTE?
PÁJAROS, SARGENTO. HAY TANTOS QUE PENSÉ QUE ERAN MÚLTIPLES.
SÓLO UNO, TODO VOLTEADO HACIA AFUER Y ESOS BUITRES NI SIQUIERA LE DIERO UNA MORDIDA.
¿LO VISTE ENTRE LAS PIEDRAS?
ERES PARTE CAZADOR, COMO TU PADRE...
LOS NACOS VIERON ALGO COMO A LAS 3AM.
NI CON SUS MÁQUINAS DE ALTA TECNOLOGÍA Y SUS AVIONCITOS, PUEDEN RASTREAR MEJOR QUE NOSOTROS.

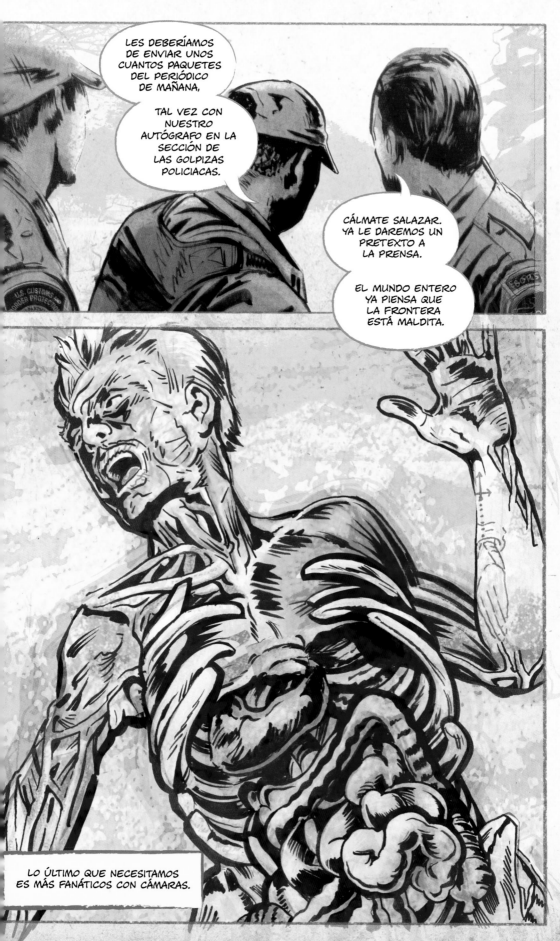

LES DEBERÍAMOS DE ENVIAR UNOS CUANTOS PAQUETES DEL PERIÓDICO DE MAÑANA,

TAL VEZ CON NUESTRO AUTÓGRAFO EN LA SECCIÓN DE LAS GOLPIZAS POLICIACAS.

CÁLMATE SALAZAR. YA LE DAREMOS UN PRETEXTO A LA PRENSA.

EL MUNDO ENTERO YA PIENSA QUE LA FRONTERA ESTÁ MALDITA.

LO ÚLTIMO QUE NECESITAMOS ES MÁS FANÁTICOS CON CÁMARAS.

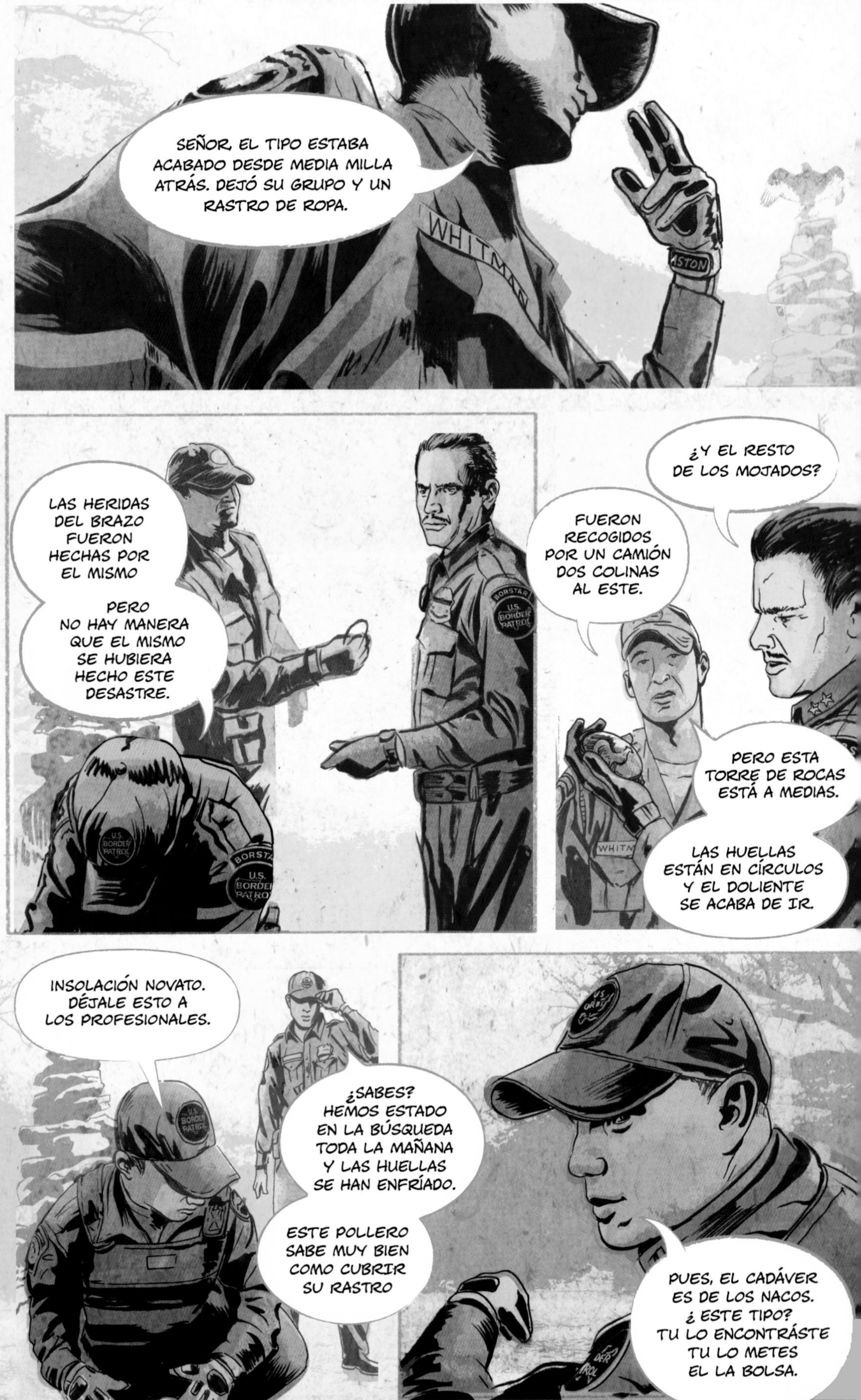
SEÑOR, EL TIPO ESTABA ACABADO DESDE MEDIA MILLA ATRÁS. DEJÓ SU GRUPO Y UN RASTRO DE ROPA.
LAS HERIDAS DEL BRAZO FUERON HECHAS POR EL MISMO
PERO NO HAY MANERA QUE EL MISMO SE HUBIERA HECHO ESTE DESASTRE.
¿Y EL RESTO DE LOS MOJADOS?
FUERON RECOGIDOS POR UN CAMIÓN DOS COLINAS AL ESTE.
PERO ESTA TORRE DE ROCAS ESTÁ A MEDIAS.
LAS HUELLAS ESTÁN EN CÍRCULOS Y EL DOLIENTE SE ACABA DE IR.
INSOLACIÓN NOVATO. DÉJALE ESTO A LOS PROFESIONALES.
¿SABES? HEMOS ESTADO EN LA BÚSQUEDA TODA LA MAÑANA Y LAS HUELLAS SE HAN ENFRÍADO.
ESTE POLLERO SABE MUY BIEN COMO CUBRIR SU RASTRO
PUES, EL CADÁVER ES DE LOS NACOS. ¿ ESTE TIPO? TU LO ENCONTRÁSTE TU LO METES EL LA BOLSA.

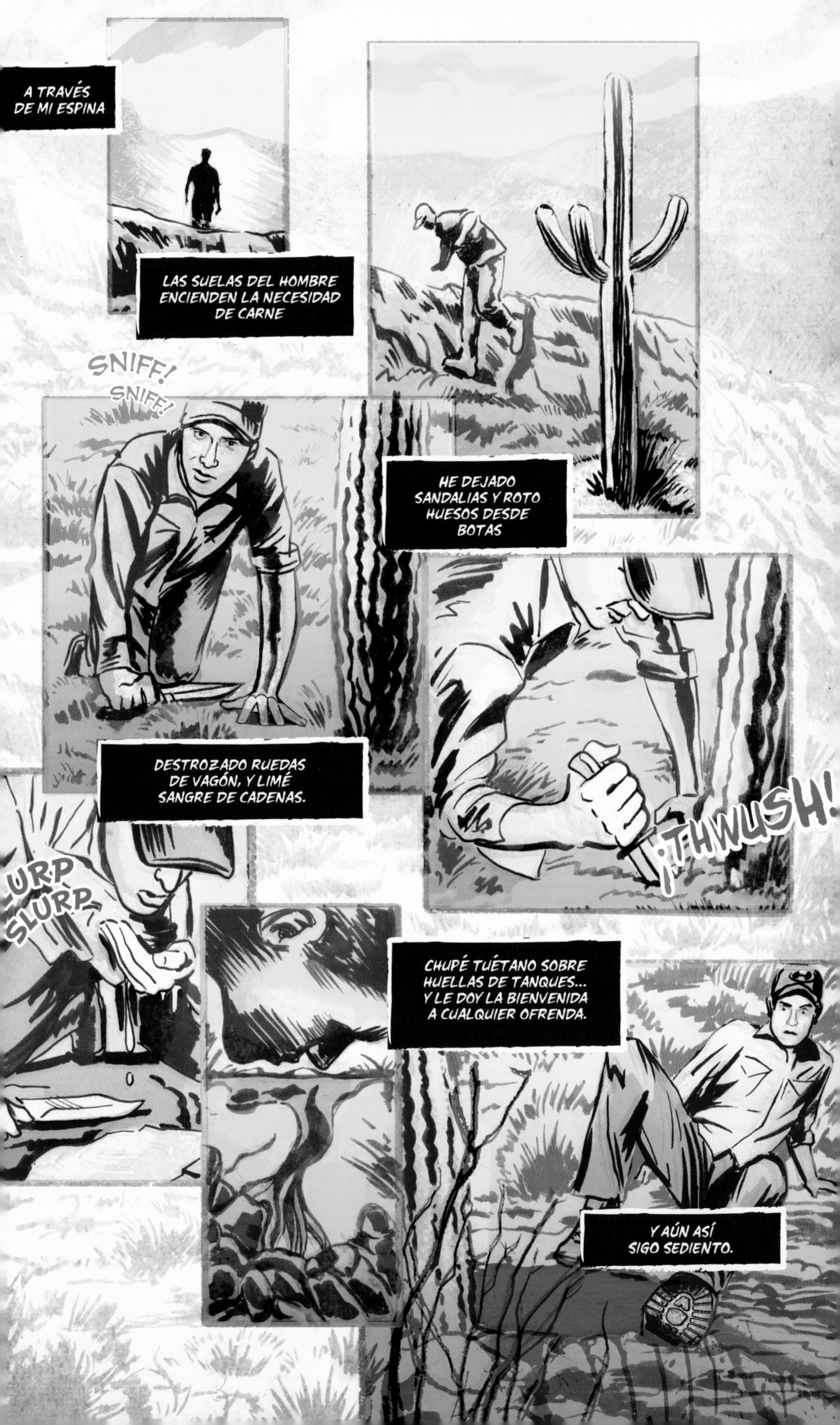
A TRAVÉS DE MI ESPINA
LAS SUELAS DEL HOMBRE ENCIENDEN LA NECESIDAD DE CARNE
SNIFF! SNIFF!
HE DEJADO SANDALIAS Y ROTO HUESOS DESDE BOTAS
DESTROZADO RUEDAS DE VAGÓN, Y LIMÉ SANGRE DE CADENAS.
¡THWUSH!
SLURP
CHUPÉ TUÉTANO SOBRE HUELLAS DE TANQUES... Y LE DOY LA BIENVENIDA A CUALQUIER OFRENDA.
Y AÚN ASÍ SIGO SEDIENTO.

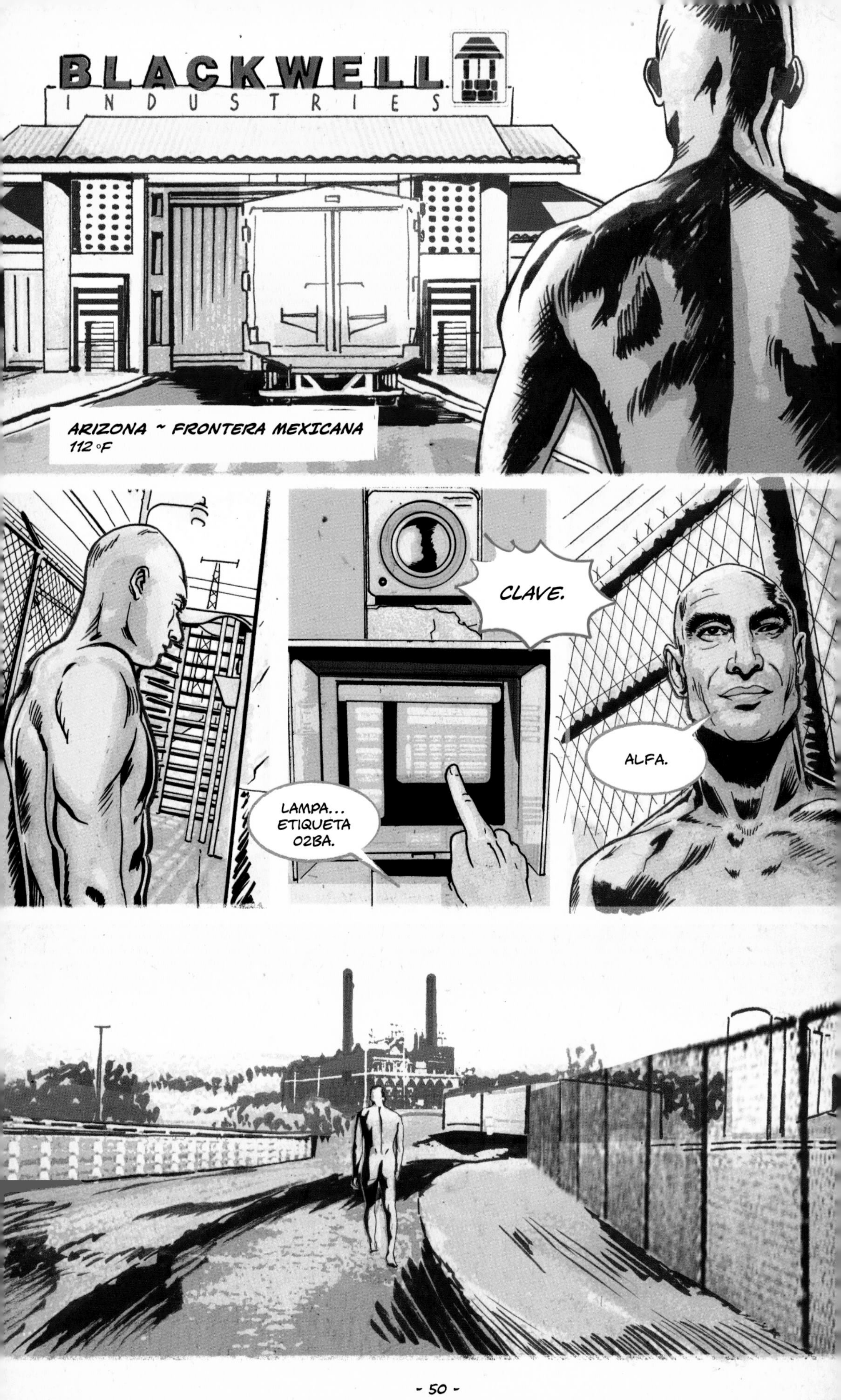
BLACKWELL
INDUSTRIES
ARIZONA ~ FRONTERA MEXICANA
112 °F
CLAVE.
LAMPA... ETIQUETA O2BA.
ALFA.

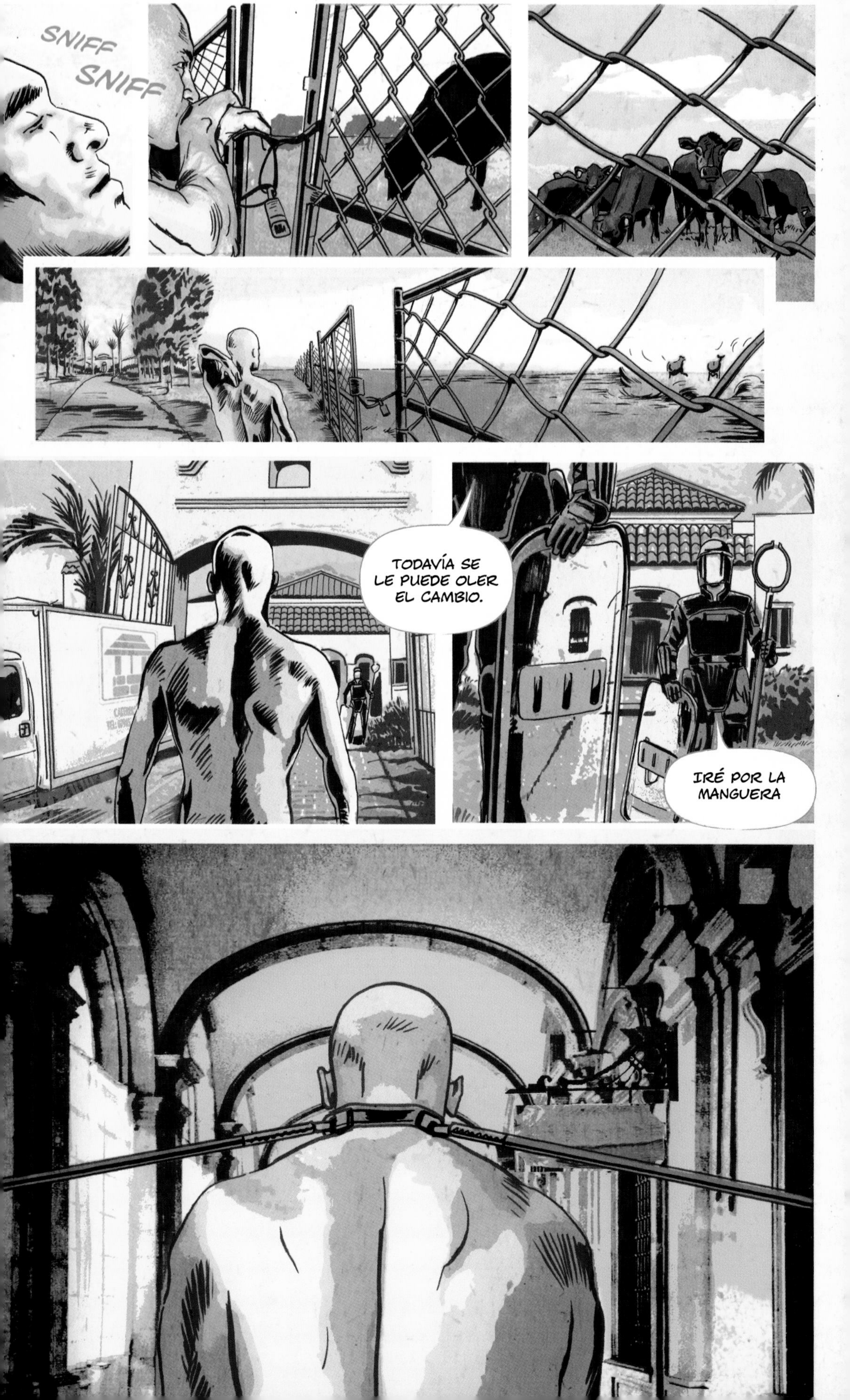
SNIFF
SNIFF
TODAVÍA SE LE PUEDE OLER EL CAMBIO.
IRÉ POR LA MANGUERA

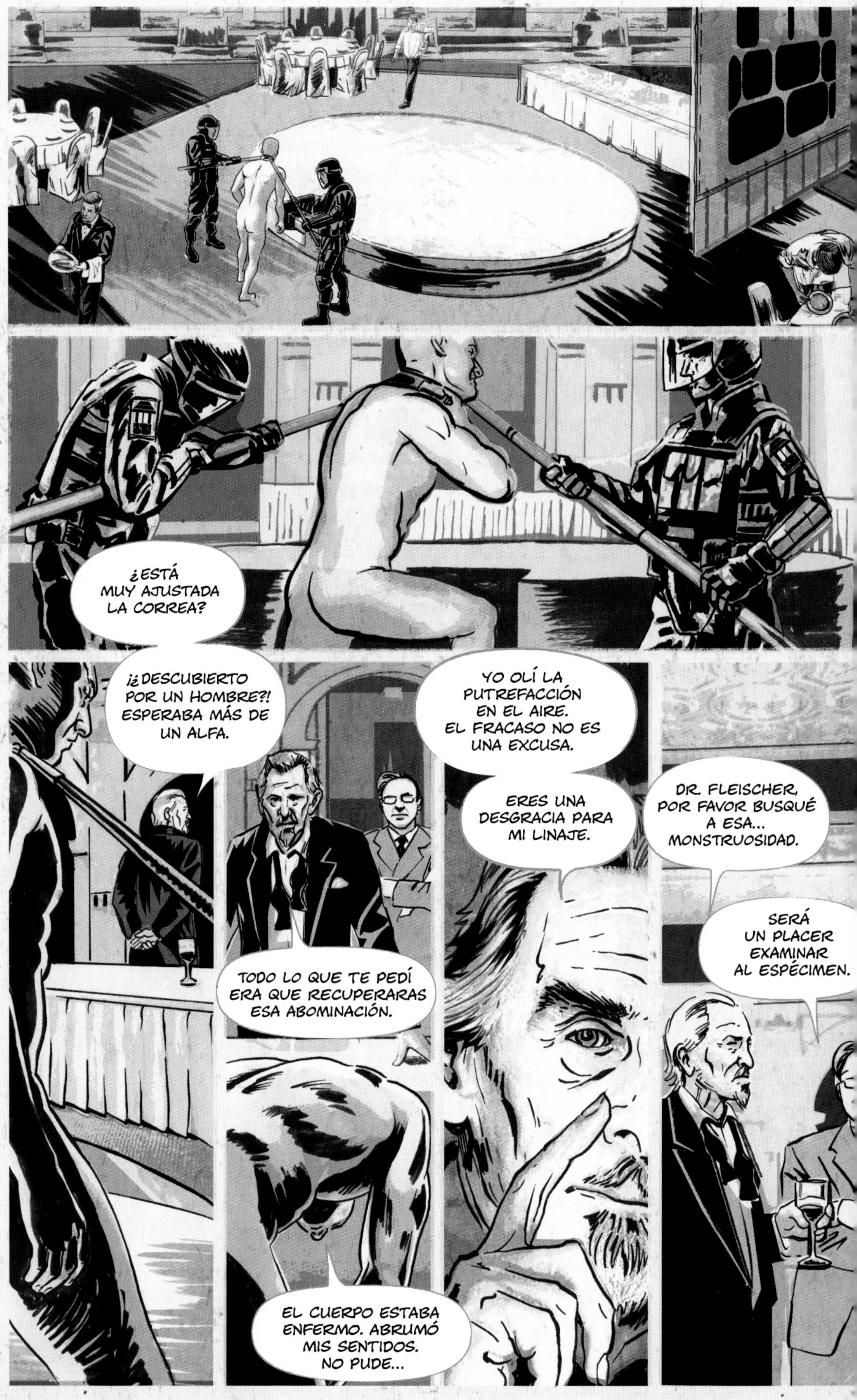
¿ESTÁ MUY AJUSTADA LA CORREA?
¡¿DESCUBIERTO POR UN HOMBRE?! ESPERABA MÁS DE UN ALFA.
TODO LO QUE TE PEDÍ ERA QUE RECUPERARAS ESA ABOMINACIÓN.
EL CUERPO ESTABA ENFERMO. ABRUMÓ MIS SENTIDOS. NO PUDE...
YO OLÍ LA PUTREFACCIÓN EN EL AIRE. EL FRACASO NO ES UNA EXCUSA.
ERES UNA DESGRACIA PARA MI LINAJE.
DR. FLEISCHER, POR FAVOR BUSQUÉ A ESA... MONSTRUOSIDAD.
SERÁ UN PLACER EXAMINAR AL ESPÉCIMEN.

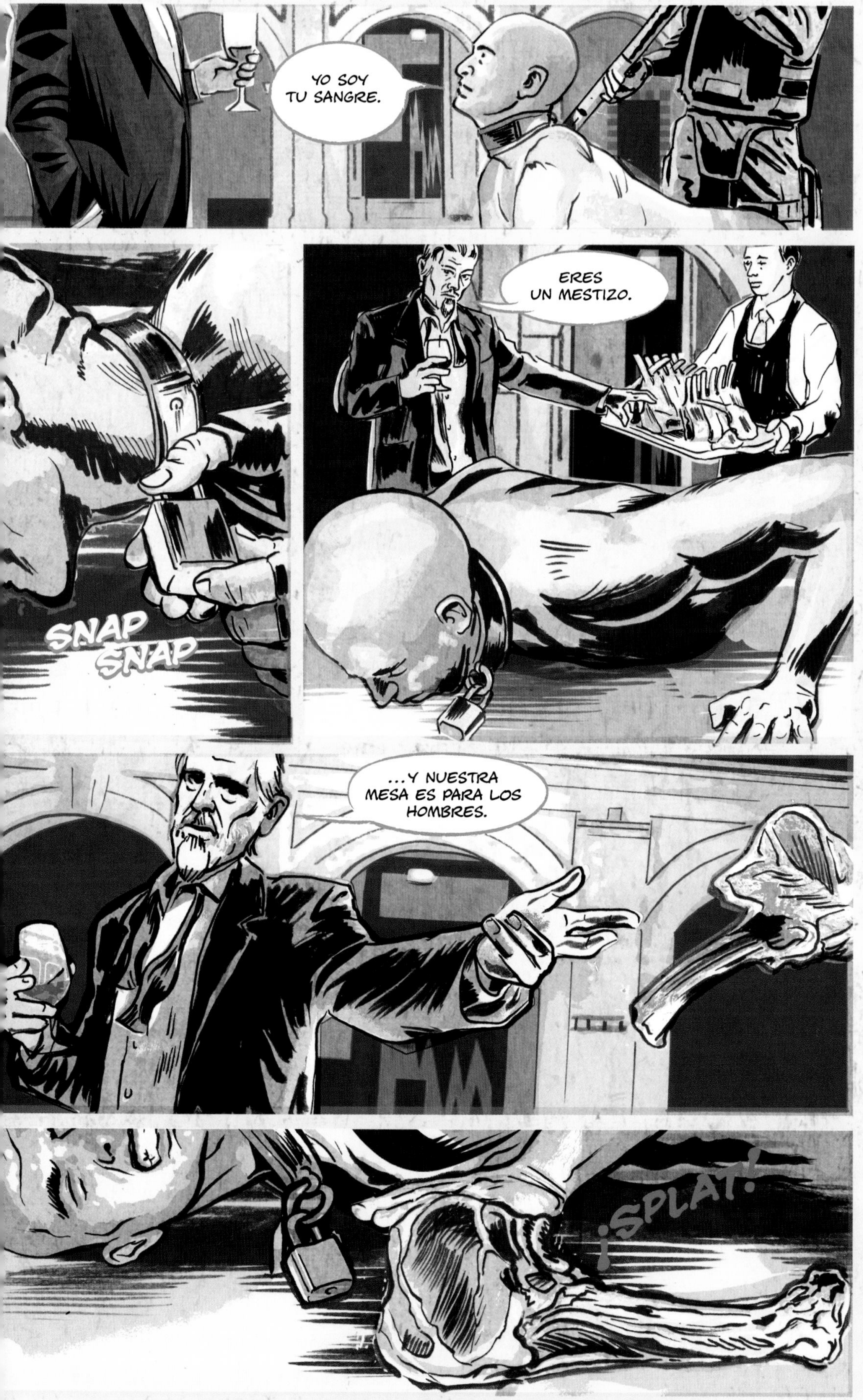
YO SOY TU SANGRE.
SNAP SNAP
ERES UN MESTIZO.
...Y NUESTRA MESA ES PARA LOS HOMBRES.
¡SPLAT!

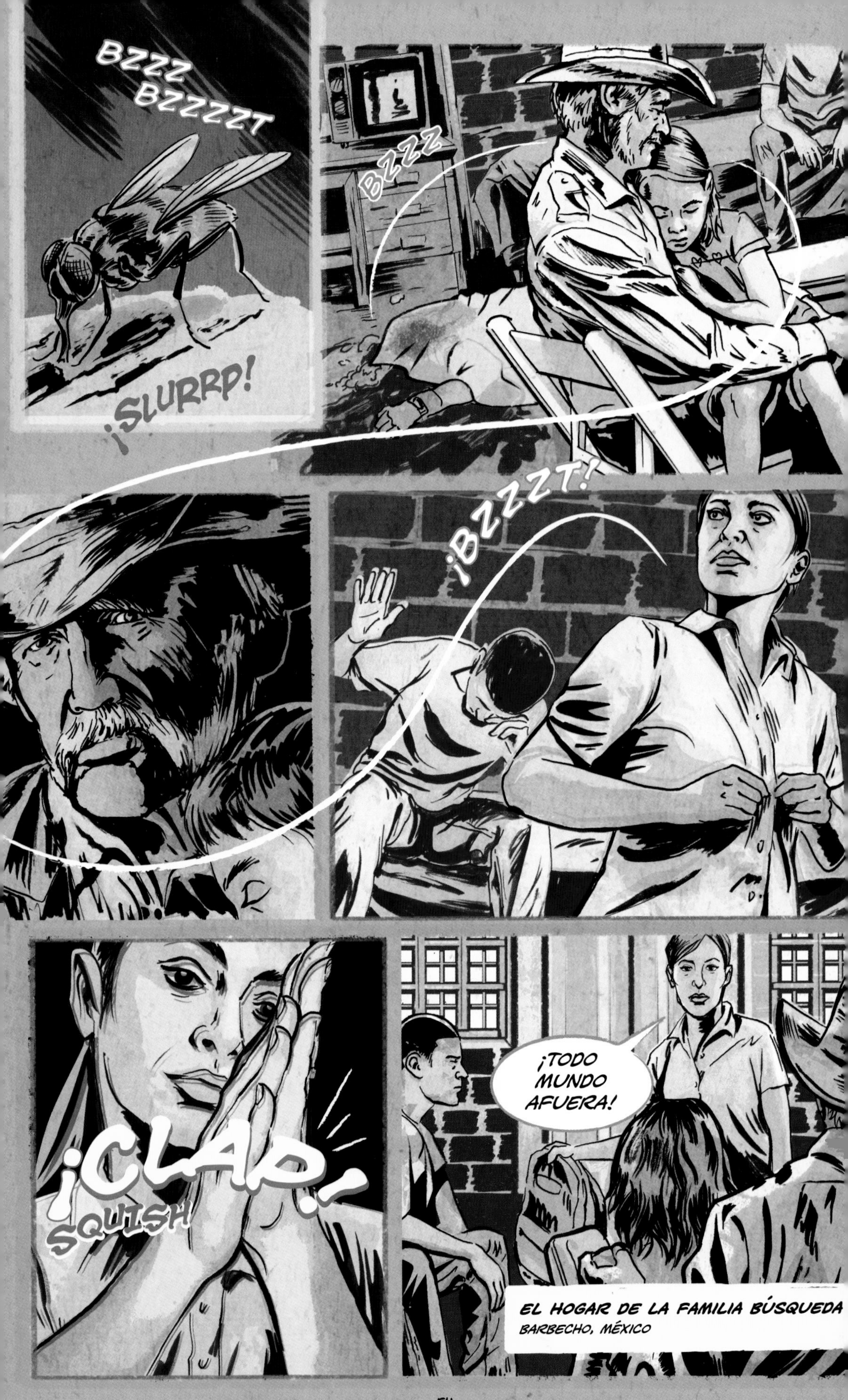
BZZZ
BZZZZT
¡SLURRP!
BZZZ
¡BZZZZT!
¡CLAP!
SQUISH
¡TODO MUNDO AFUERA!
EL HOGAR DE LA FAMILIA BÚSQUEDA
BARBECHO, MÉXICO

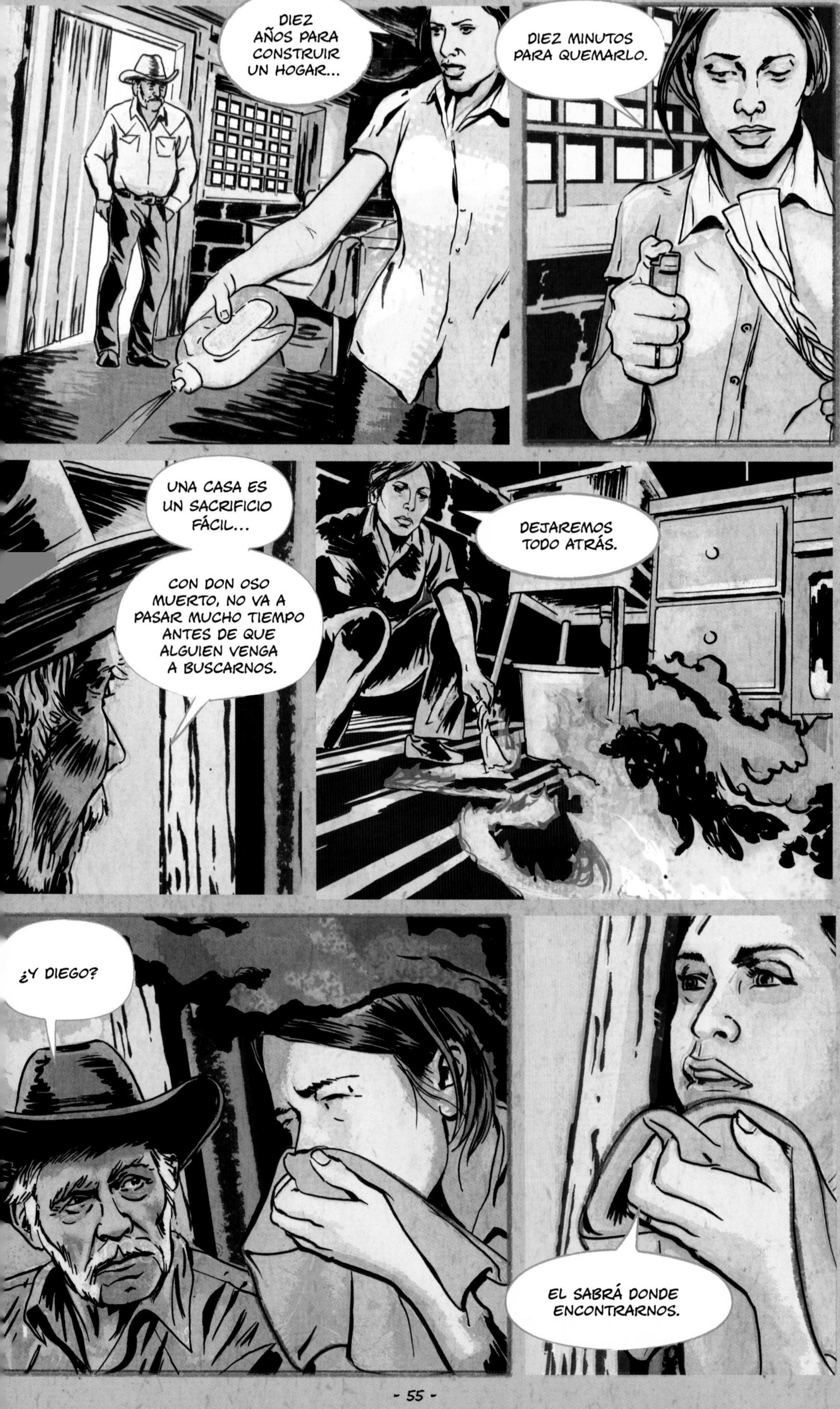
DIEZ AÑOS PARA CONSTRUIR UN HOGAR...
DIEZ MINUTOS PARA QUEMARLO.
UNA CASA ES UN SACRIFICIO FÁCIL...
CON DON OSO MUERTO, NO VA A PASAR MUCHO TIEMPO ANTES DE QUE ALGUIEN VENGA A BUSCARNOS.
DEJAREMOS TODO ATRÁS.
¿Y DIEGO?
EL SABRÁ DONDE ENCONTRARNOS.

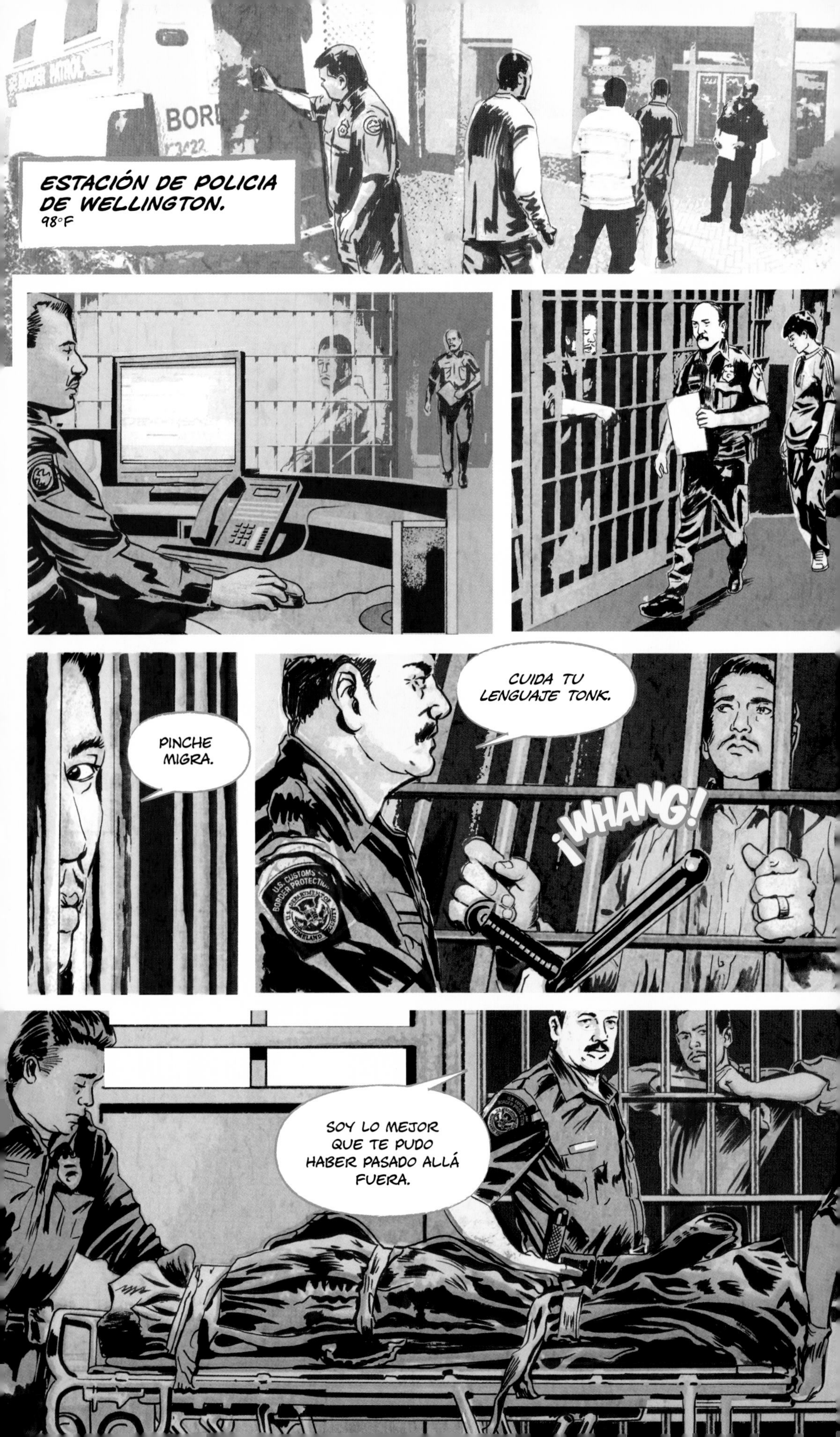
ESTACIÓN DE POLICIA DE WELLINGTON.
98°F
BORDER PATROL
PINCHE MIGRA.
CUIDA TU LENGUAJE TONK.
¡WHANG!
U.S. CUSTOMS AND BORDER PROTECTION
SOY LO MEJOR QUE TE PUDO HABER PASADO ALLÁ FUERA.

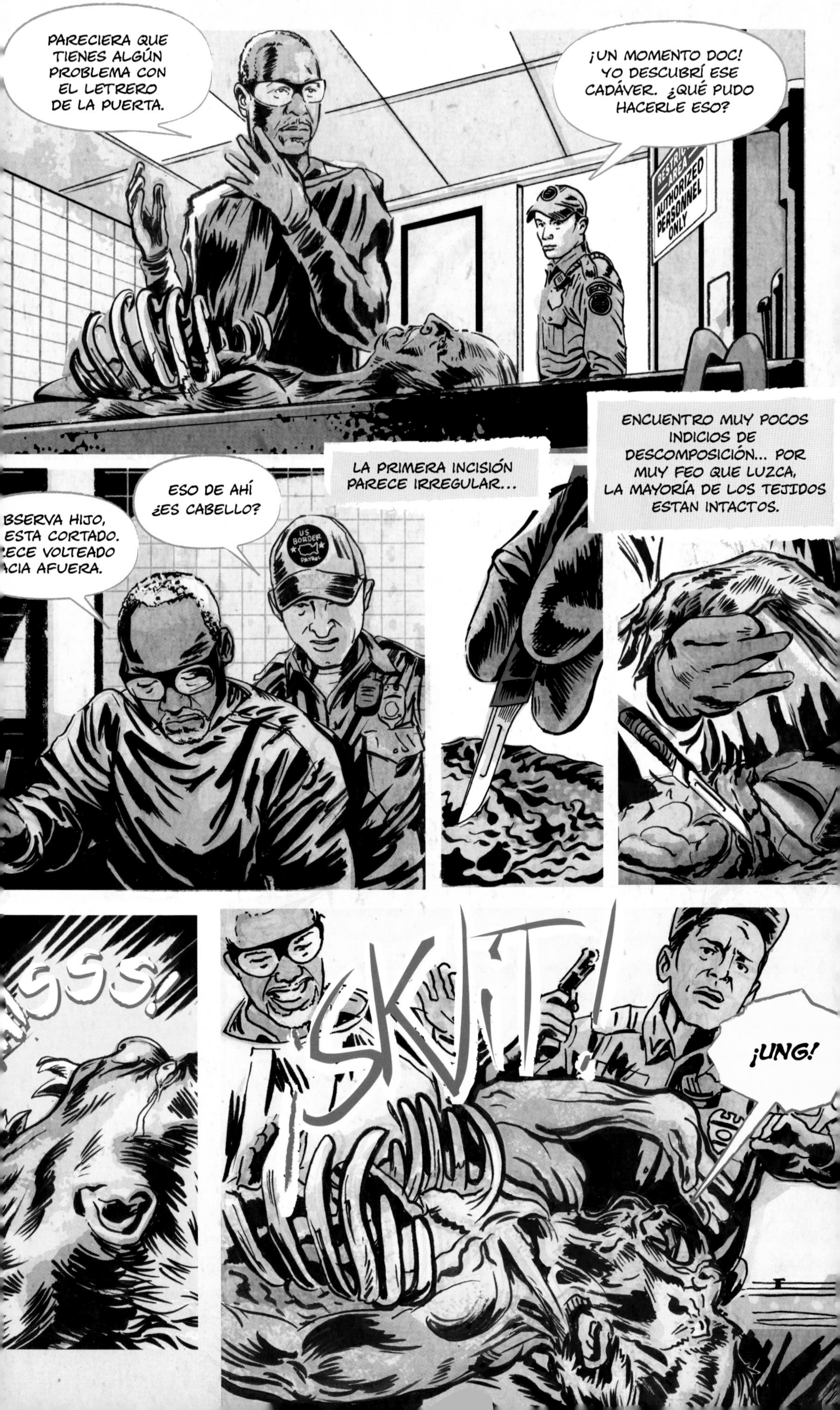
PARECIERA QUE TIENES ALGÚN PROBLEMA CON EL LETRERO DE LA PUERTA.
¡UN MOMENTO DOC! YO DESCUBRÍ ESE CADÁVER. ¿QUÉ PUDO HACERLE ESO?
RESTRICTED AREA AUTHORIZED PERSONNEL ONLY
BSERVA HIJO, ESTA CORTADO. ECE VOLTEADO ACIA AFUERA.
ESO DE AHÍ ¿ES CABELLO?
US BORDER PATROL
LA PRIMERA INCISIÓN PARECE IRREGULAR...
ENCUENTRO MUY POCOS INDICIOS DE DESCOMPOSICIÓN... POR MUY FEO QUE LUZCA, LA MAYORÍA DE LOS TEJIDOS ESTAN INTACTOS.
SSS!
¡SKIT!
¡UNG!

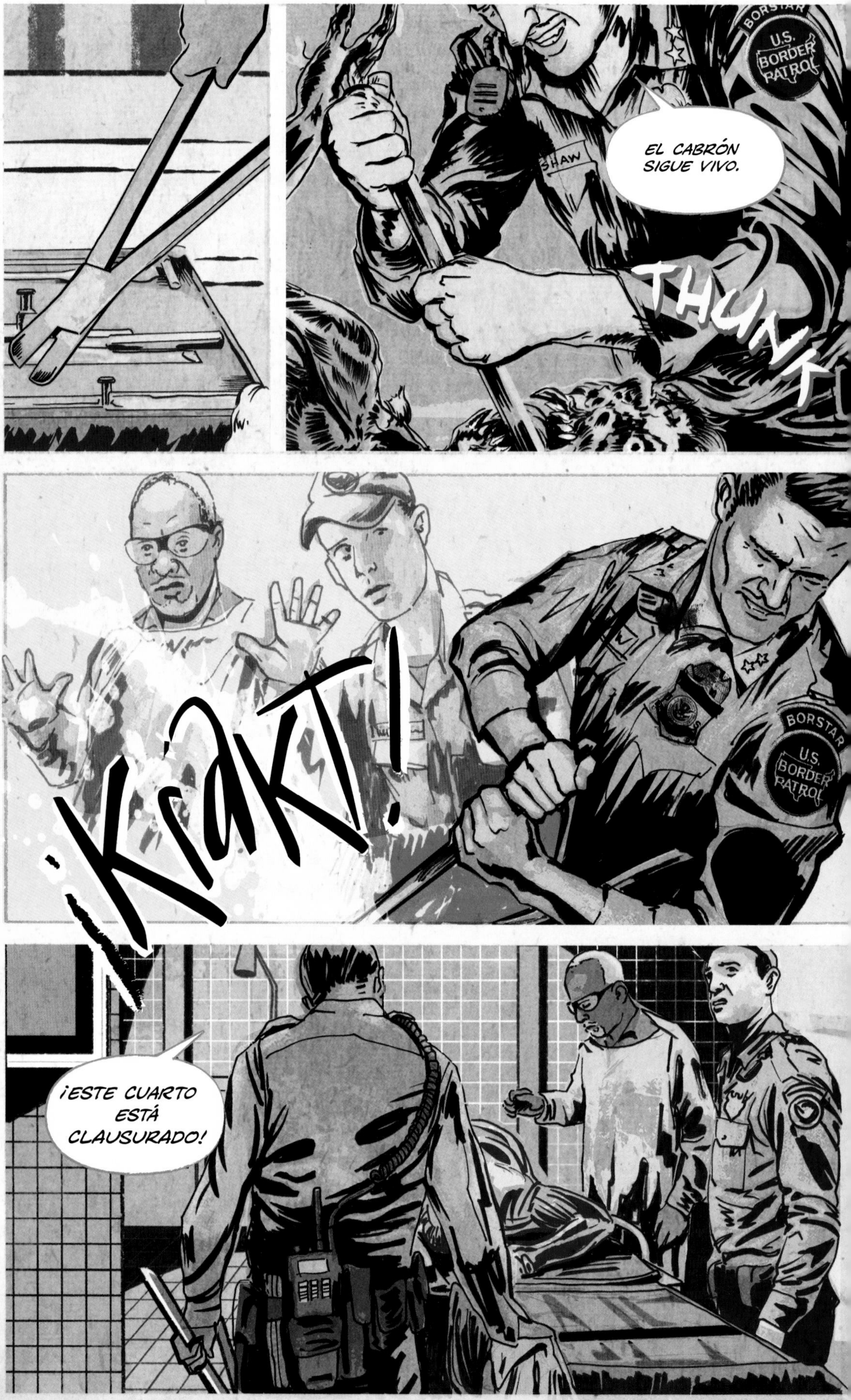

U.S. BORDER PATROL
SHAW
EL CABRÓN SIGUE VIVO.
THUNK
BORSTAR
U.S. BORDER PATROL
¡KRAKT!
¡ESTE CUARTO ESTÁ CLAUSURADO!

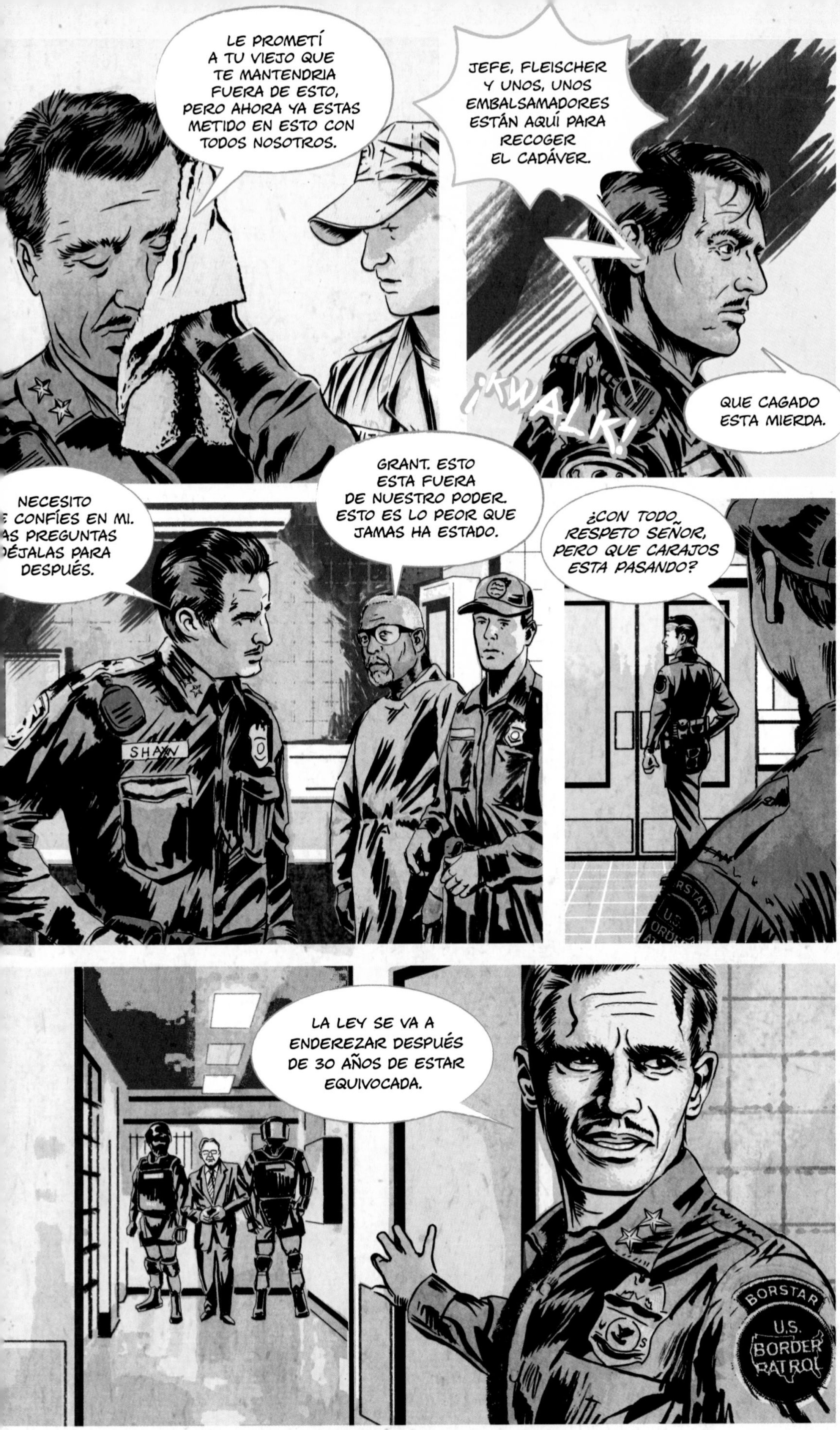
LE PROMETÍ A TU VIEJO QUE TE MANTENDRIA FUERA DE ESTO, PERO AHORA YA ESTAS METIDO EN ESTO CON TODOS NOSOTROS.
JEFE, FLEISCHER Y UNOS, UNOS EMBALSAMADORES ESTÁN AQUÍ PARA RECOGER EL CADÁVER.
¡KWALK!
QUE CAGADO ESTA MIERDA.
NECESITO
CONFÍES EN MI.
AS PREGUNTAS
DÉJALAS PARA DESPUÉS.
GRANT. ESTO ESTA FUERA DE NUESTRO PODER. ESTO ES LO PEOR QUE JAMAS HA ESTADO.
SHAWN
¿CON TODO RESPETO SEÑOR, PERO QUE CARAJOS ESTA PASANDO?
LA LEY SE VA A ENDEREZAR DESPUÉS DE 30 AÑOS DE ESTAR EQUIVOCADA.
BORSTAR
U.S. BORDER PATROL

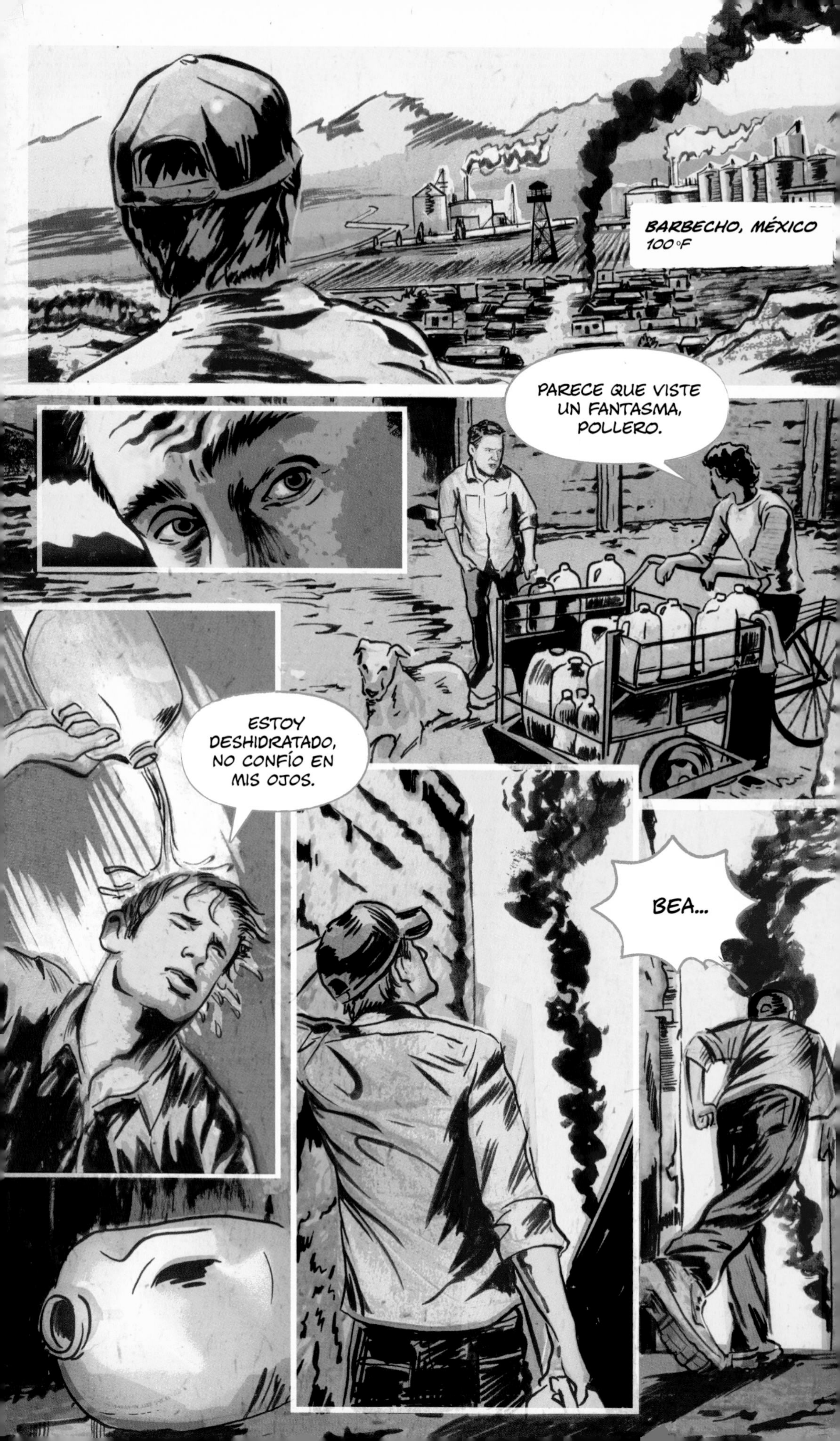
BARBECHO, MÉXICO
100°F
PARECE QUE VISTE UN FANTASMA, POLLERO.
ESTOY DESHIDRATADO, NO CONFÍO EN MIS OJOS.
BEA...

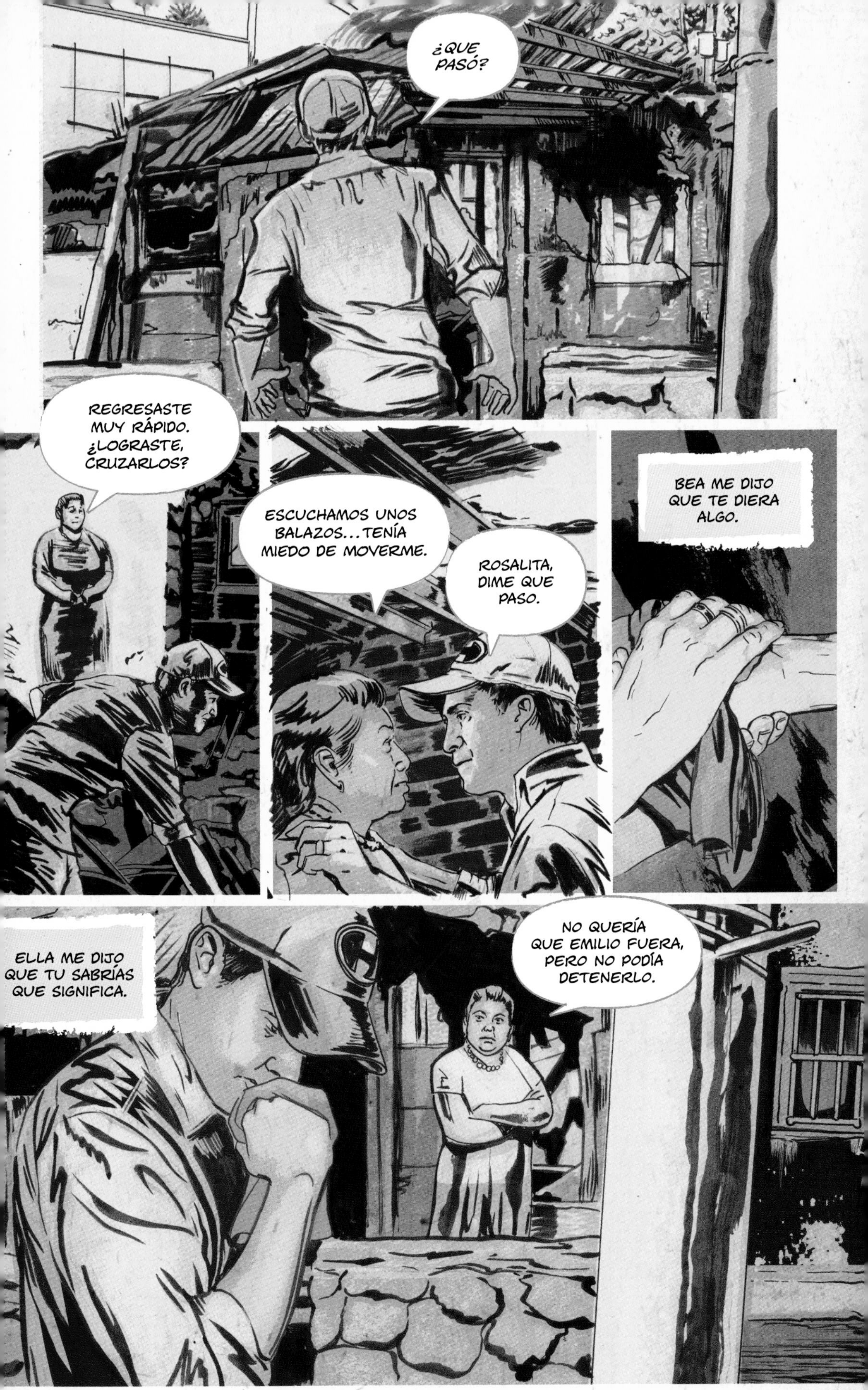
¿QUE PASÓ?
REGRESASTE MUY RÁPIDO. ¿LOGRASTE, CRUZARLOS?
ESCUCHAMOS UNOS BALAZOS...TENÍA MIEDO DE MOVERME.
ROSALITA, DIME QUE PASO.
BEA ME DIJO QUE TE DIERA ALGO.
ELLA ME DIJO QUE TU SABRÍAS QUE SIGNIFICA.
NO QUERÍA QUE EMILIO FUERA, PERO NO PODÍA DETENERLO.

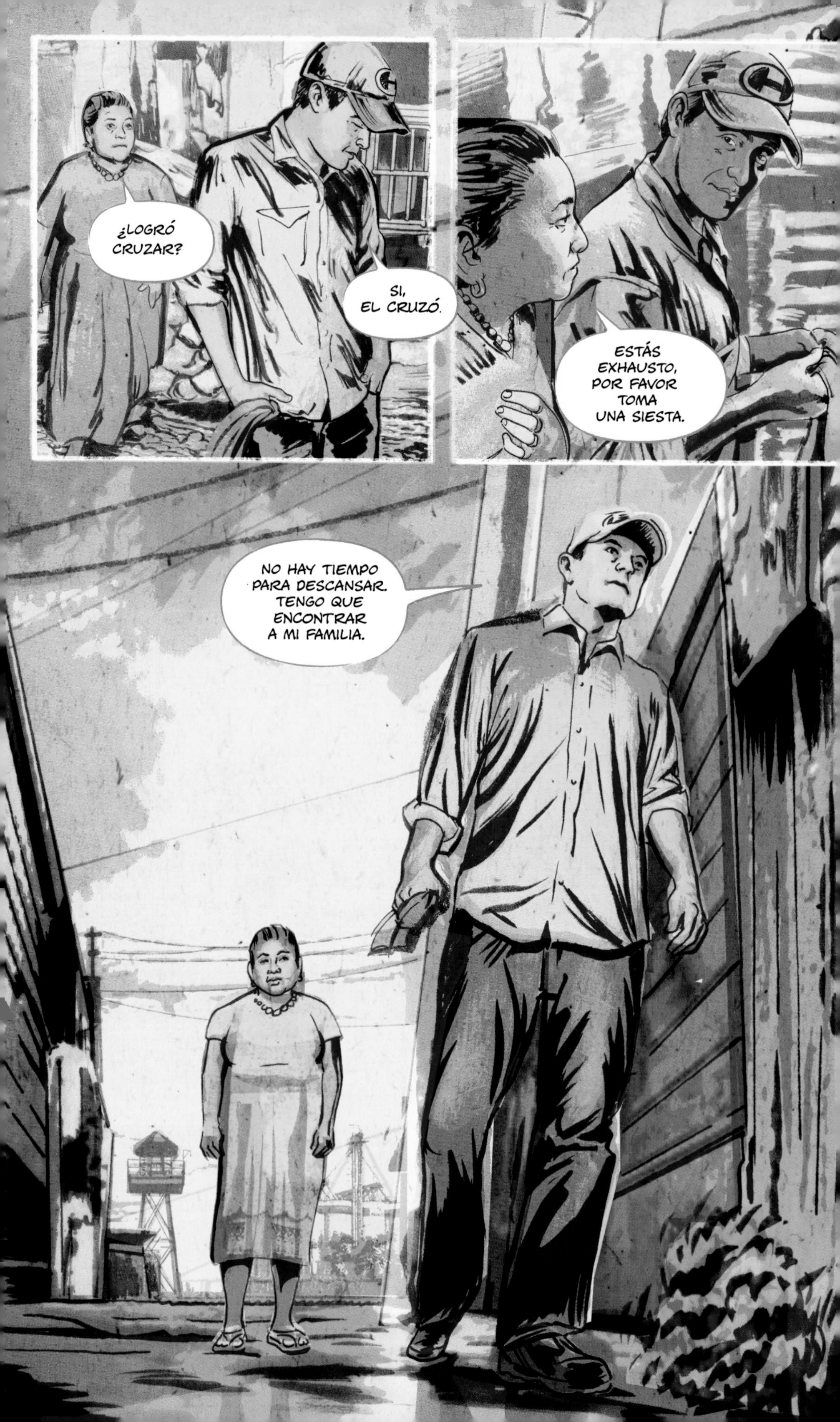
¿LOGRÓ CRUZAR?
SI, EL CRUZÓ.
ESTÁS EXHAUSTO, POR FAVOR TOMA UNA SIESTA.
NO HAY TIEMPO PARA DESCANSAR. TENGO QUE ENCONTRAR A MI FAMILIA.

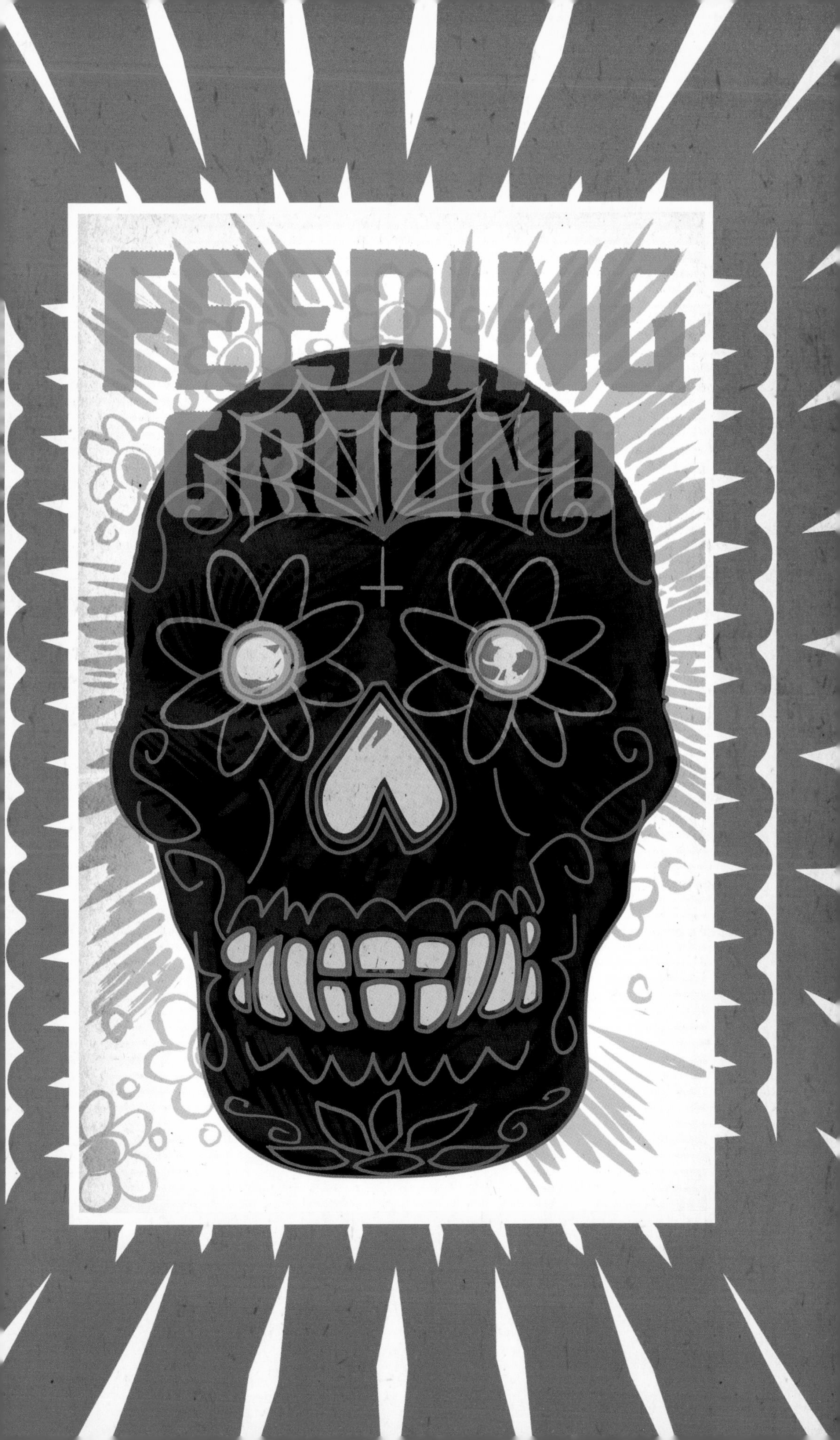
FEEDING
GROUND

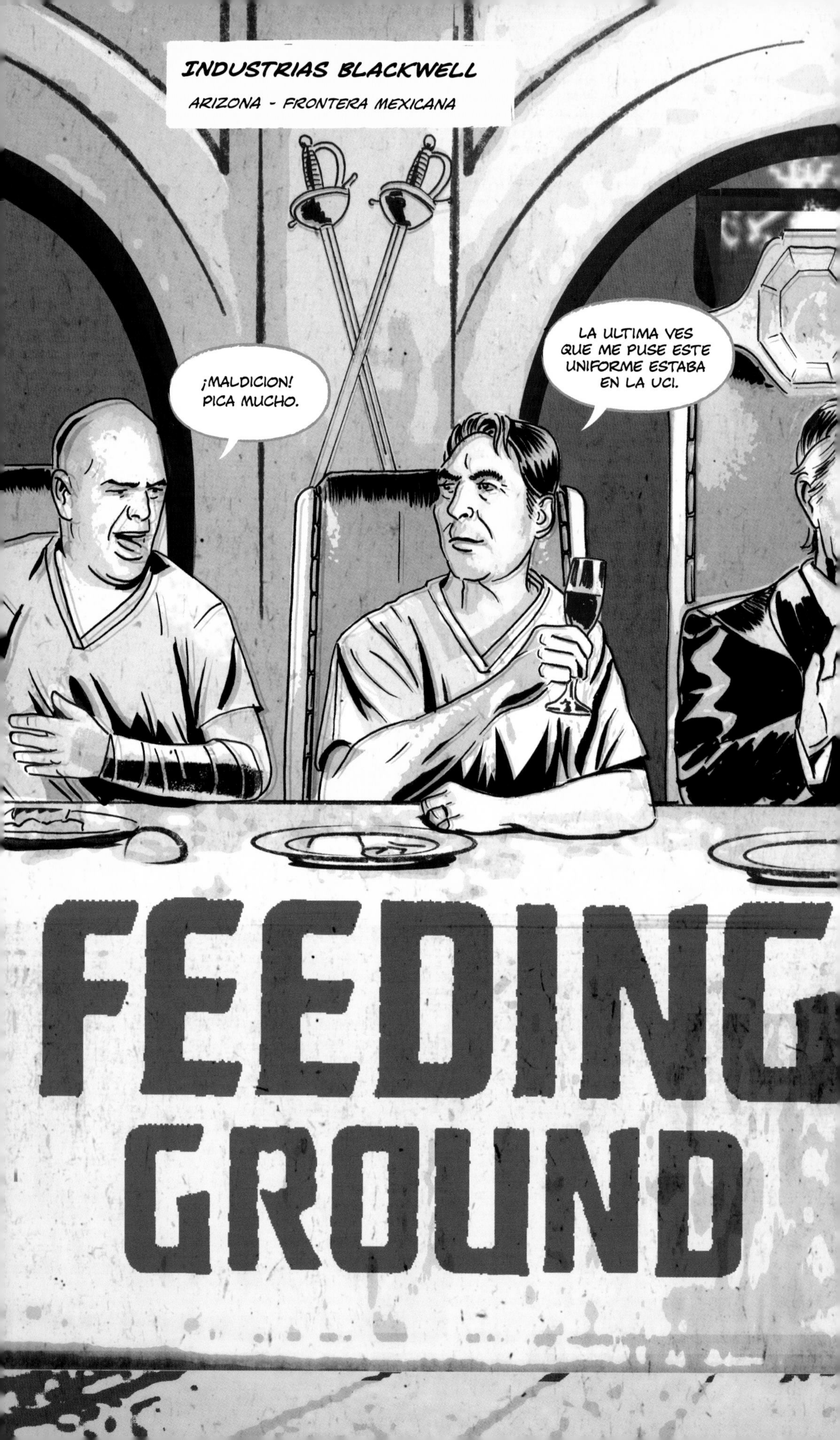
INDUSTRIAS BLACKWELL
ARIZONA - FRONTERA MEXICANA
¡MALDICION! PICA MUCHO.
LA ULTIMA VES QUE ME PUSE ESTE UNIFORME ESTABA EN LA UCI.
FEEDING GROUND

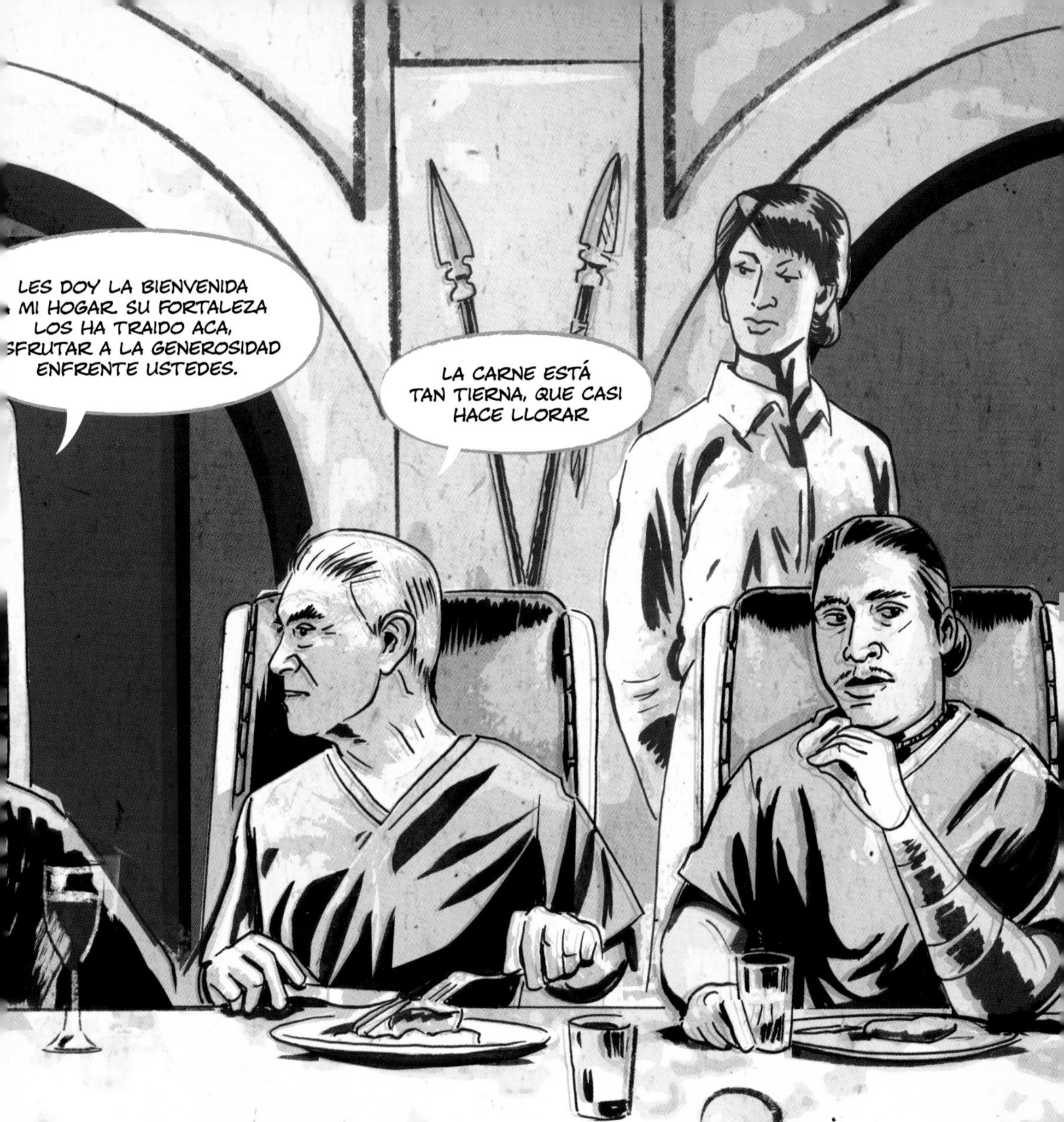
LES DOY LA BIENVENIDA
MI HOGAR. SU FORTALEZA
LOS HA TRAIDO ACA,
SFRUTAR A LA GENEROSIDAD
ENFRENTE USTEDES.
LA CARNE ESTÁ
TAN TIERNA, QUE CASI
HACE LLORAR

PARTE3

EL PULSO ACELERADO

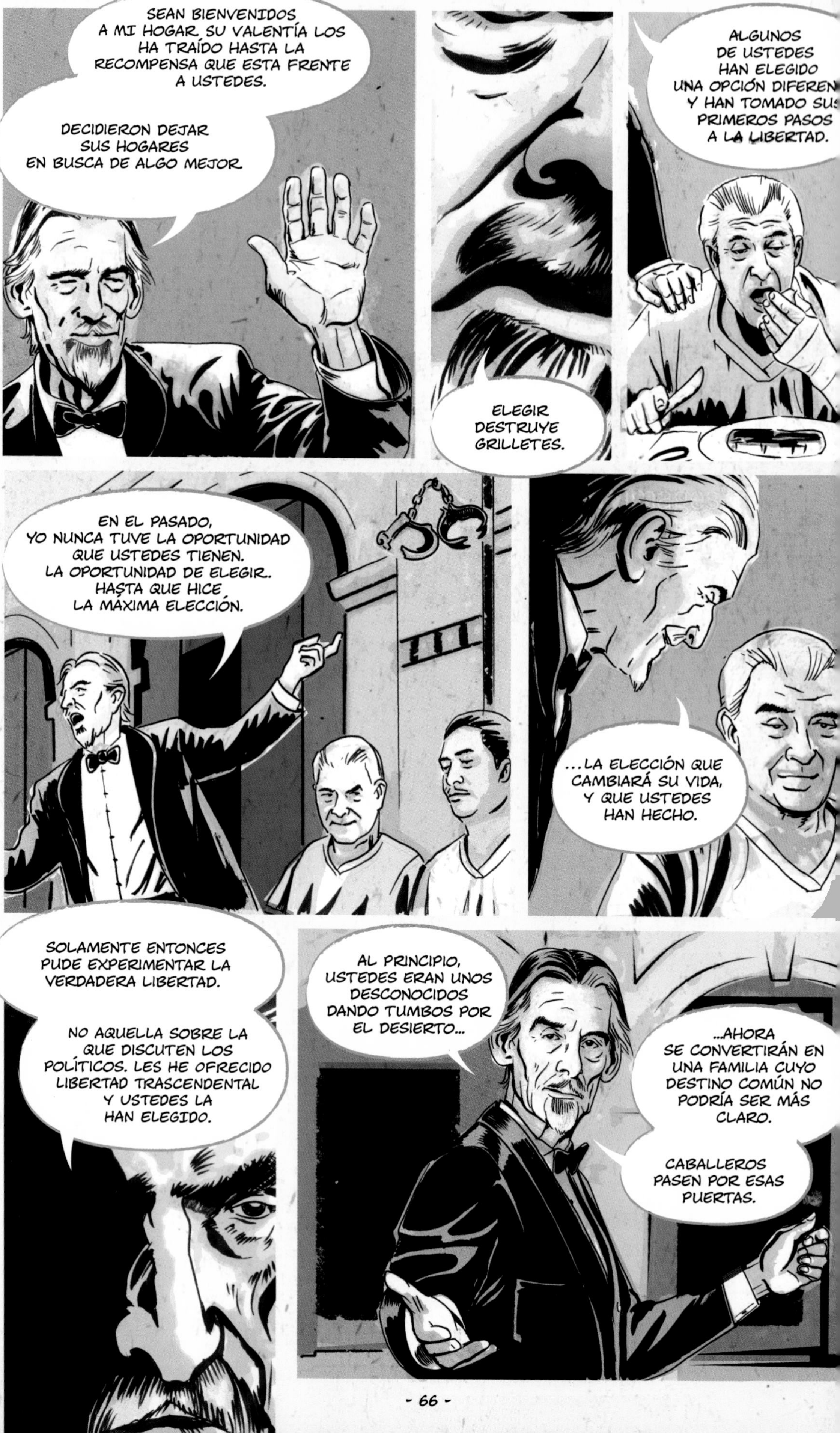
SEAN BIENVENIDOS A MI HOGAR. SU VALENTÍA LOS HA TRAÍDO HASTA LA RECOMPENSA QUE ESTA FRENTE A USTEDES.
DECIDIERON DEJAR SUS HOGARES EN BUSCA DE ALGO MEJOR.
ELEGIR DESTRUYE GRILLETES.
ALGUNOS DE USTEDES HAN ELEGIDO UNA OPCIÓN DIFEREN Y HAN TOMADO SU PRIMEROS PASOS A LA LIBERTAD.
EN EL PASADO, YO NUNCA TUVE LA OPORTUNIDAD QUE USTEDES TIENEN. LA OPORTUNIDAD DE ELEGIR. HASTA QUE HICE LA MÁXIMA ELECCIÓN.
...LA ELECCIÓN QUE CAMBIARÁ SU VIDA, Y QUE USTEDES HAN HECHO.
SOLAMENTE ENTONCES PUDE EXPERIMENTAR LA VERDADERA LIBERTAD.
NO AQUELLA SOBRE LA QUE DISCUTEN LOS POLÍTICOS. LES HE OFRECIDO LIBERTAD TRASCENDENTAL Y USTEDES LA HAN ELEGIDO.
AL PRINCIPIO, USTEDES ERAN UNOS DESCONOCIDOS DANDO TUMBOS POR EL DESIERTO...
...AHORA SE CONVERTIRÁN EN UNA FAMILIA CUYO DESTINO COMÚN NO PODRÍA SER MÁS CLARO.
CABALLEROS PASEN POR ESAS PUERTAS.

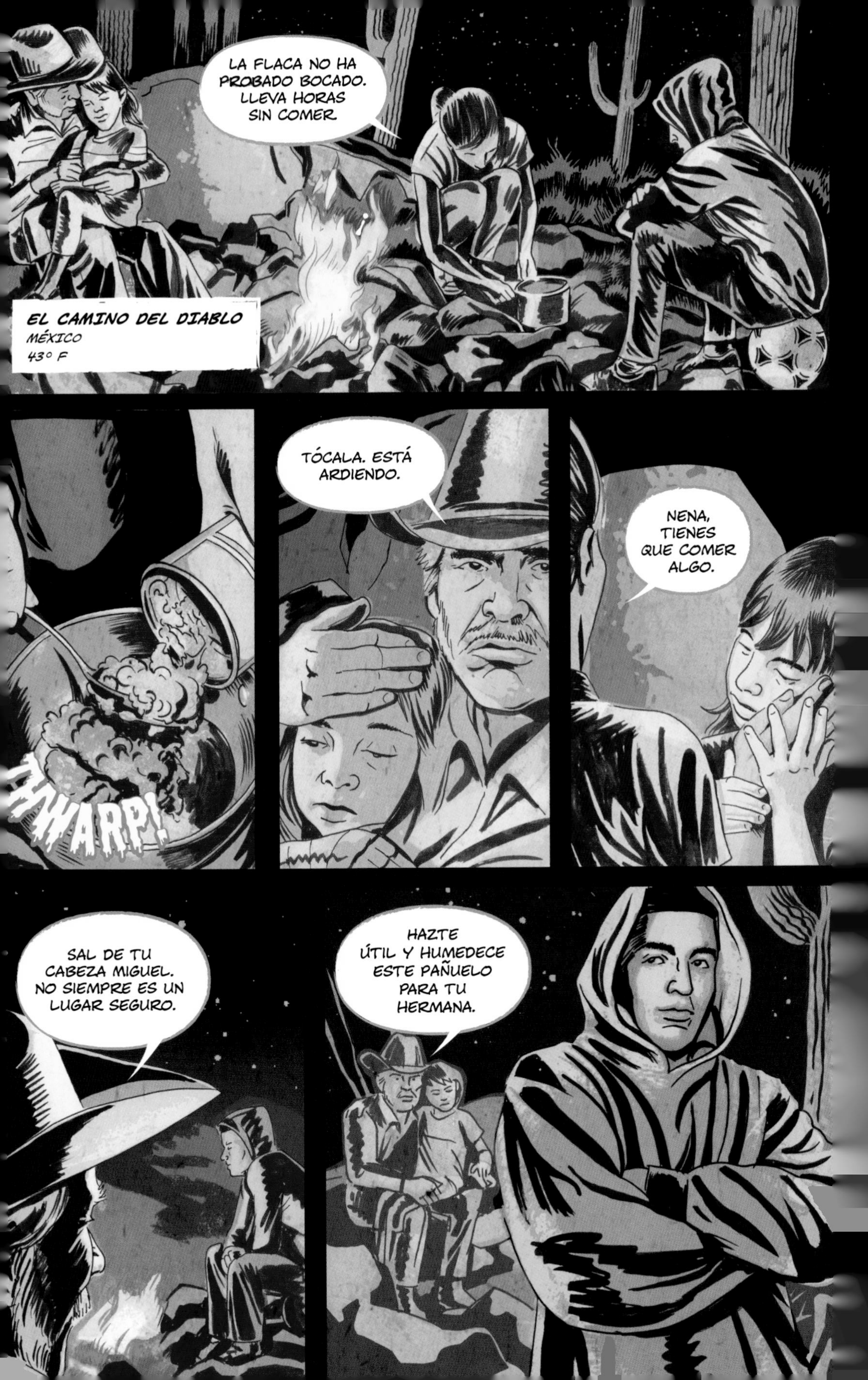
LA FLACA NO HA PROBADO BOCADO. LLEVA HORAS SIN COMER
EL CAMINO DEL DIABLO
MÉXICO
43° F
THWARP!
TÓCALA. ESTÁ ARDIENDO.
NENA, TIENES QUE COMER ALGO.
SAL DE TU CABEZA MIGUEL. NO SIEMPRE ES UN LUGAR SEGURO.
HAZTE ÚTIL Y HUMEDECE ESTE PAÑUELO PARA TU HERMANA.

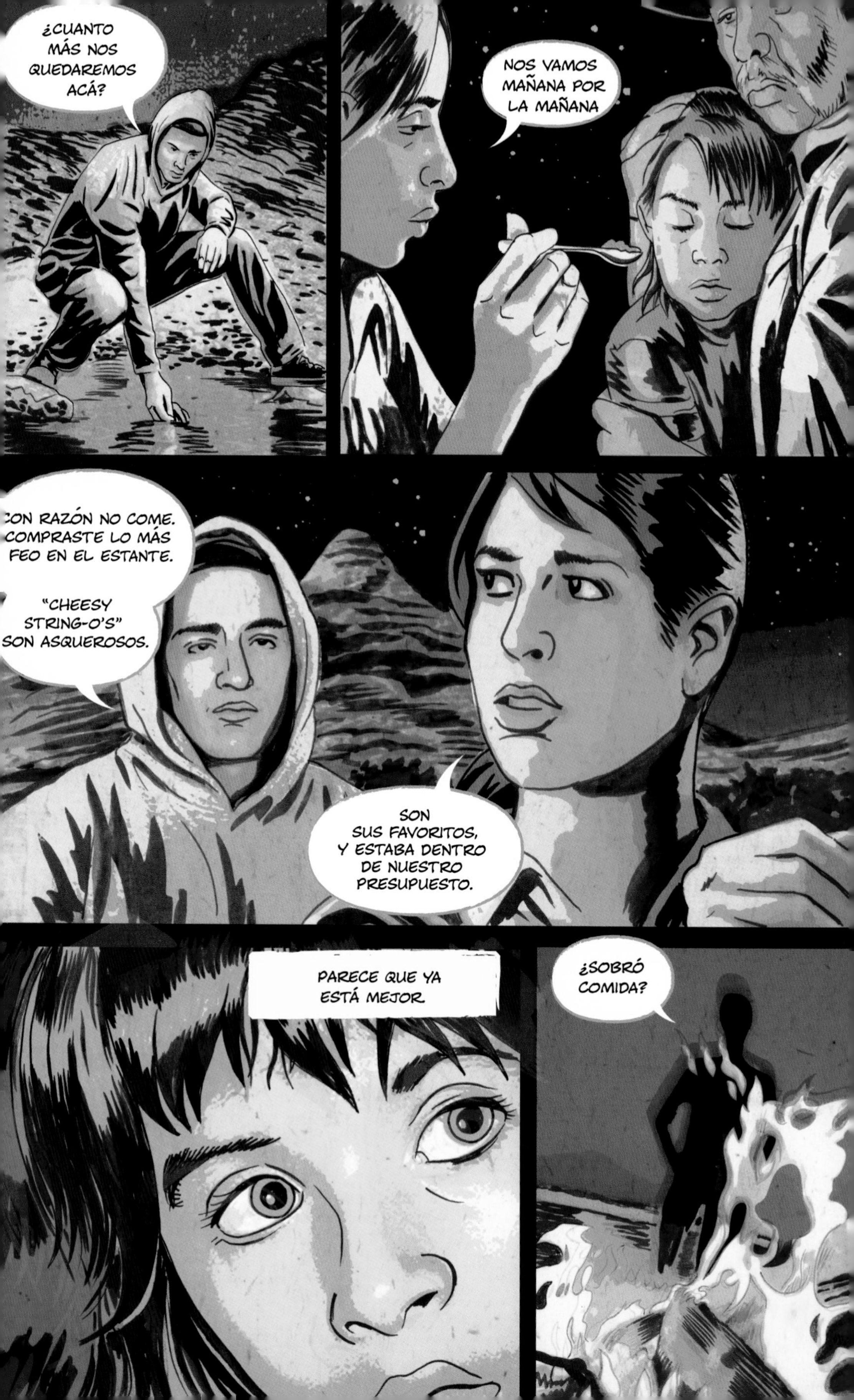
¿CUANTO MÁS NOS QUEDAREMOS ACÁ?
NOS VAMOS MAÑANA POR LA MAÑANA
CON RAZÓN NO COME. COMPRASTE LO MÁS FEO EN EL ESTANTE.
"CHEESY STRING-O'S" SON ASQUEROSOS.
SON SUS FAVORITOS, Y ESTABA DENTRO DE NUESTRO PRESUPUESTO.
PARECE QUE YA ESTÁ MEJOR
¿SOBRÓ COMIDA?

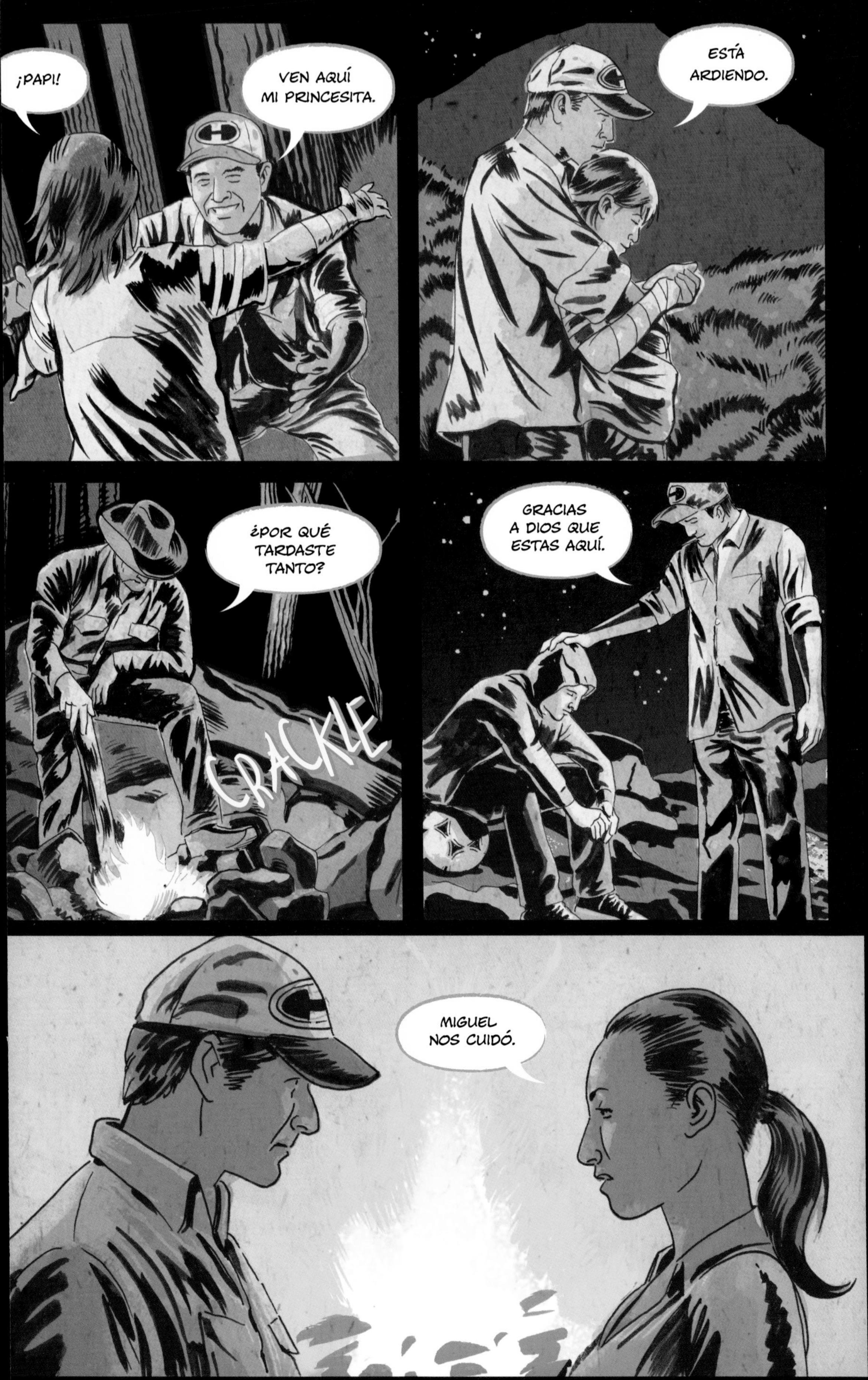
¡PAPI!
VEN AQUÍ MI PRINCESITA.
ESTÁ ARDIENDO.
¿POR QUÉ TARDASTE TANTO?
CRACKLE
GRACIAS A DIOS QUE ESTAS AQUÍ.
MIGUEL NOS CUIDÓ.

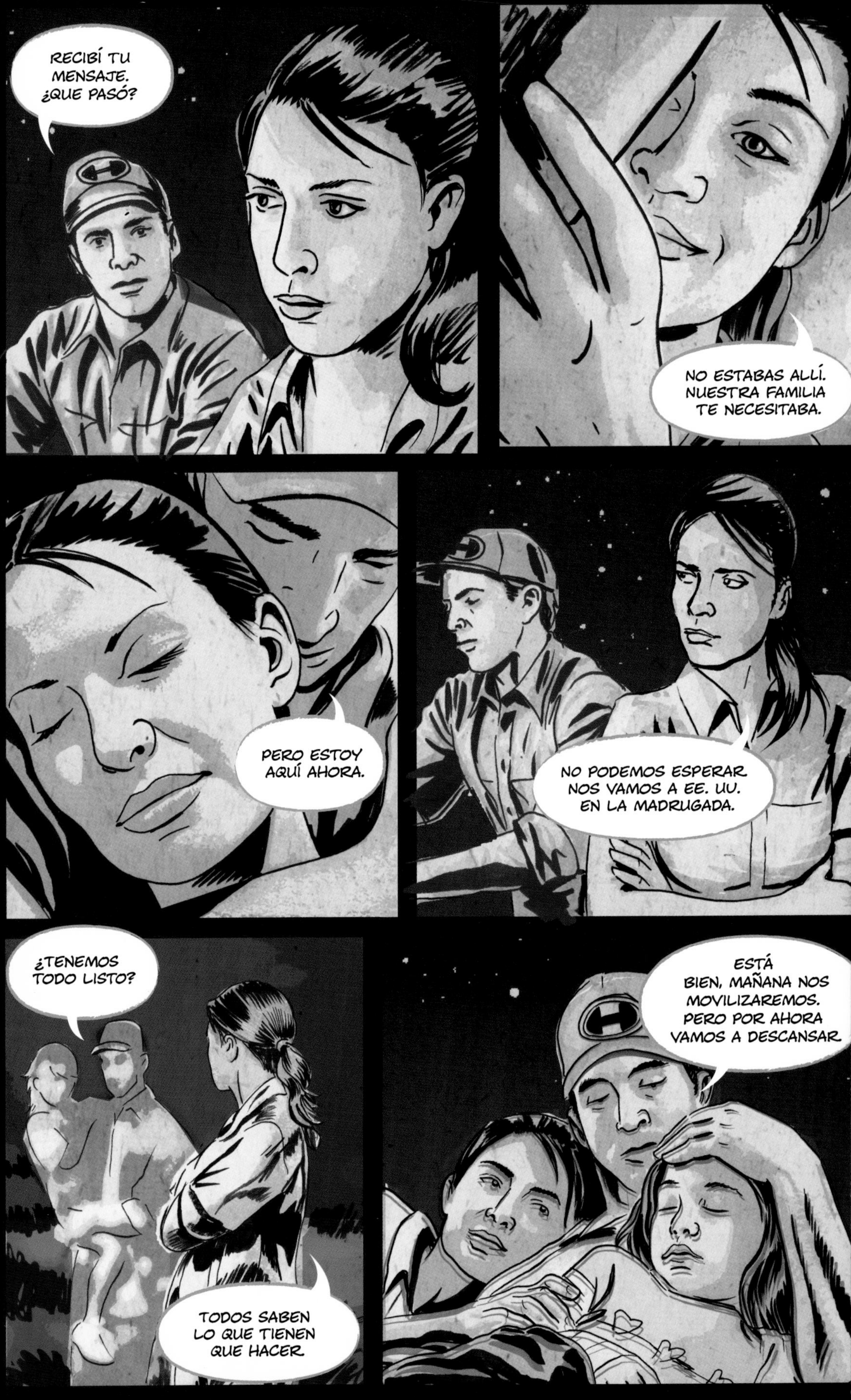
RECIBÍ TU MENSAJE. ¿QUE PASÓ?
NO ESTABAS ALLÍ. NUESTRA FAMILIA TE NECESITABA.
PERO ESTOY AQUÍ AHORA.
NO PODEMOS ESPERAR NOS VAMOS A EE. UU. EN LA MADRUGADA.
¿TENEMOS TODO LISTO?
TODOS SABEN LO QUE TIENEN QUE HACER
ESTÁ BIEN, MAÑANA NOS MOVILIZAREMOS. PERO POR AHORA VAMOS A DESCANSAR

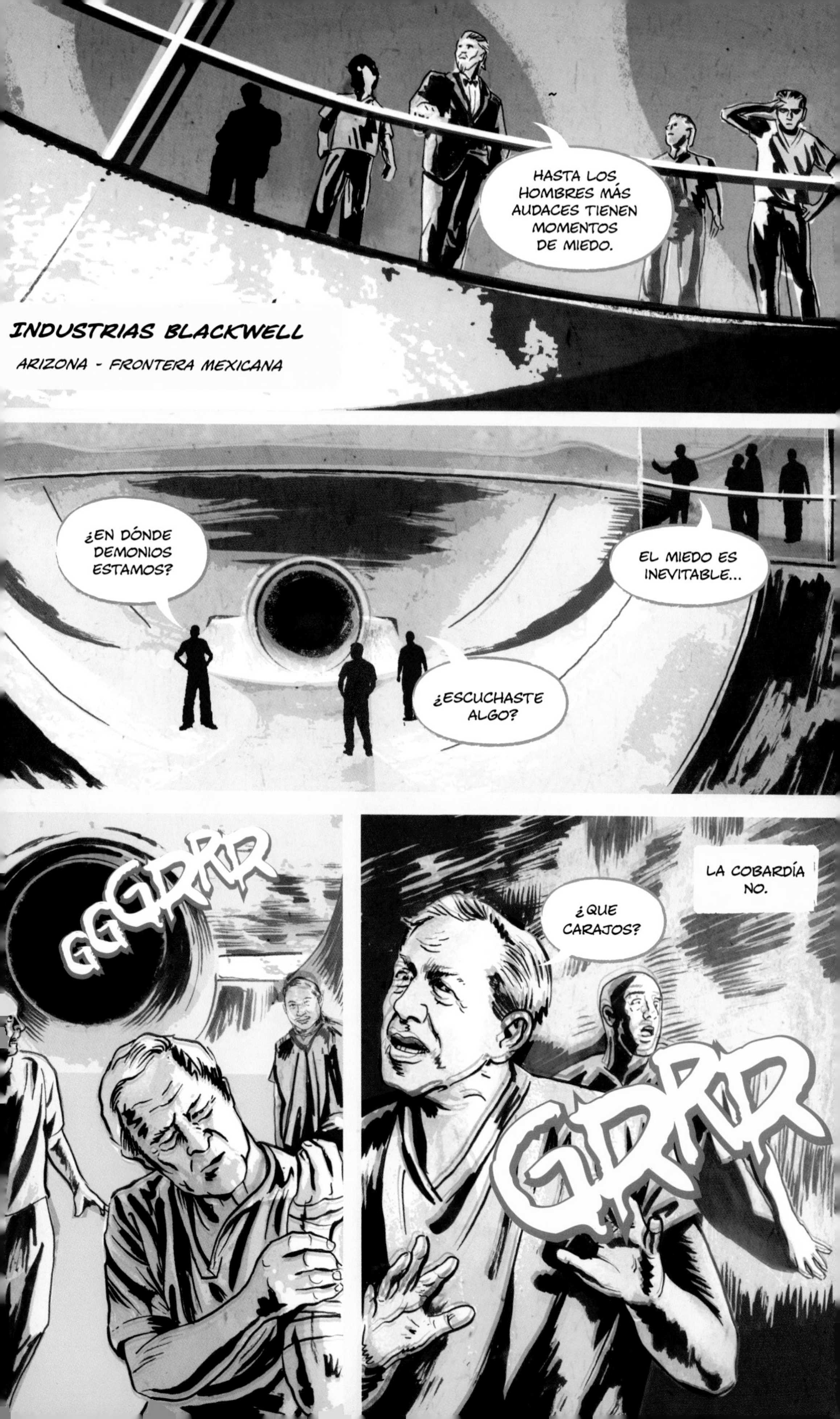

INDUSTRIAS BLACKWELL
ARIZONA - FRONTERA MEXICANA
HASTA LOS HOMBRES MÁS AUDACES TIENEN MOMENTOS DE MIEDO.
¿EN DÓNDE DEMONIOS ESTAMOS?
EL MIEDO ES INEVITABLE...
¿ESCUCHASTE ALGO?
GGGRRR
LA COBARDÍA NO.
¿QUE CARAJOS?
GRRR

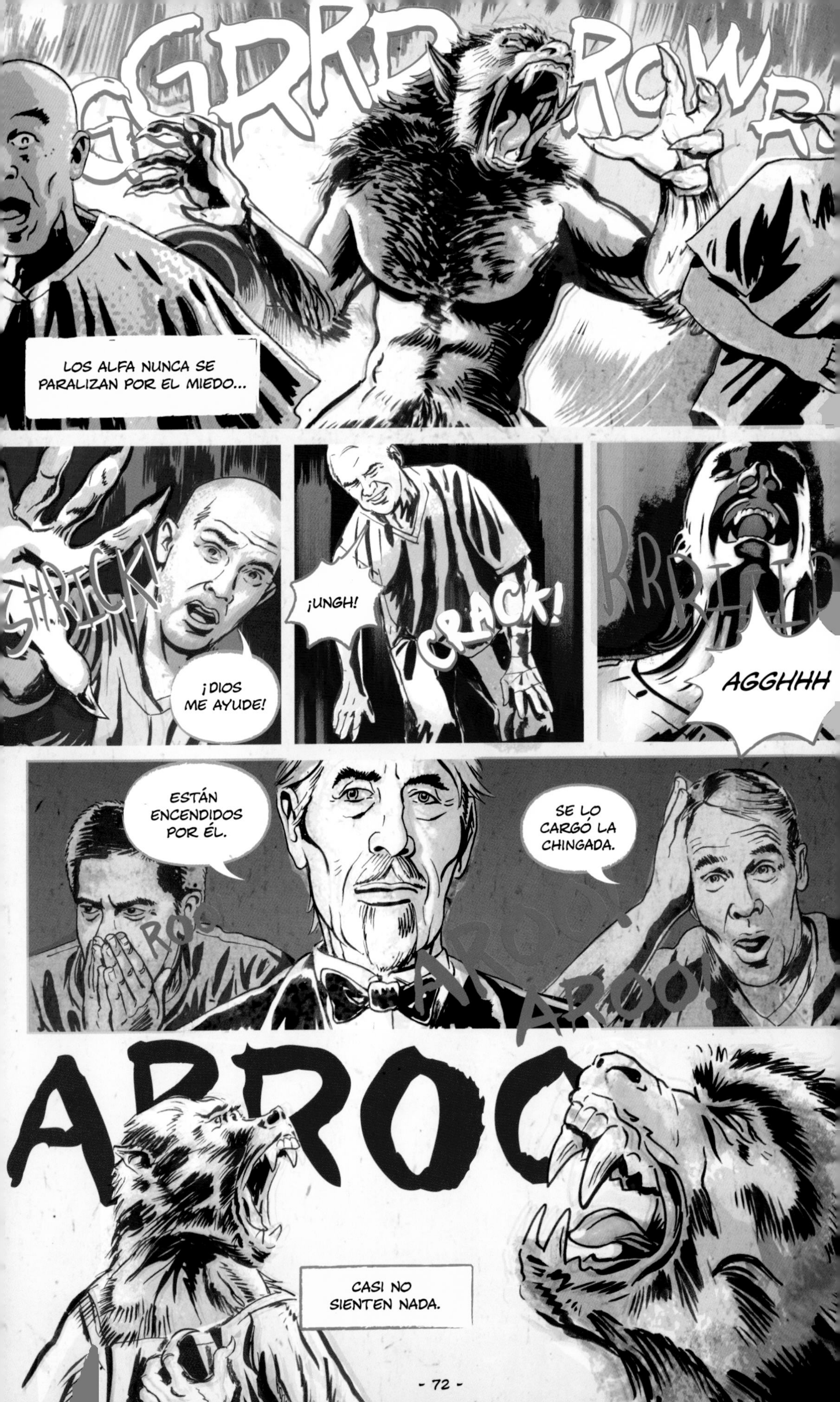
GRRR
ROWR
LOS ALFA NUNCA SE PARALIZAN POR EL MIEDO...
SHRICK!
¡DIOS ME AYUDE!
¡UNGH!
CRACK!
AGGHHH
ESTÁN ENCENDIDOS POR ÉL.
SE LO CARGÓ LA CHINGADA.
AROO!
AROOO
CASI NO SIENTEN NADA.

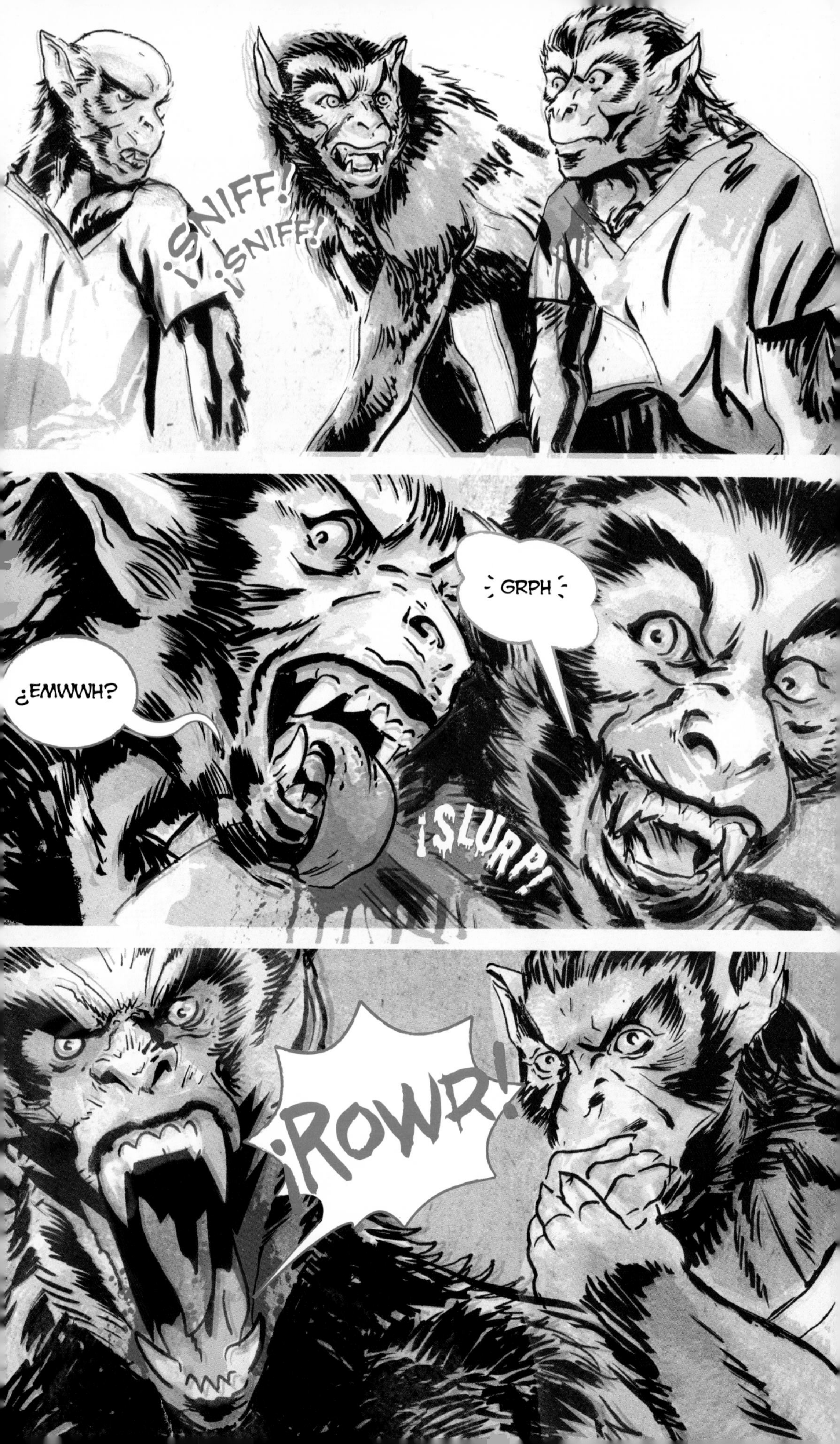
¡SNIFF!
¡SNIFF!
GRPH
¿EMWWH?
¡SLURP!
¡ROWR!

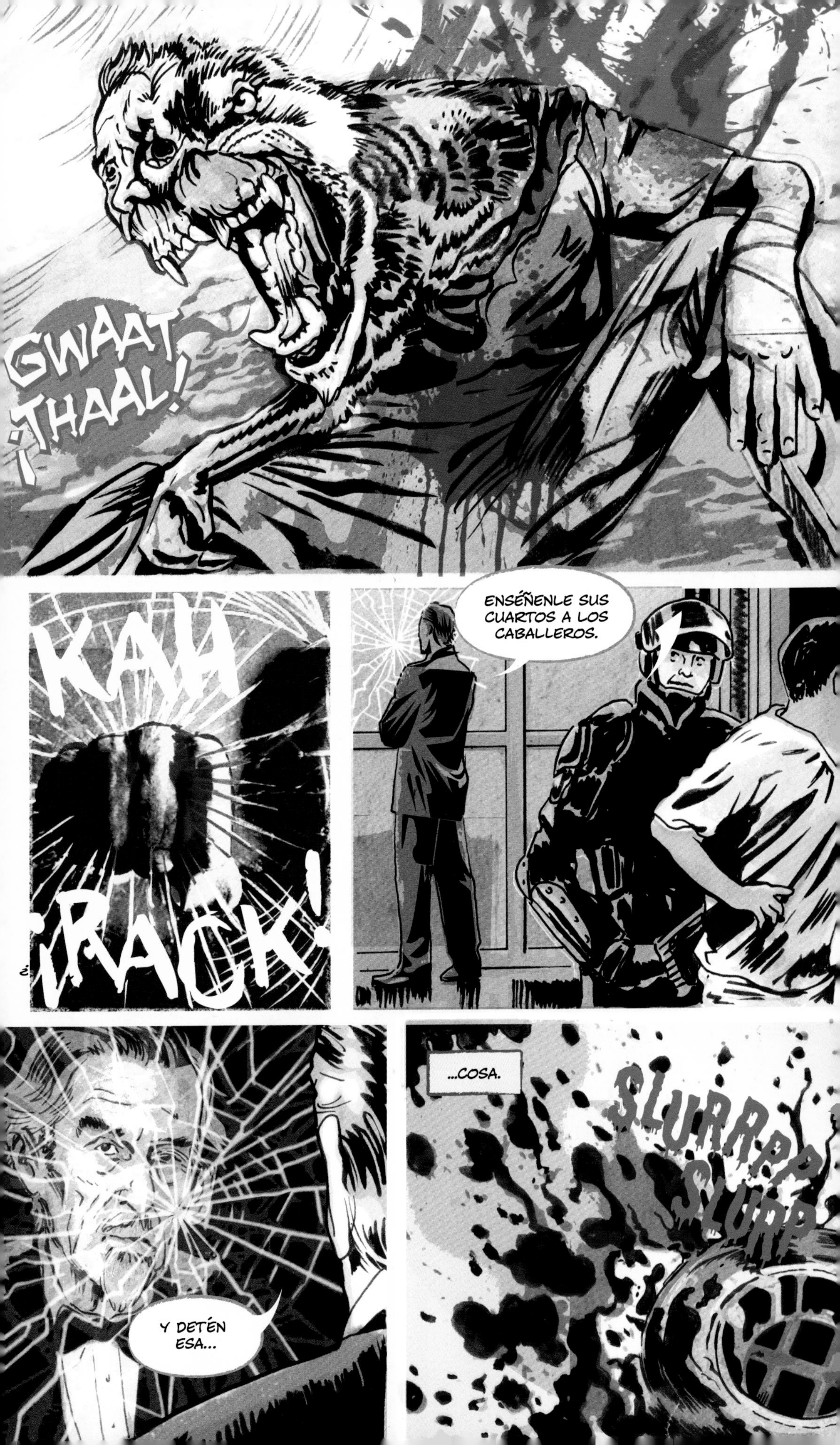
GWAAT ¡THAAL!
KAH ¡RACK!
ENSÉÑENLE SUS CUARTOS A LOS CABALLEROS.
Y DETÉN ESA...
...COSA.
SLURRPP SLURP

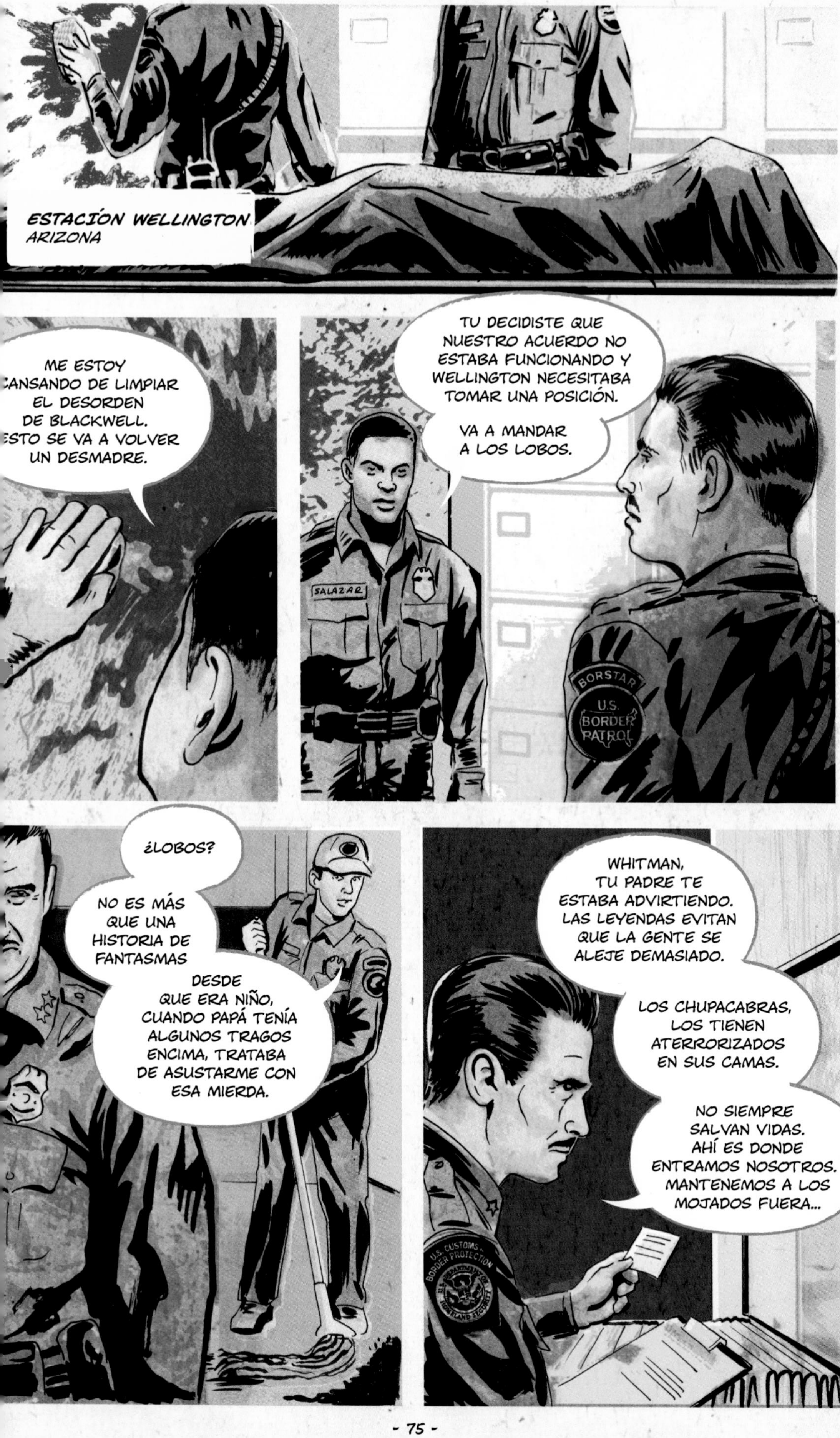
ESTACIÓN WELLINGTON
ARIZONA
ME ESTOY CANSANDO DE LIMPIAR EL DESORDEN DE BLACKWELL. ESTO SE VA A VOLVER UN DESMADRE.
TU DECIDISTE QUE NUESTRO ACUERDO NO ESTABA FUNCIONANDO Y WELLINGTON NECESITABA TOMAR UNA POSICIÓN.
VA A MANDAR A LOS LOBOS.
SALAZAR
BORSTAR
U.S. BORDER PATROL
¿LOBOS?
NO ES MÁS QUE UNA HISTORIA DE FANTASMAS
DESDE QUE ERA NIÑO, CUANDO PAPÁ TENÍA ALGUNOS TRAGOS ENCIMA, TRATABA DE ASUSTARME CON ESA MIERDA.
WHITMAN, TU PADRE TE ESTABA ADVIRTIENDO. LAS LEYENDAS EVITAN QUE LA GENTE SE ALEJE DEMASIADO.
LOS CHUPACABRAS, LOS TIENEN ATERRORIZADOS EN SUS CAMAS.
NO SIEMPRE SALVAN VIDAS. AHÍ ES DONDE ENTRAMOS NOSOTROS. MANTENEMOS A LOS MOJADOS FUERA...

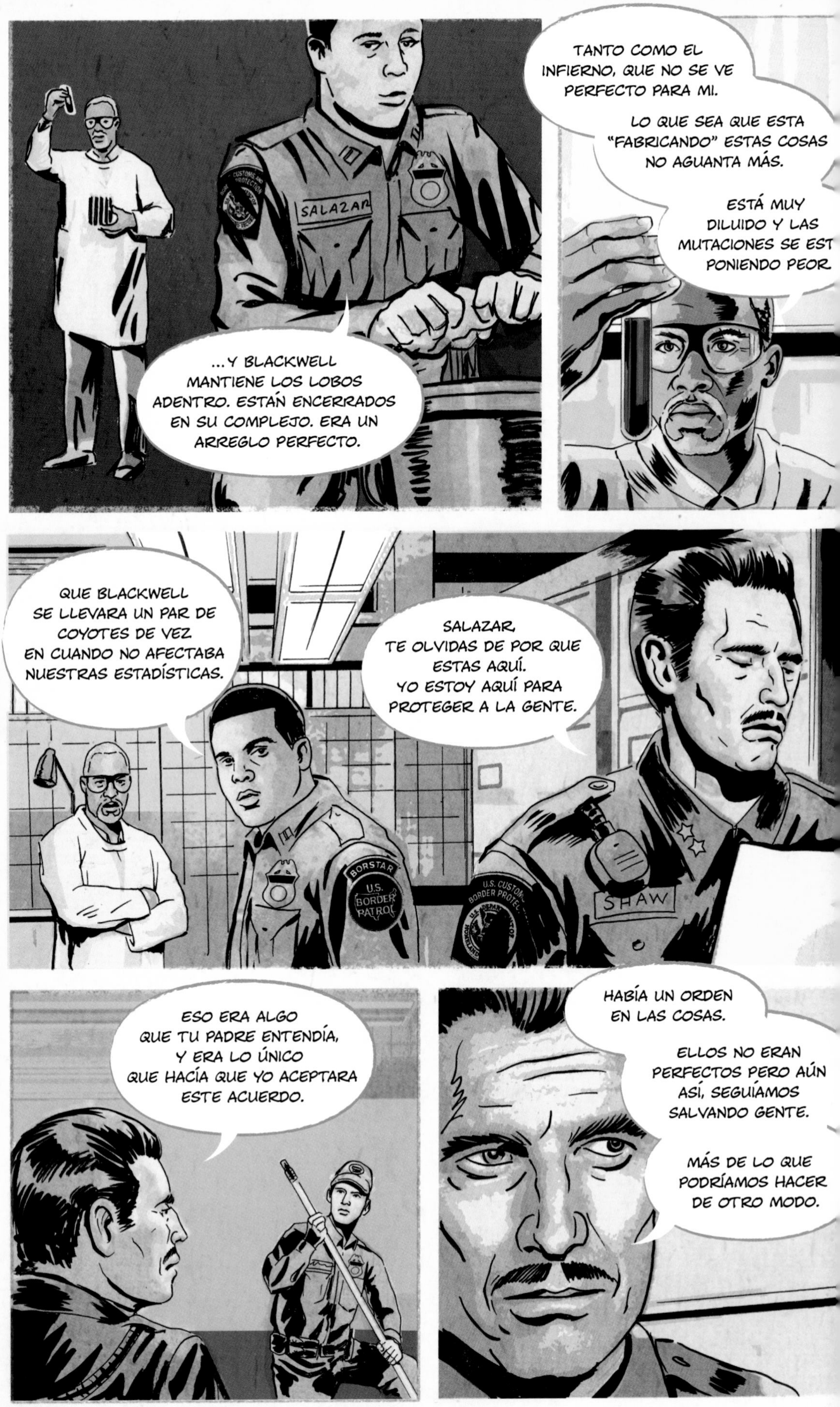
SALAZAR
...Y BLACKWELL MANTIENE LOS LOBOS ADENTRO. ESTÁN ENCERRADOS EN SU COMPLEJO. ERA UN ARREGLO PERFECTO.
TANTO COMO EL INFIERNO, QUE NO SE VE PERFECTO PARA MI.
LO QUE SEA QUE ESTA "FABRICANDO" ESTAS COSAS NO AGUANTA MÁS.
ESTÁ MUY DILUIDO Y LAS MUTACIONES SE EST PONIENDO PEOR
QUE BLACKWELL SE LLEVARA UN PAR DE COYOTES DE VEZ EN CUANDO NO AFECTABA NUESTRAS ESTADÍSTICAS.
SALAZAR TE OLVIDAS DE POR QUE ESTAS AQUÍ. YO ESTOY AQUÍ PARA PROTEGER A LA GENTE.
BORSTAR
U.S. BORDER PATROL
SHAW
ESO ERA ALGO QUE TU PADRE ENTENDÍA, Y ERA LO ÚNICO QUE HACÍA QUE YO ACEPTARA ESTE ACUERDO.
HABÍA UN ORDEN EN LAS COSAS.
ELLOS NO ERAN PERFECTOS PERO AÚN ASÍ, SEGUÍAMOS SALVANDO GENTE.
MÁS DE LO QUE PODRÍAMOS HACER DE OTRO MODO.

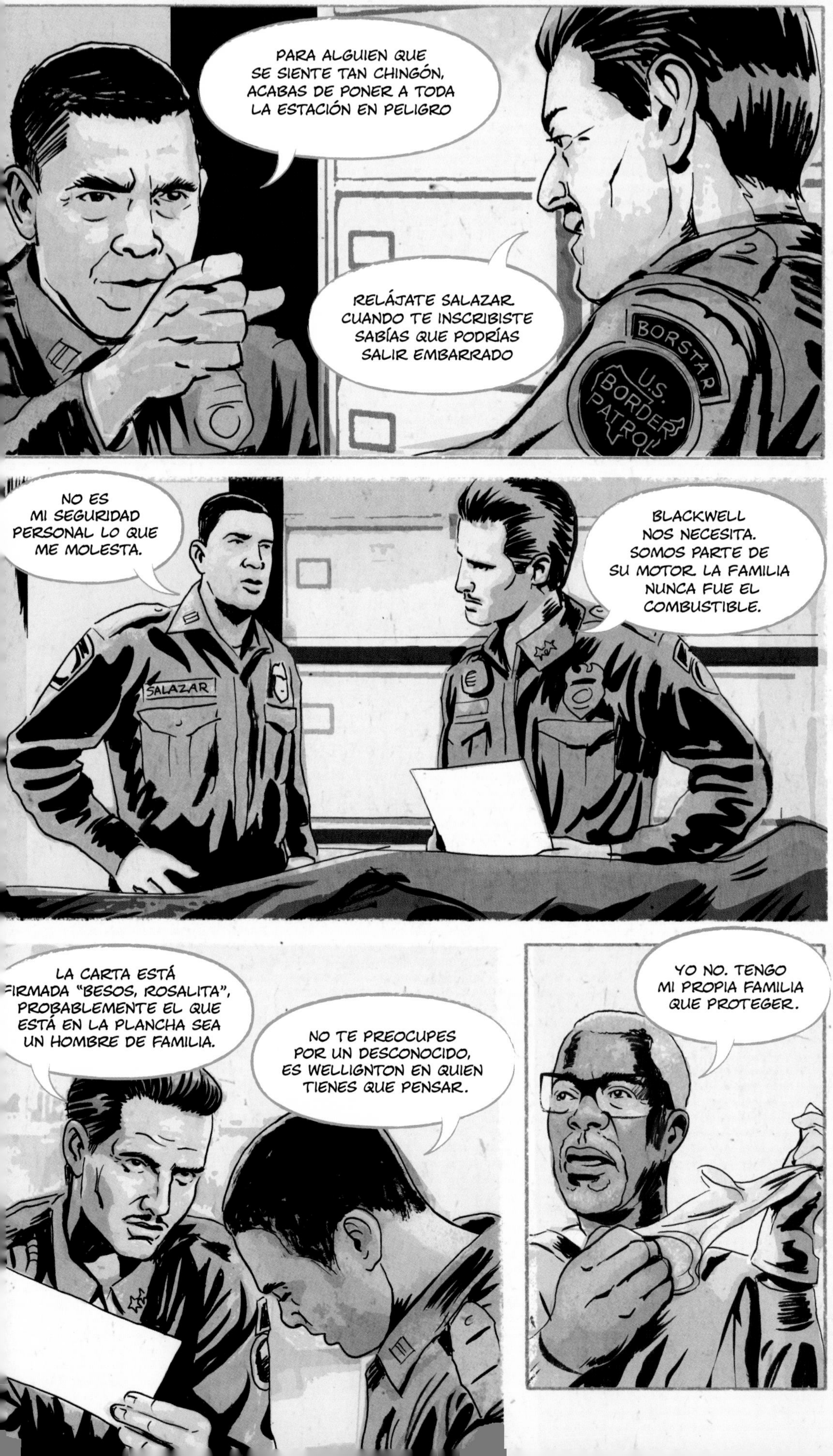
PARA ALGUIEN QUE SE SIENTE TAN CHINGÓN, ACABAS DE PONER A TODA LA ESTACIÓN EN PELIGRO
RELÁJATE SALAZAR CUANDO TE INSCRIBISTE SABÍAS QUE PODRÍAS SALIR EMBARRADO
BORSTAR
U.S. BORDER PATROL
NO ES MI SEGURIDAD PERSONAL LO QUE ME MOLESTA.
BLACKWELL NOS NECESITA. SOMOS PARTE DE SU MOTOR LA FAMILIA NUNCA FUE EL COMBUSTIBLE.
SALAZAR
LA CARTA ESTÁ FIRMADA "BESOS, ROSALITA", PROBABLEMENTE EL QUE ESTÁ EN LA PLANCHA SEA UN HOMBRE DE FAMILIA.
NO TE PREOCUPES POR UN DESCONOCIDO, ES WELLIGNTON EN QUIEN TIENES QUE PENSAR.
YO NO. TENGO MI PROPIA FAMILIA QUE PROTEGER.

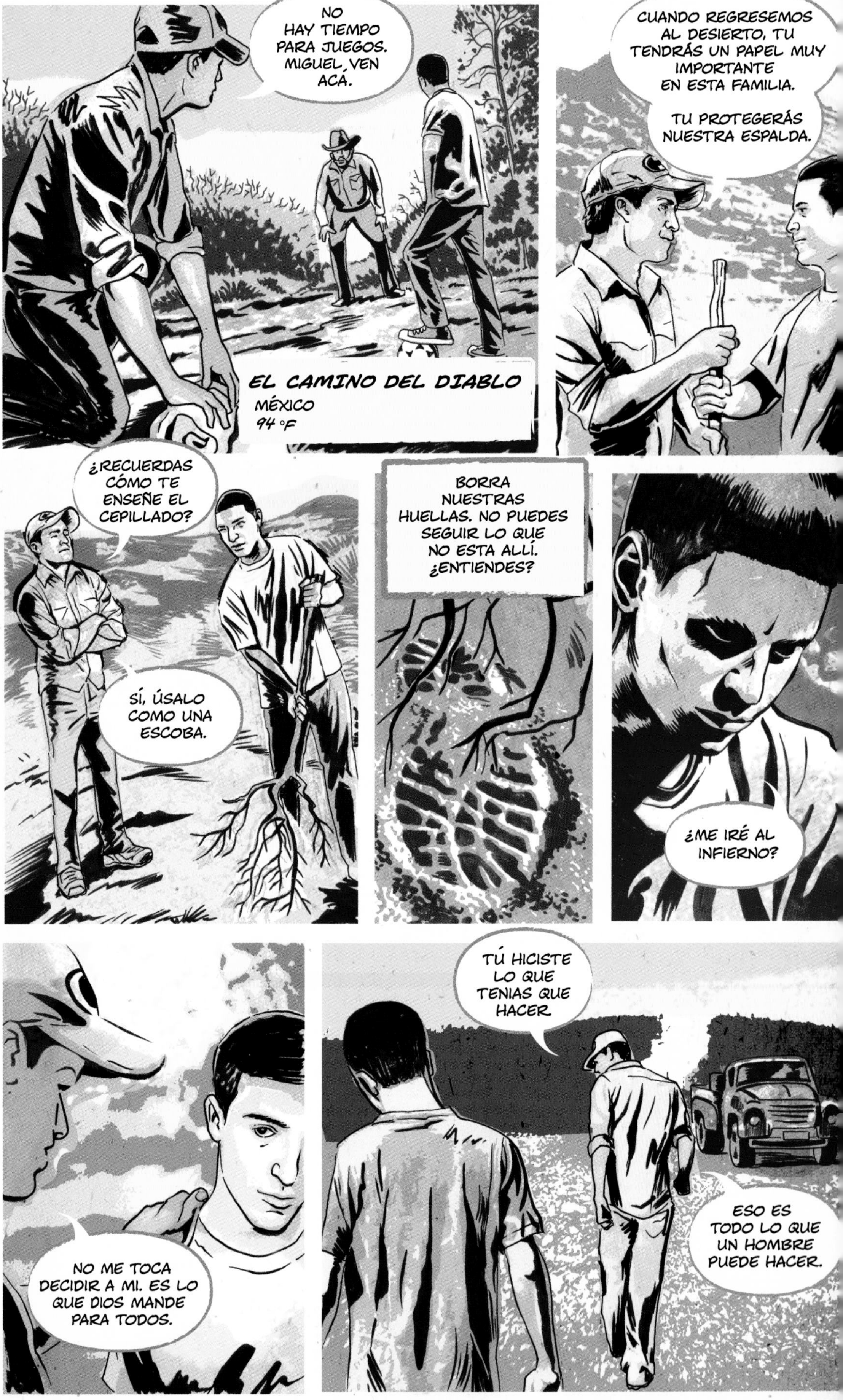

NO HAY TIEMPO PARA JUEGOS. MIGUEL, VEN ACÁ.
EL CAMINO DEL DIABLO
MÉXICO
94 °F
CUANDO REGRESEMOS AL DESIERTO, TU TENDRÁS UN PAPEL MUY IMPORTANTE EN ESTA FAMILIA.
TU PROTEGERÁS NUESTRA ESPALDA.
¿RECUERDAS CÓMO TE ENSEÑE EL CEPILLADO?
SÍ, ÚSALO COMO UNA ESCOBA.
BORRA NUESTRAS HUELLAS. NO PUEDES SEGUIR LO QUE NO ESTA ALLÍ. ¿ENTIENDES?
¿ME IRÉ AL INFIERNO?
NO ME TOCA DECIDIR A MI. ES LO QUE DIOS MANDE PARA TODOS.
TÚ HICISTE LO QUE TENIAS QUE HACER
ESO ES TODO LO QUE UN HOMBRE PUEDE HACER.

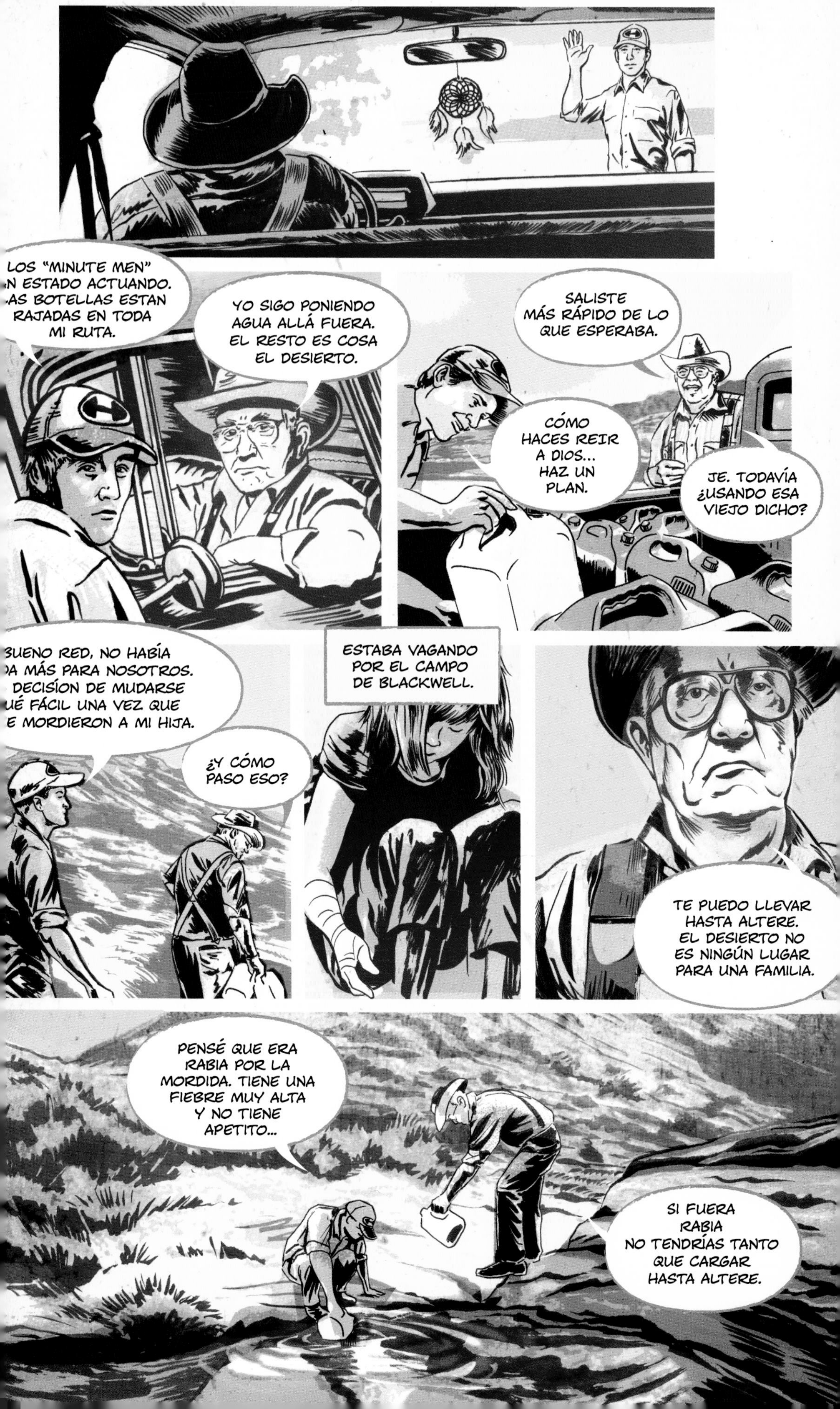

LOS "MINUTE MEN"
N ESTADO ACTUANDO.
AS BOTELLAS ESTAN
RAJADAS EN TODA
MI RUTA.
YO SIGO PONIENDO AGUA ALLÁ FUERA. EL RESTO ES COSA EL DESIERTO.
SALISTE MÁS RÁPIDO DE LO QUE ESPERABA.
CÓMO HACES REIR A DIOS... HAZ UN PLAN.
JE. TODAVÍA ¿USANDO ESA VIEJO DICHO?
BUENO RED, NO HABÍA
DA MÁS PARA NOSOTROS.
DECISÍON DE MUDARSE
UÉ FÁCIL UNA VEZ QUE
E MORDIERON A MI HIJA.
¿Y CÓMO PASO ESO?
ESTABA VAGANDO POR EL CAMPO DE BLACKWELL.
TE PUEDO LLEVAR HASTA ALTERE. EL DESIERTO NO ES NINGÚN LUGAR PARA UNA FAMILIA.
PENSÉ QUE ERA RABIA POR LA MORDIDA. TIENE UNA FIEBRE MUY ALTA Y NO TIENE APETITO...
SI FUERA RABIA NO TENDRÍAS TANTO QUE CARGAR HASTA ALTERE.

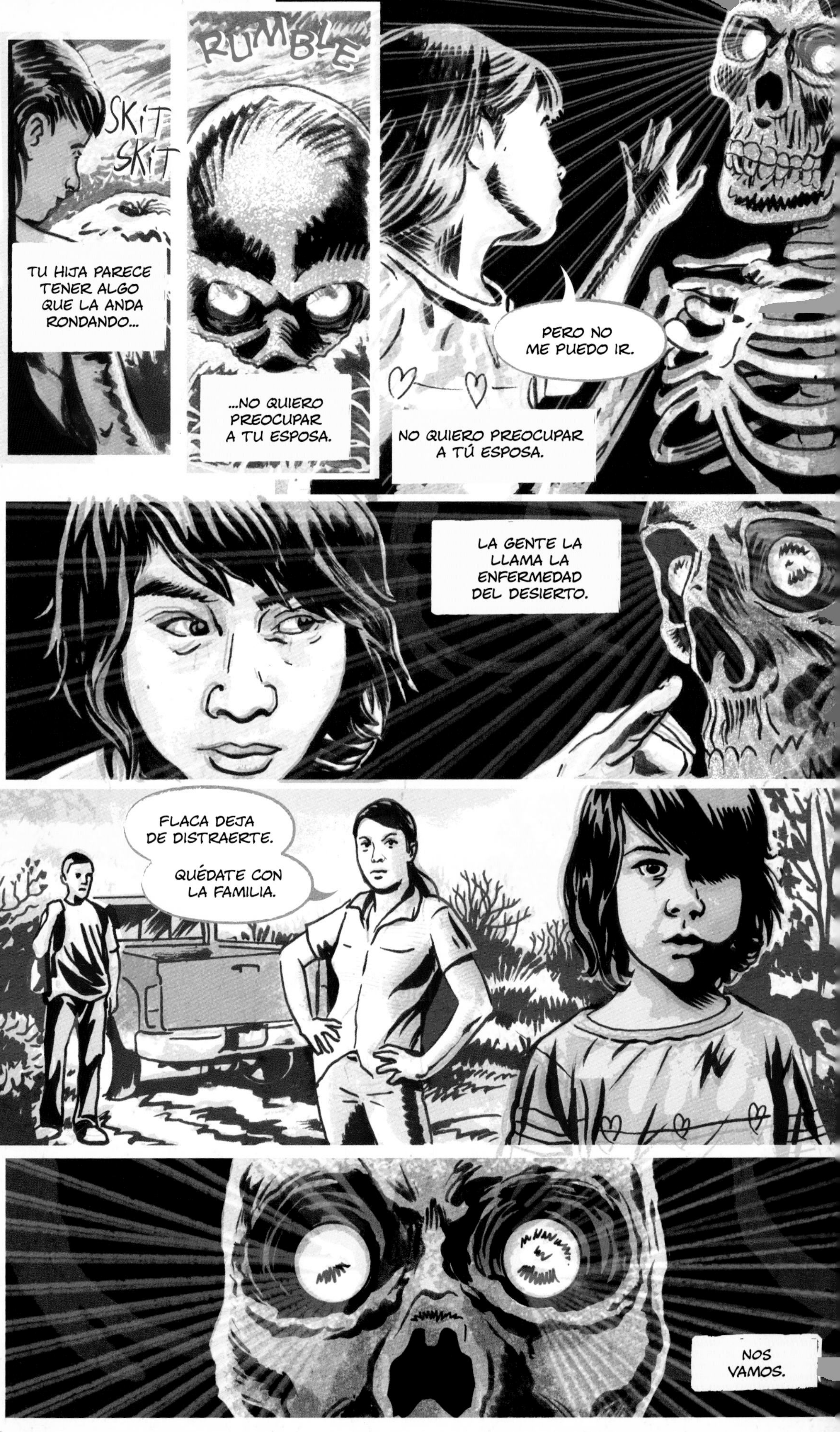
SKIT SKIT
TU HIJA PARECE TENER ALGO QUE LA ANDA RONDANDO...
RUMBLE
...NO QUIERO PREOCUPAR A TU ESPOSA.
PERO NO ME PUEDO IR.
NO QUIERO PREOCUPAR A TÚ ESPOSA.
LA GENTE LA LLAMA LA ENFERMEDAD DEL DESIERTO.
FLACA DEJA DE DISTRAERTE.
QUÉDATE CON LA FAMILIA.
NOS VAMOS.

INDUSTRIAS BLACKWELL
ARIZONA - FRONTERA MEXICANA

ELLOS NO HUBIERAN ABANDONADO EL CUERPO

DESPUÉS DE LAS NOTICIAS DE LAMPA Y EL FRACASO DE OSO,

TEMO QUE MI PODER ESTÁ DISMINUYENDO.

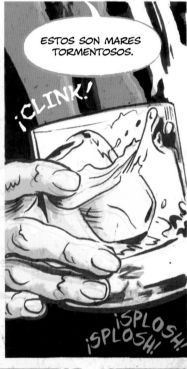

ESTOS SON MARES TORMENTOSOS.

¡CLINK!

¡SPLOSH!
¡SPLOSH!

...Y PASARÁN. HE VISTO EL FUTURO Y ELLA ME HARÁ MAS FUERTE.

MANDE A LA MANADA DE LAS SOMBRAS A TODAS LAS ESTACIONES PARA ENCONTRAR A LA NIÑA.

Y PARA TÍ, ARRASA CON LA ESTACIÓN DE WELLINGTON. HAN PERDIDO SU UTILIDAD

¿POR QUÉ TANTO LÍO POR UNA NIÑITA? LAS HEMBRAS NUNCA SOBREVIVEN A LA TRANSFORMACIÓN. SUS CUERPOS QUEDAN DESTROZADOS.

LA RESPUESTA ESTA EN LA SANGRE.

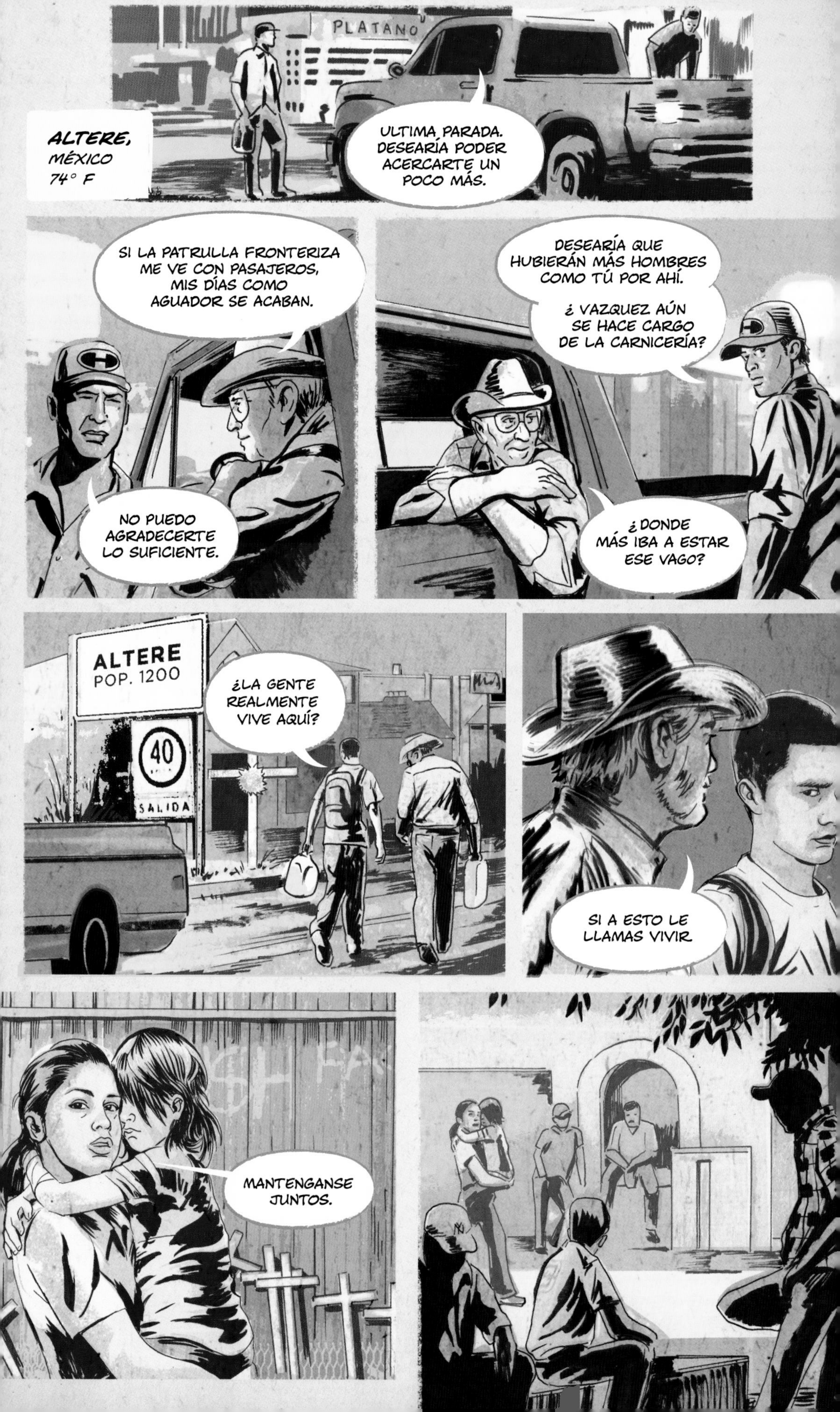
PLATANO
ALTERE, MÉXICO 74° F
ULTIMA PARADA. DESEARÍA PODER ACERCARTE UN POCO MÁS.
SI LA PATRULLA FRONTERIZA ME VE CON PASAJEROS, MIS DÍAS COMO AGUADOR SE ACABAN.
NO PUEDO AGRADECERTE LO SUFICIENTE.
DESEARÍA QUE HUBIERÁN MÁS HOMBRES COMO TÚ POR AHÍ.
¿ VAZQUEZ AÚN SE HACE CARGO DE LA CARNICERÍA?
¿DONDE MÁS IBA A ESTAR ESE VAGO?
ALTERE POP. 1200
40
SALIDA
¿LA GENTE REALMENTE VIVE AQUÍ?
SI A ESTO LE LLAMAS VIVIR
MANTENGANSE JUNTOS.

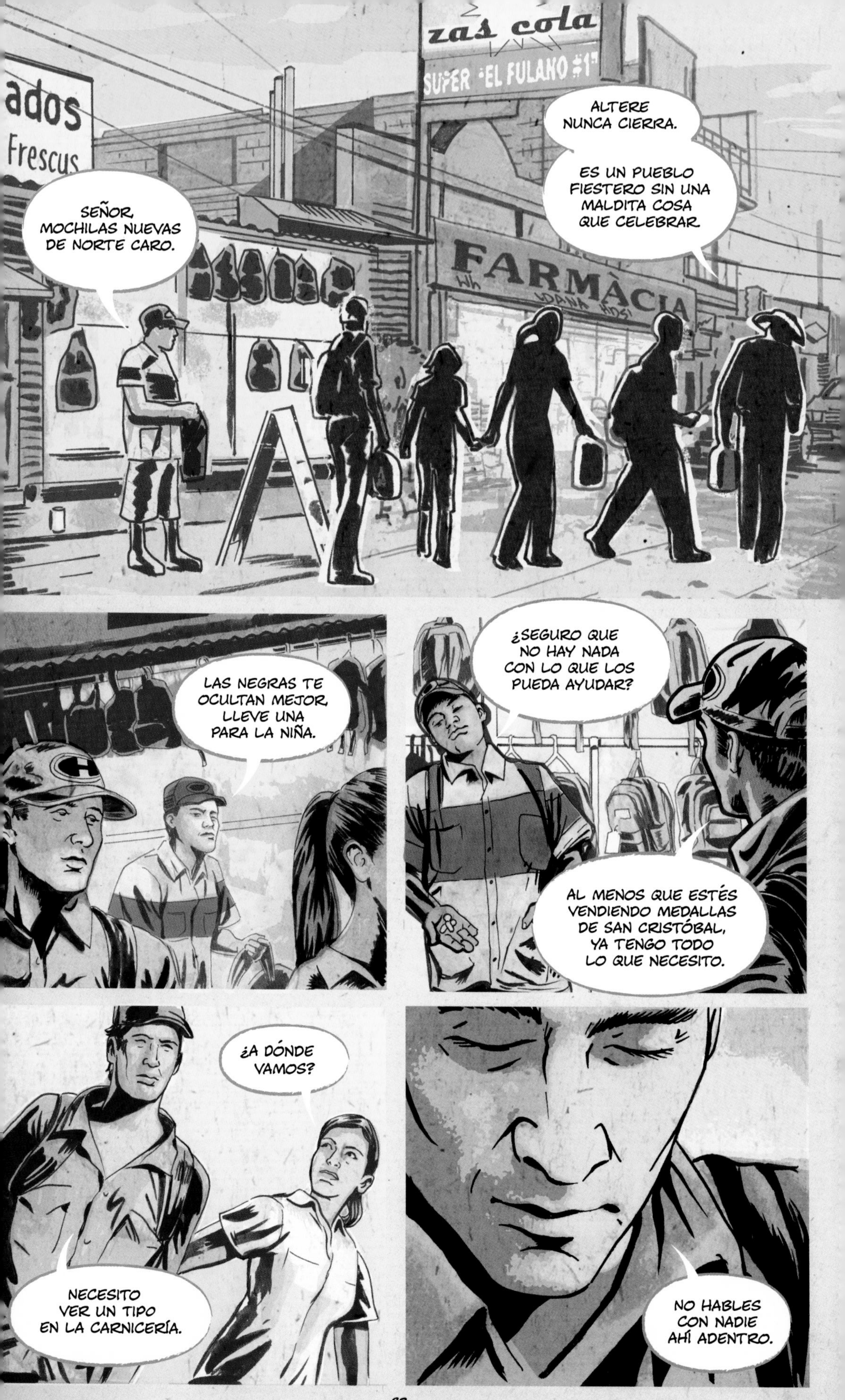
zas cola
SUPER "EL FULANO $1"
ados
Frescus
FARMÀCIA
SEÑOR, MOCHILAS NUEVAS DE NORTE CARO.
ALTERE NUNCA CIERRA.
ES UN PUEBLO FIESTERO SIN UNA MALDITA COSA QUE CELEBRAR.
LAS NEGRAS TE OCULTAN MEJOR. LLEVE UNA PARA LA NIÑA.
¿SEGURO QUE NO HAY NADA CON LO QUE LOS PUEDA AYUDAR?
AL MENOS QUE ESTÉS VENDIENDO MEDALLAS DE SAN CRISTÓBAL, YA TENGO TODO LO QUE NECESITO.
¿A DÓNDE VAMOS?
NECESITO VER UN TIPO EN LA CARNICERÍA.
NO HABLES CON NADIE AHÍ ADENTRO.

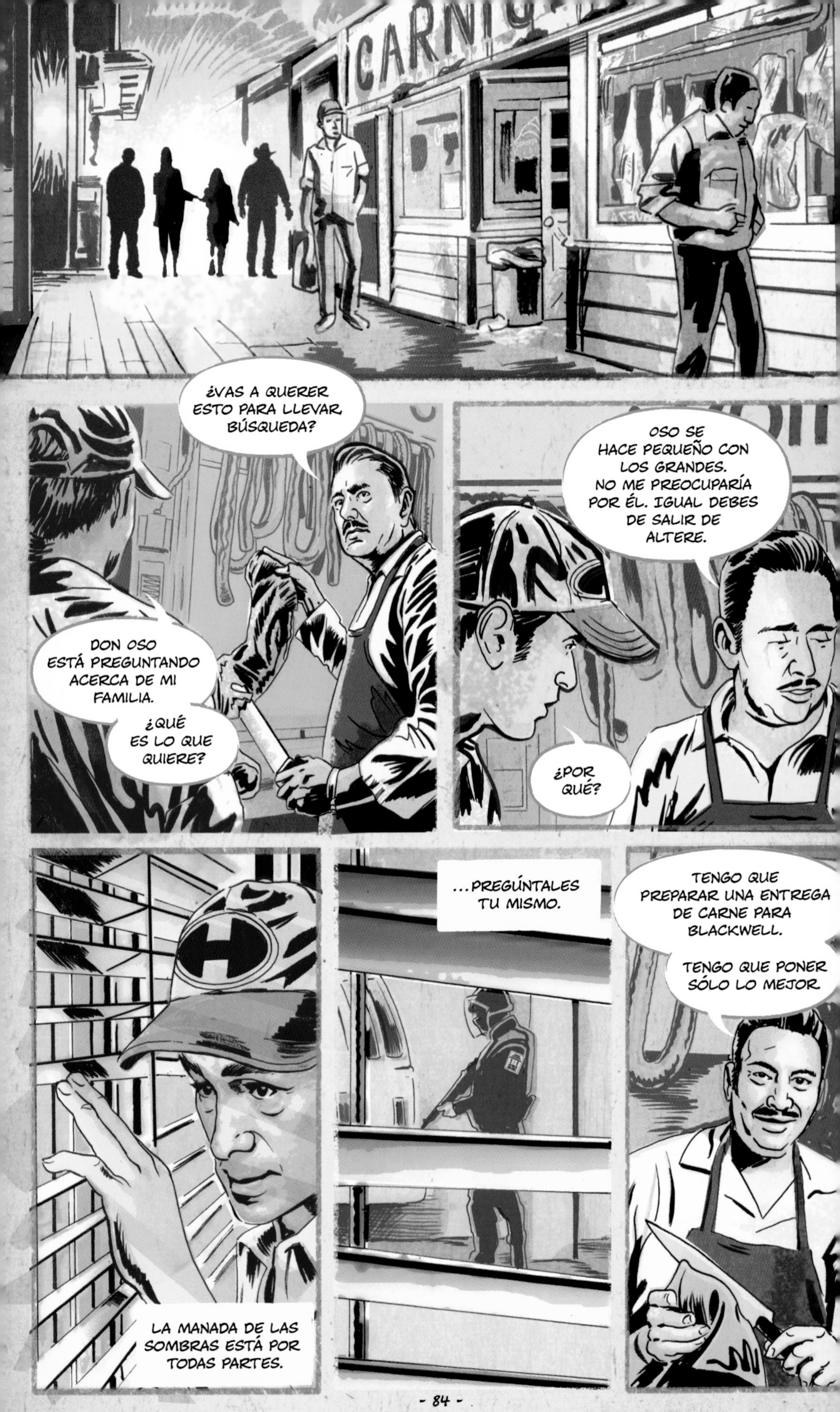
CARNI
¿VAS A QUERER ESTO PARA LLEVAR BÚSQUEDA?
DON OSO ESTÁ PREGUNTANDO ACERCA DE MI FAMILIA.
¿QUÉ ES LO QUE QUIERE?
OSO SE HACE PEQUEÑO CON LOS GRANDES. NO ME PREOCUPARÍA POR ÉL. IGUAL DEBES DE SALIR DE ALTERE.
¿POR QUÉ?
LA MANADA DE LAS SOMBRAS ESTÁ POR TODAS PARTES.
...PREGÚNTALES TU MISMO.
TENGO QUE PREPARAR UNA ENTREGA DE CARNE PARA BLACKWELL.
TENGO QUE PONER SÓLO LO MEJOR

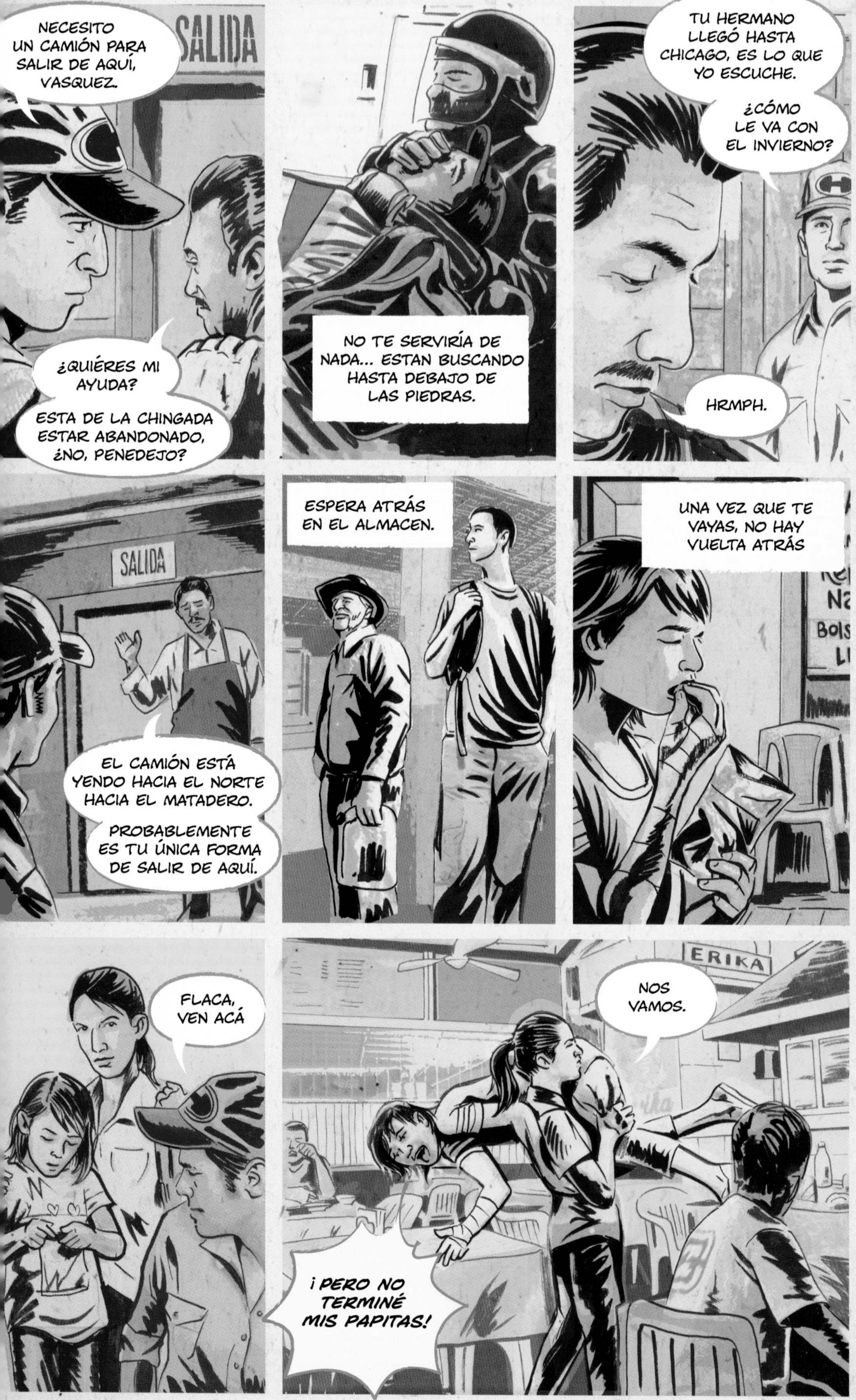
NECESITO UN CAMIÓN PARA SALIR DE AQUÍ, VASQUEZ.
SALIDA
¿QUIÉRES MI AYUDA?
ESTA DE LA CHINGADA ESTAR ABANDONADO, ¿NO, PENEDEJO?
NO TE SERVIRÍA DE NADA... ESTAN BUSCANDO HASTA DEBAJO DE LAS PIEDRAS.
TU HERMANO LLEGÓ HASTA CHICAGO, ES LO QUE YO ESCUCHE.
¿CÓMO LE VA CON EL INVIERNO?
HRMPH.
SALIDA
EL CAMIÓN ESTÁ YENDO HACIA EL NORTE HACIA EL MATADERO.
PROBABLEMENTE ES TU ÚNICA FORMA DE SALIR DE AQUÍ.
ESPERA ATRÁS EN EL ALMACEN.
UNA VEZ QUE TE VAYAS, NO HAY VUELTA ATRÁS
FLACA, VEN ACÁ
ERIKA
NOS VAMOS.
¡PERO NO TERMINÉ MIS PAPITAS!

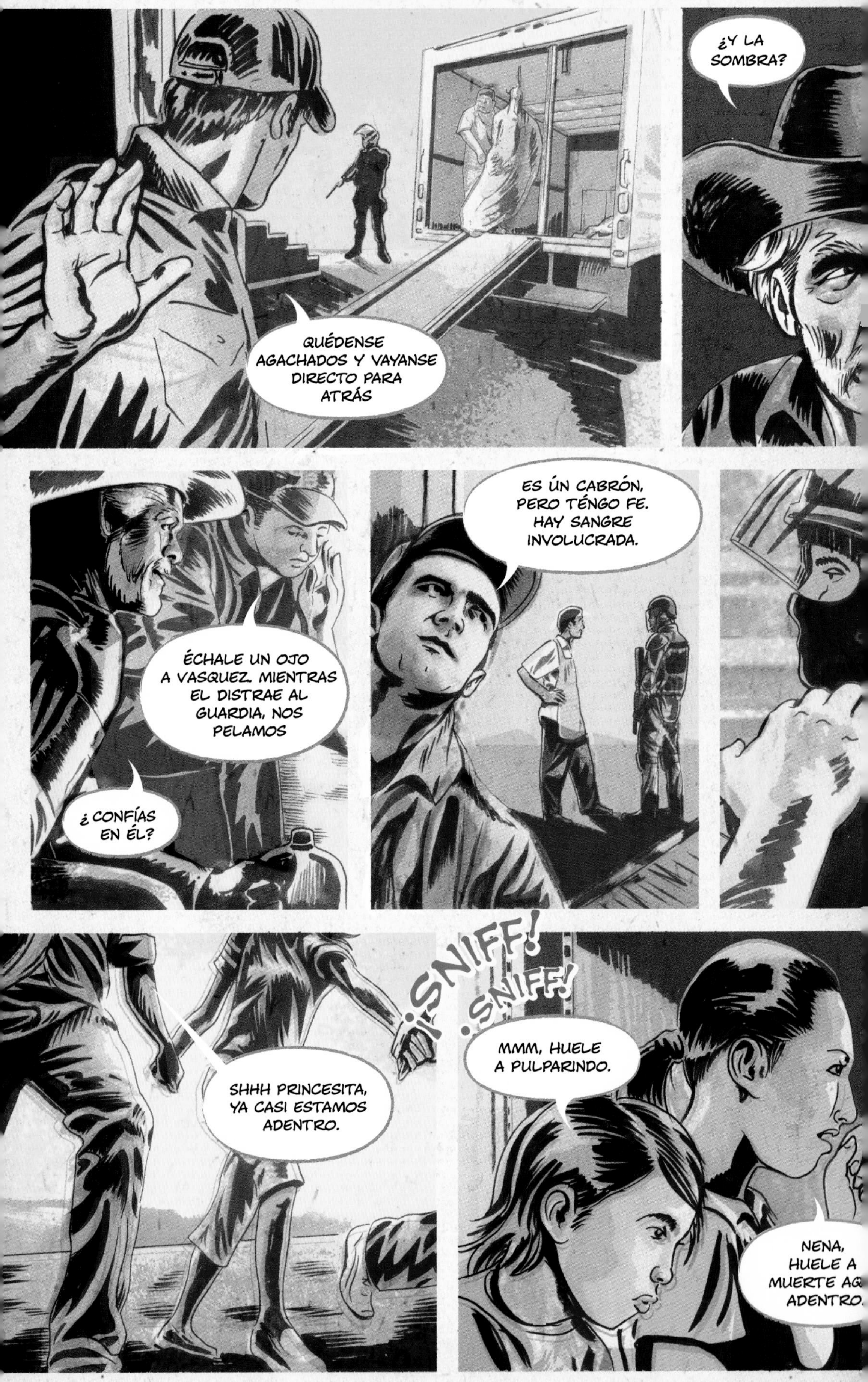
QUÉDENSE AGACHADOS Y VAYANSE DIRECTO PARA ATRÁS
¿Y LA SOMBRA?
ÉCHALE UN OJO A VASQUEZ. MIENTRAS EL DISTRAE AL GUARDIA, NOS PELAMOS
¿CONFÍAS EN ÉL?
ES ÚN CABRÓN, PERO TÉNGO FE. HAY SANGRE INVOLUCRADA.
SHHH PRINCESITA, YA CASI ESTAMOS ADENTRO.
¡SNIFF! ¡SNIFF!
MMM, HUELE A PULPARINDO.
NENA, HUELE A MUERTE AQ ADENTRO.

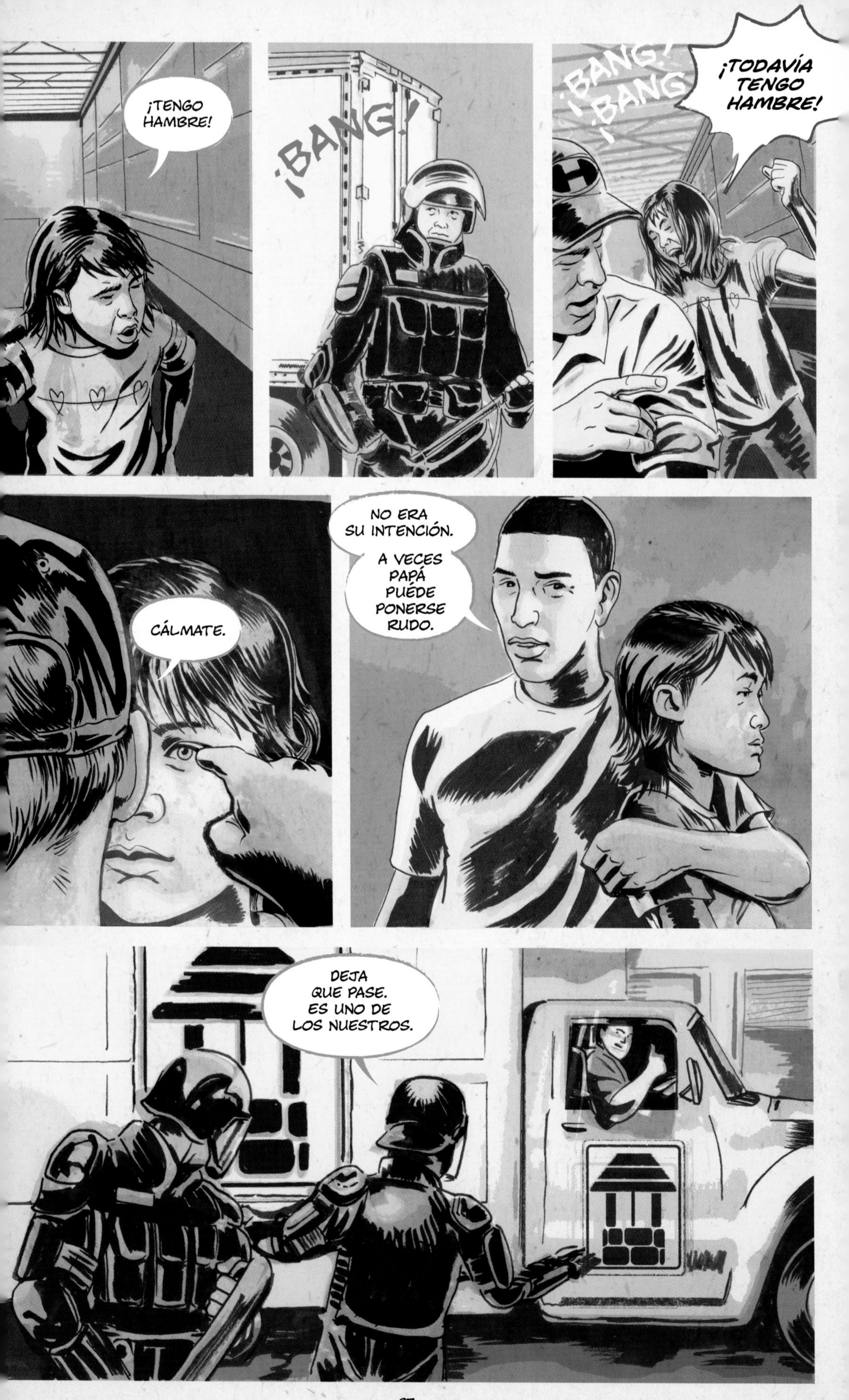
¡TENGO HAMBRE!
¡BANG!
¡BANG! ¡BANG!
¡TODAVÍA TENGO HAMBRE!
CÁLMATE.
NO ERA SU INTENCIÓN.
A VECES PAPÁ PUÉDE PONERSE RUDO.
DEJA QUE PASE. ES UNO DE LOS NUESTROS.

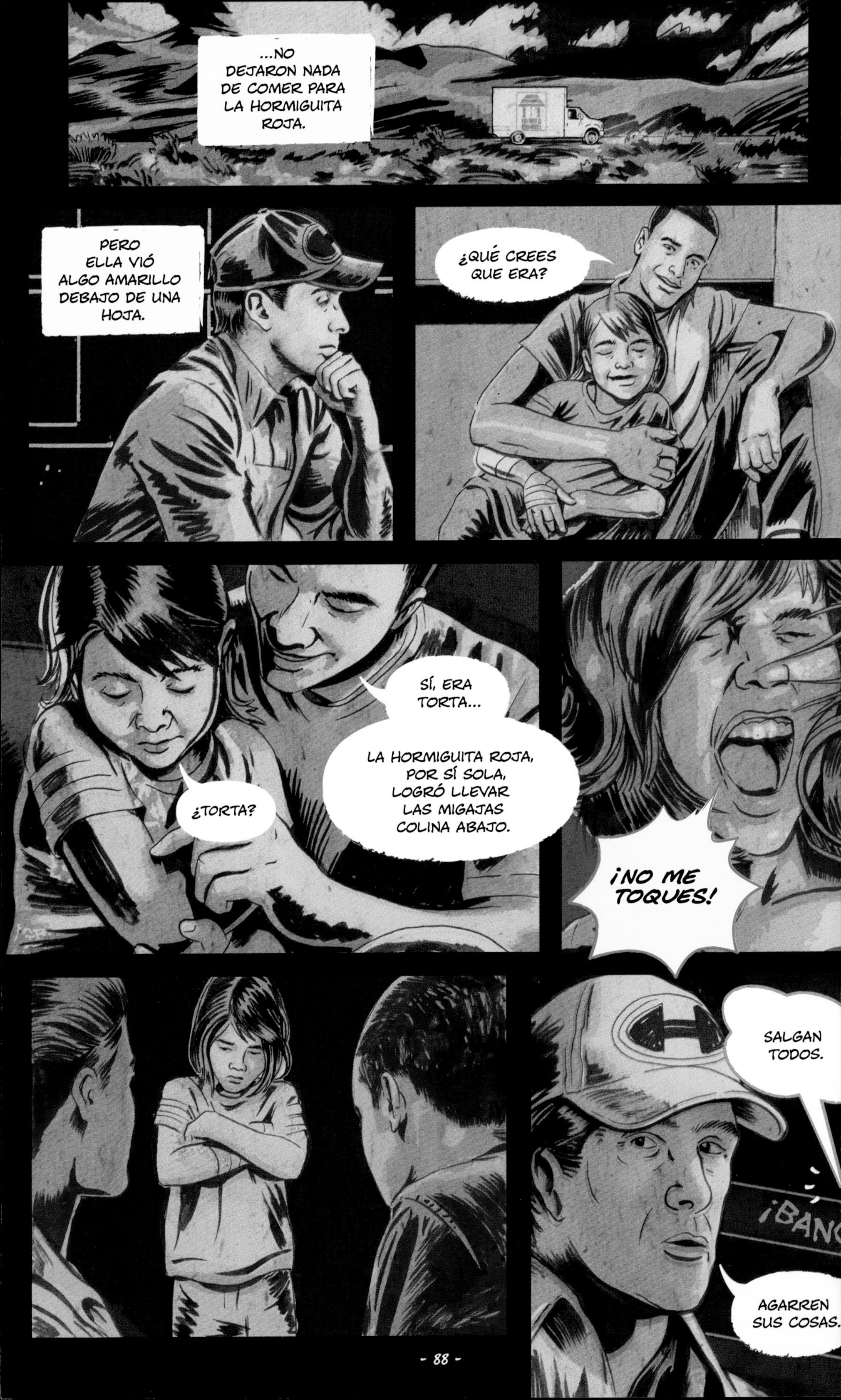
...NO DEJARON NADA DE COMER PARA LA HORMIGUITA ROJA.
PERO ELLA VIÓ ALGO AMARILLO DEBAJO DE UNA HOJA.
¿QUÉ CREES QUE ERA?
SÍ, ERA TORTA...
¿TORTA?
LA HORMIGUITA ROJA, POR SÍ SOLA, LOGRÓ LLEVAR LAS MIGAJAS COLINA ABAJO.
¡NO ME TOQUES!
SALGAN TODOS.
AGARREN SUS COSAS.

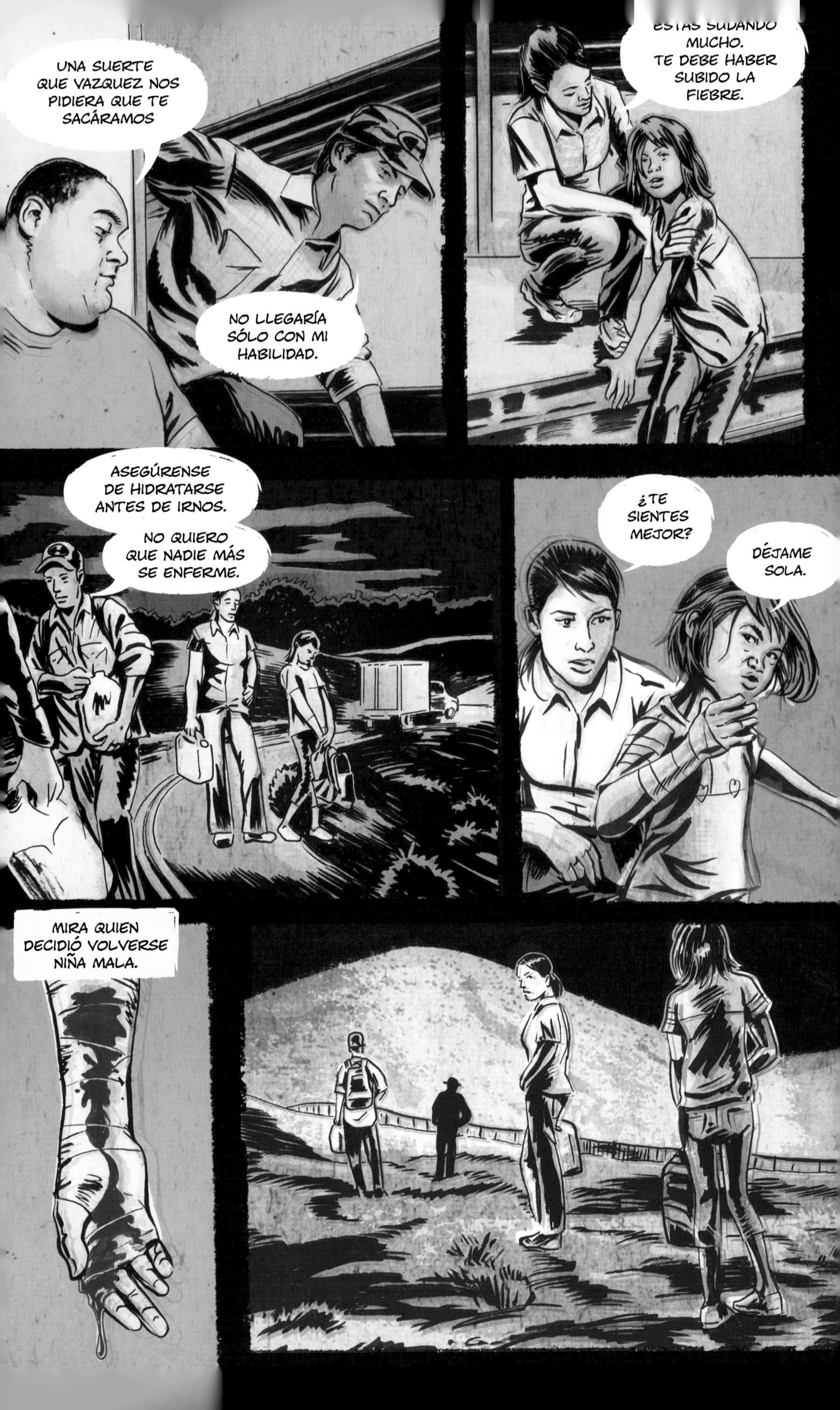
UNA SUERTE QUE VAZQUEZ NOS PIDIERA QUE TE SACÁRAMOS
NO LLEGARÍA SÓLO CON MI HABILIDAD.
ESTAS SUDANDO MUCHO. TE DEBE HABER SUBIDO LA FIEBRE.
ASEGÚRENSE DE HIDRATARSE ANTES DE IRNOS.
NO QUIERO QUE NADIE MÁS SE ENFERME.
¿TE SIENTES MEJOR?
DÉJAME SOLA.
MIRA QUIEN DECIDIÓ VOLVERSE NIÑA MALA.

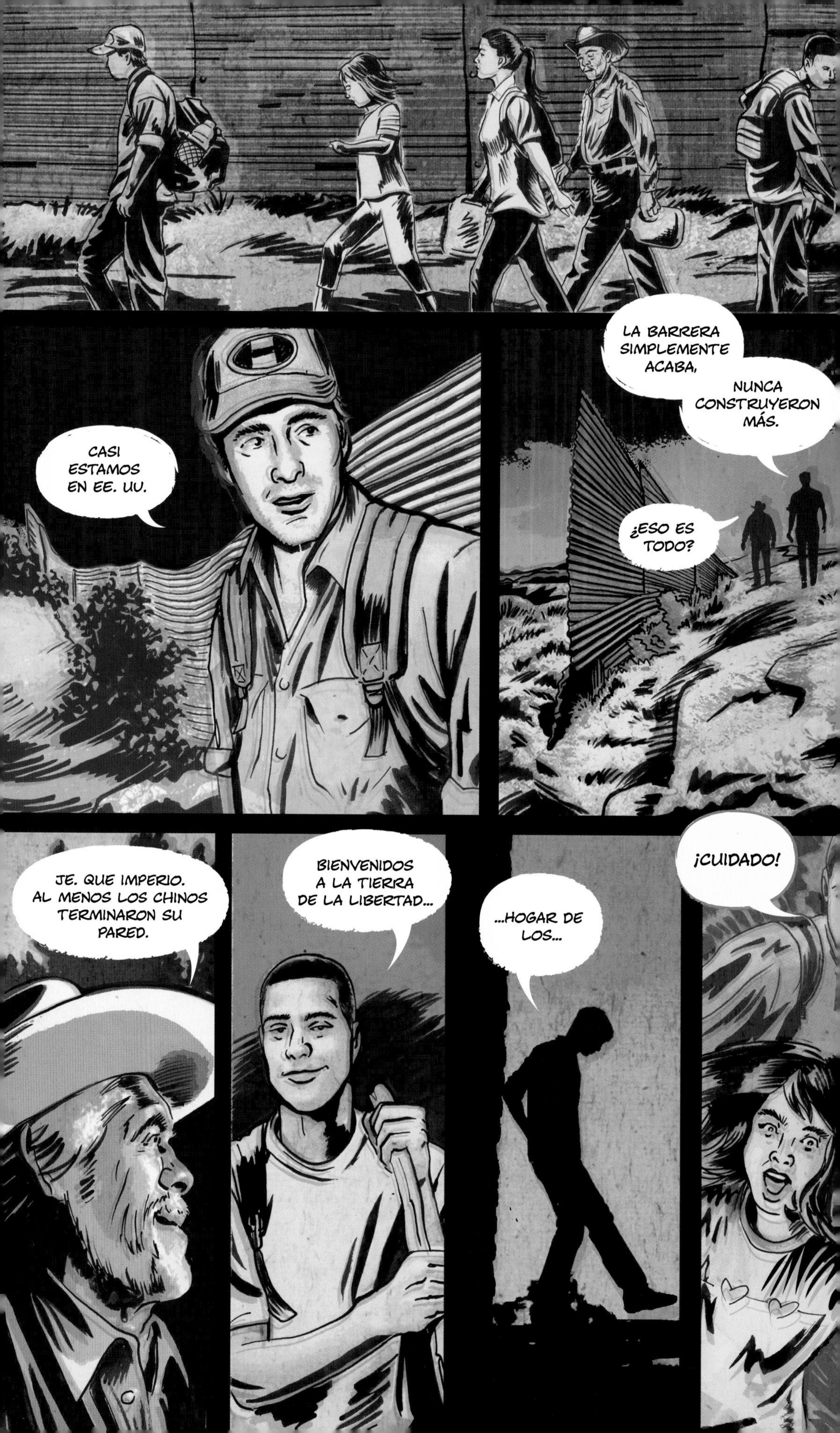

CASI ESTAMOS EN EE. UU.
LA BARRERA SIMPLEMENTE ACABA,
NUNCA CONSTRUYERON MÁS.
¿ESO ES TODO?
JE. QUE IMPERIO. AL MENOS LOS CHINOS TERMINARON SU PARED.
BIENVENIDOS A LA TIERRA DE LA LIBERTAD...
...HOGAR DE LOS...
¡CUIDADO!

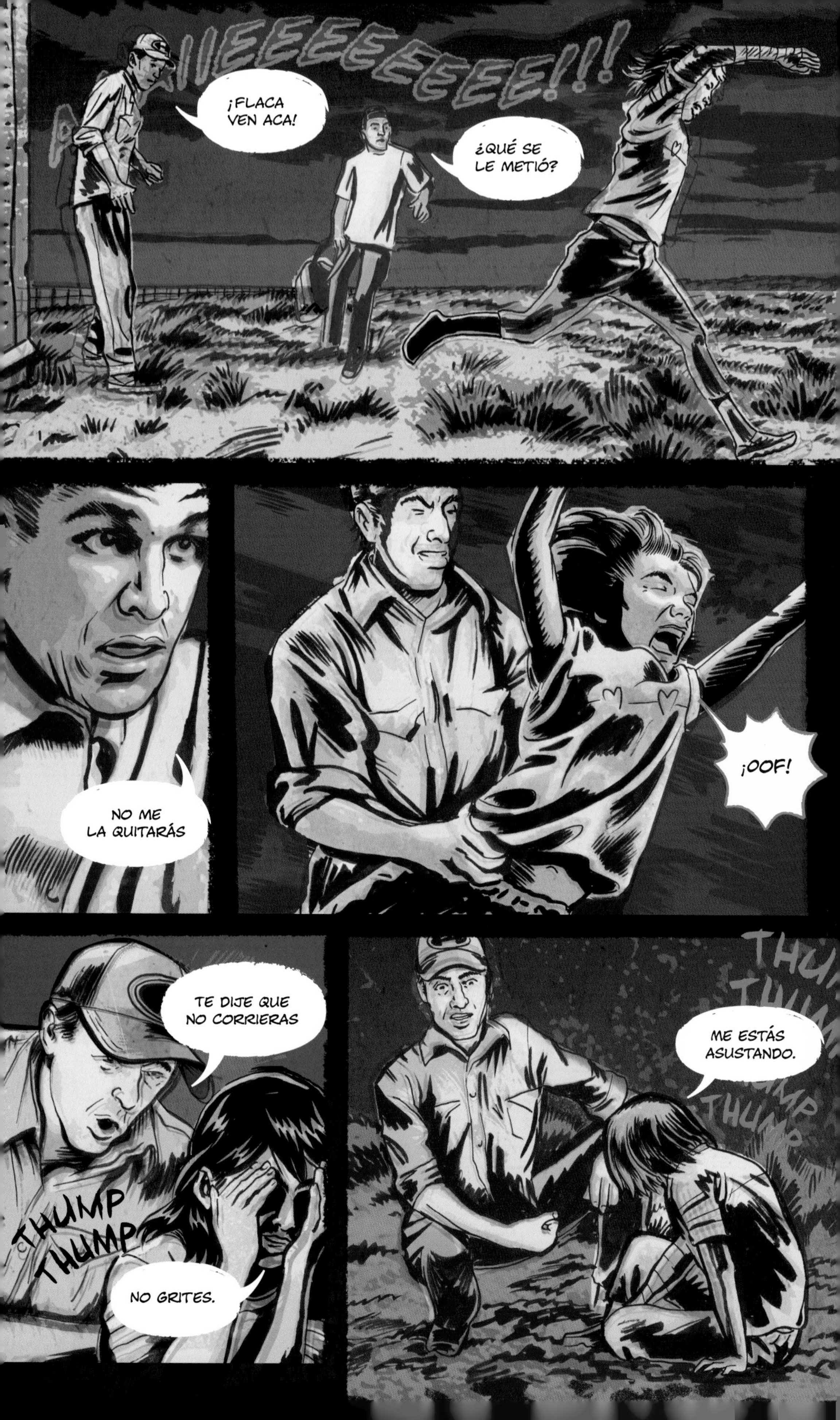
AAIIEEEEEEEEEE!!!
¡FLACA VEN ACA!
¿QUÉ SE LE METIÓ?
NO ME LA QUITARÁS
¡OOF!
TE DIJE QUE NO CORRIERAS
THUMP THUMP
NO GRITES.
ME ESTÁS ASUSTANDO.
THUMP THUMP THUMP THUMP

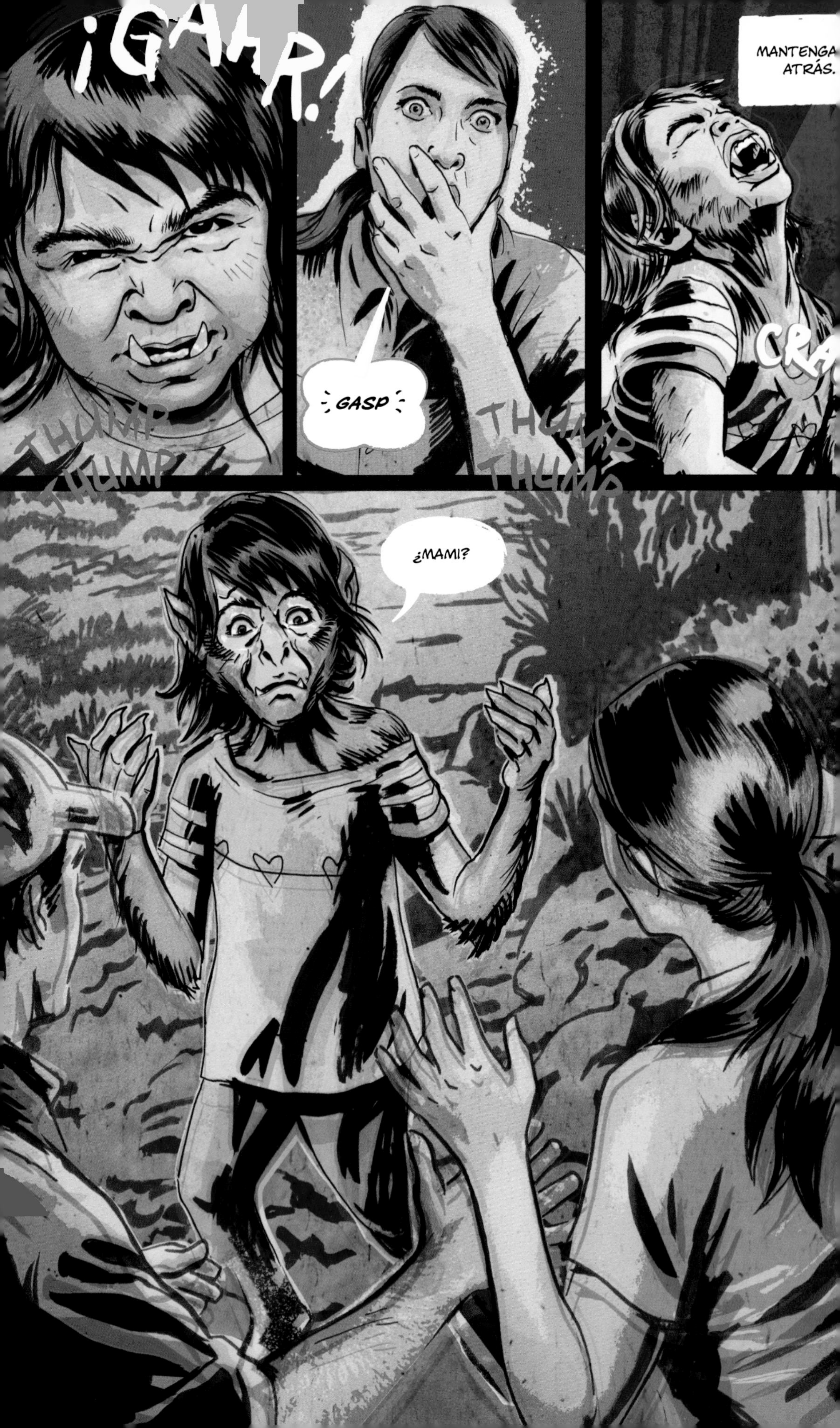
¡GAHR.!
THUMP THUMP
GASP
THUMP THUMP
MANTENGA ATRÁS.
CRA
¿MAMI?

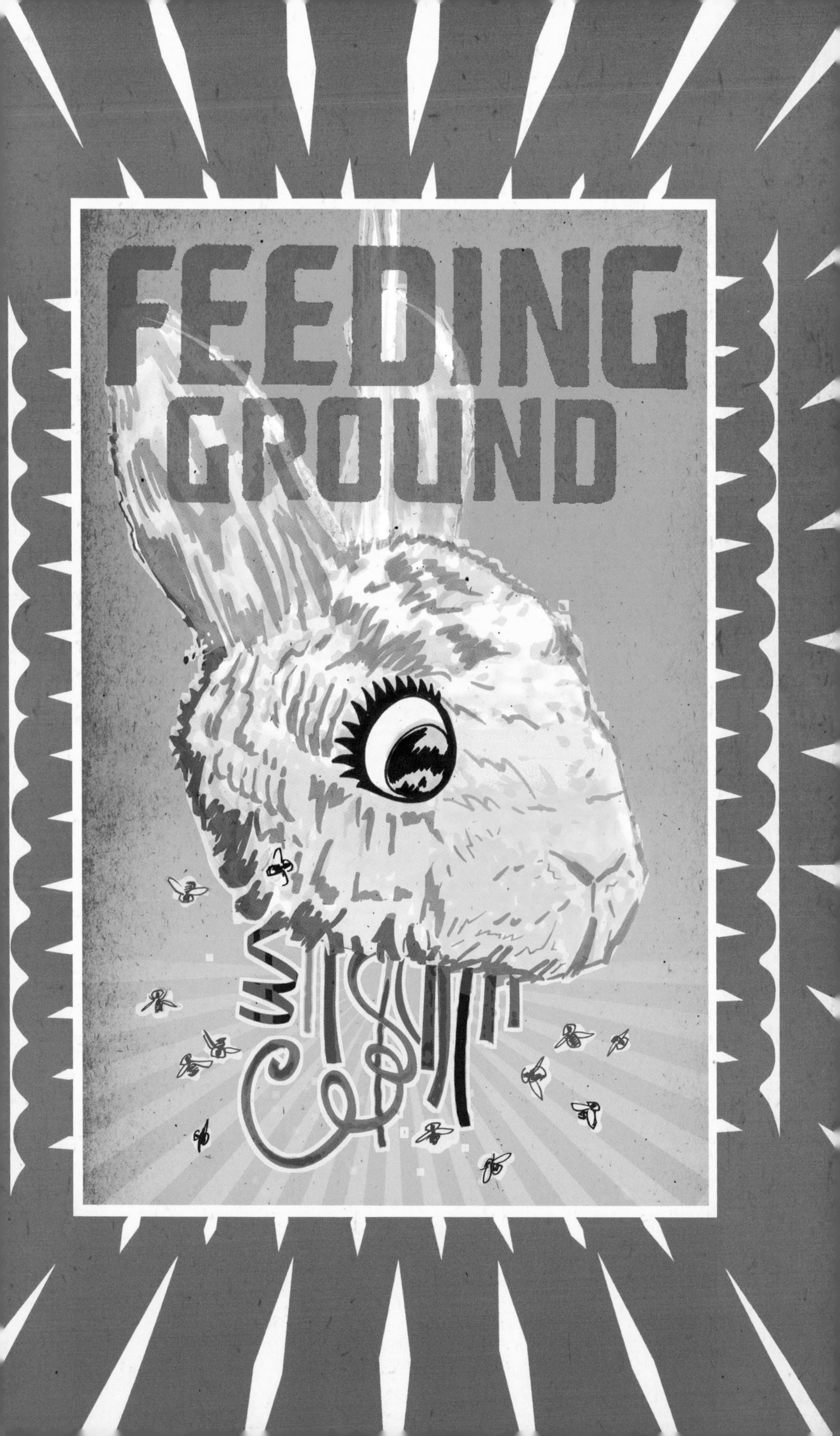
FEEDING
GROUND

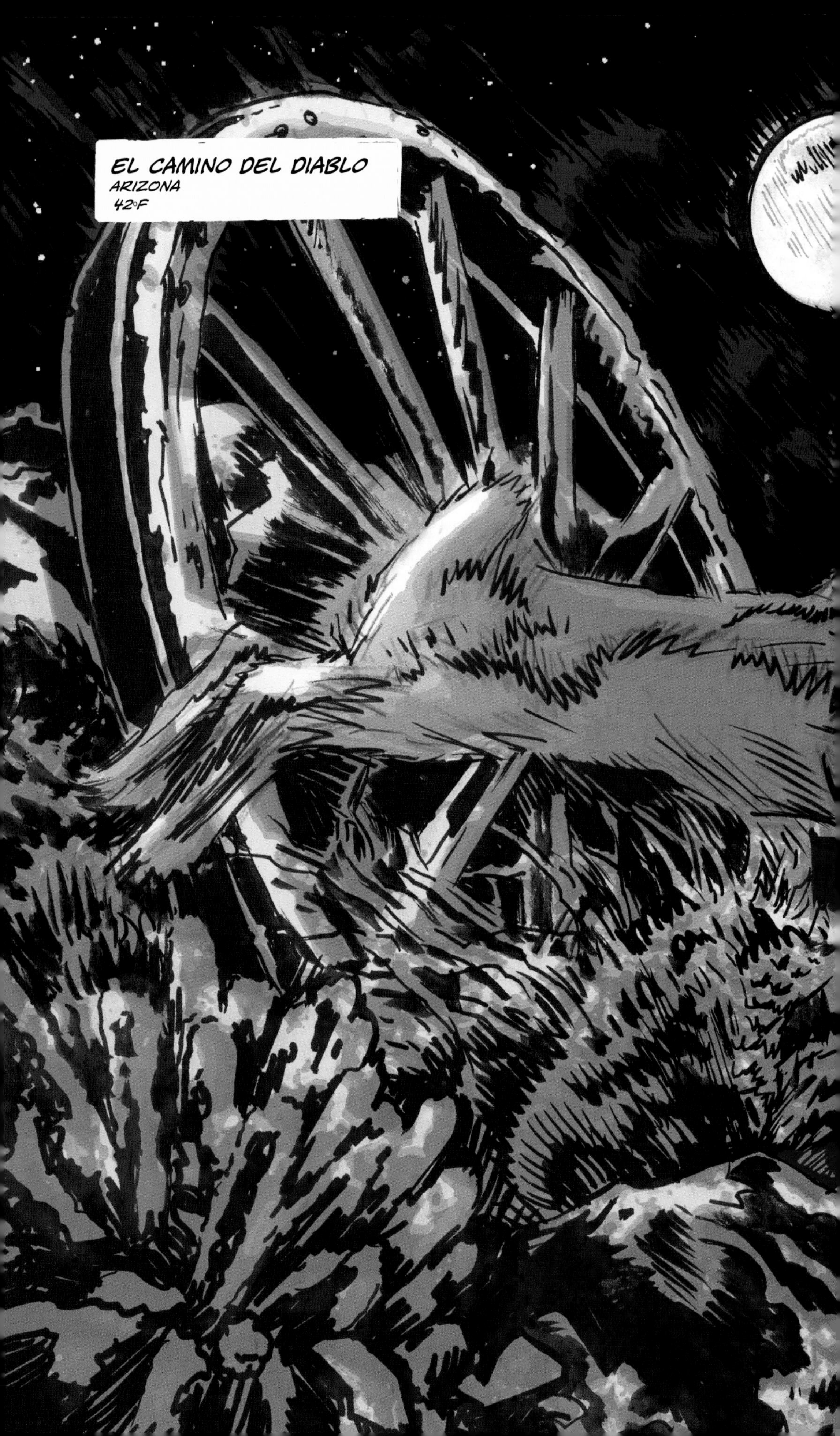
EL CAMINO DEL DIABLO
ARIZONA
42°F

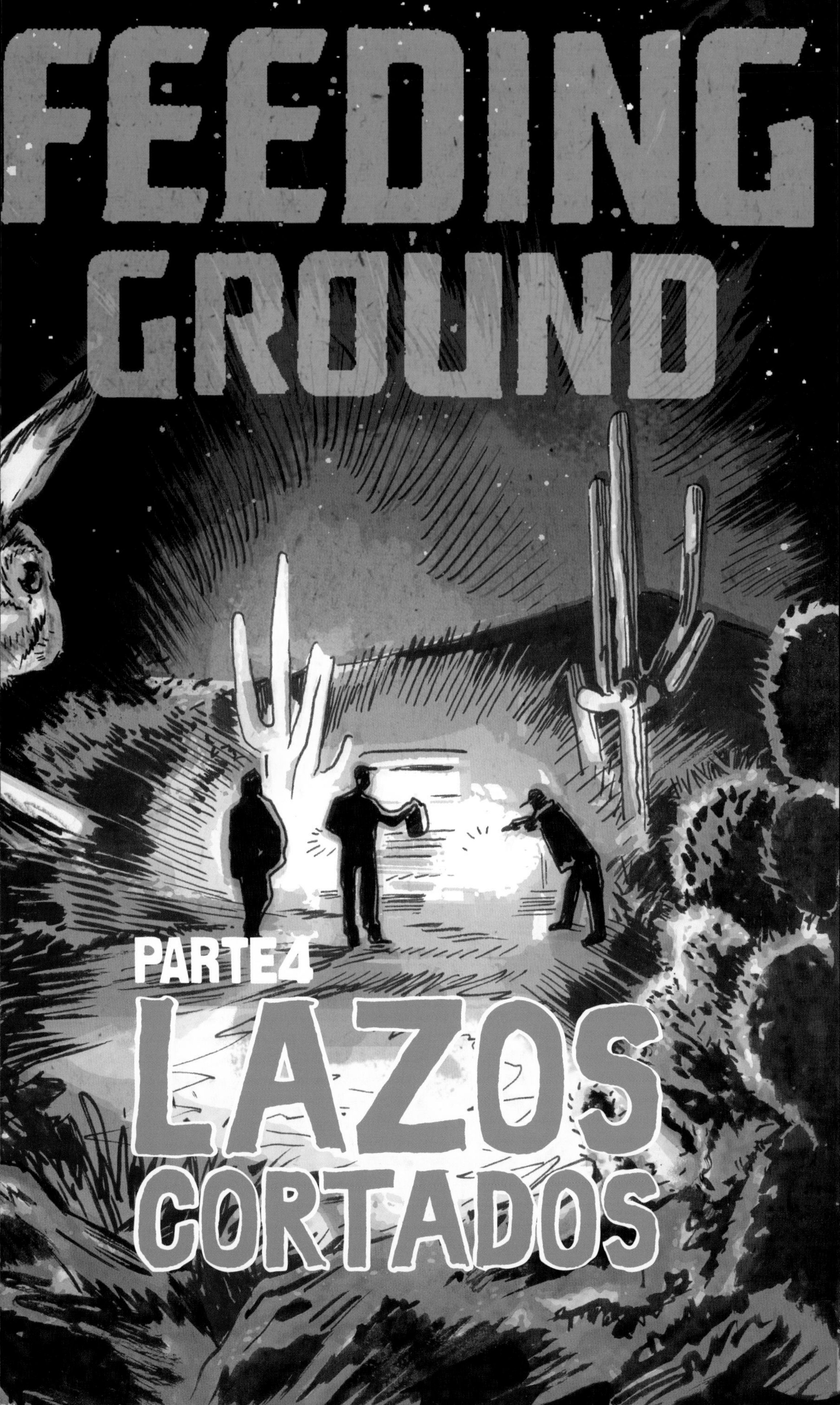
FEEDING GROUND
PARTE 4
LAZOS CORTADOS

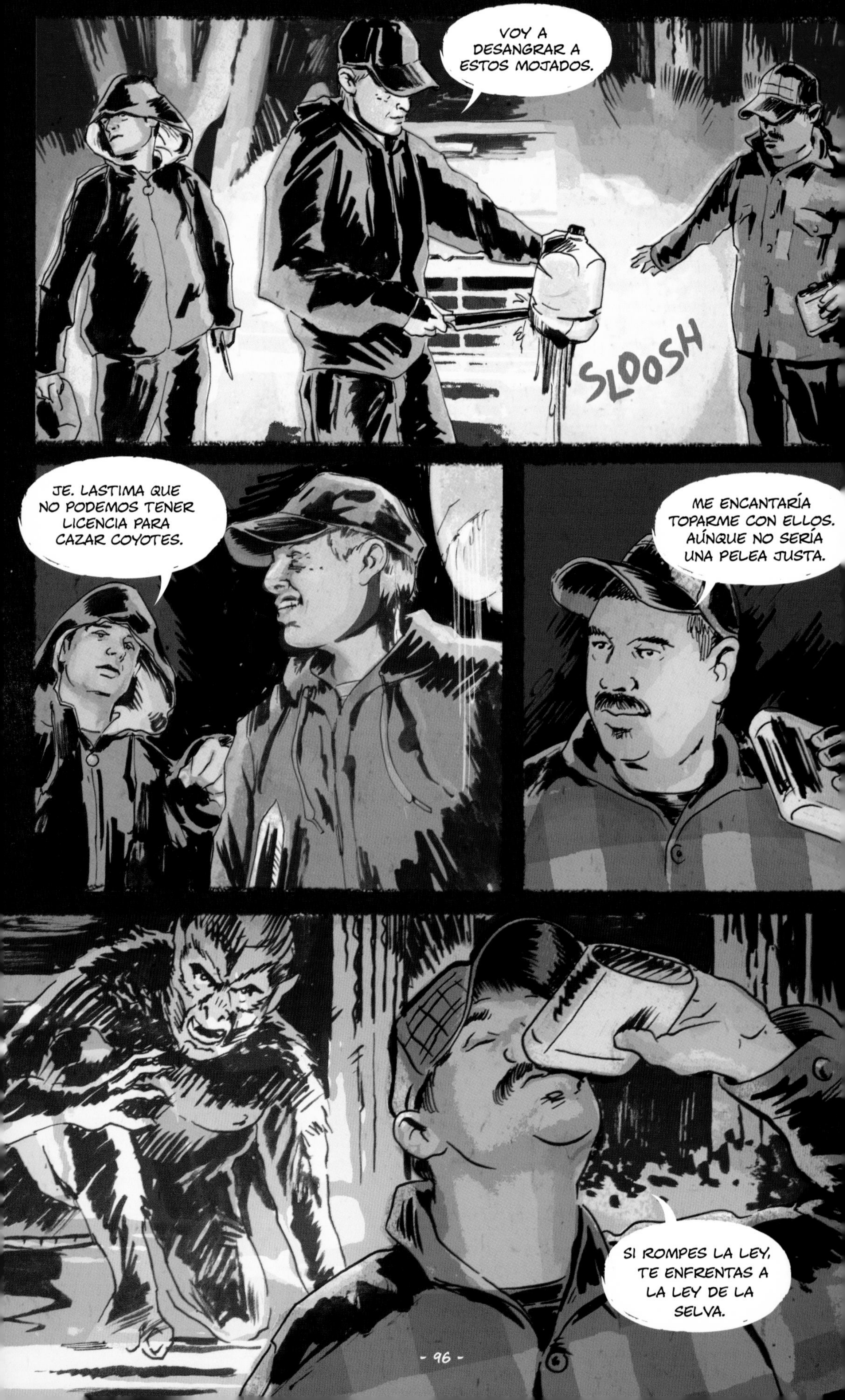

VOY A DESANGRAR A ESTOS MOJADOS.
SLOOSH
JE. LASTIMA QUE NO PODEMOS TENER LICENCIA PARA CAZAR COYOTES.
ME ENCANTARÍA TOPARME CON ELLOS. AÚNQUE NO SERÍA UNA PELEA JUSTA.
SI ROMPES LA LEY, TE ENFRENTAS A LA LEY DE LA SELVA.

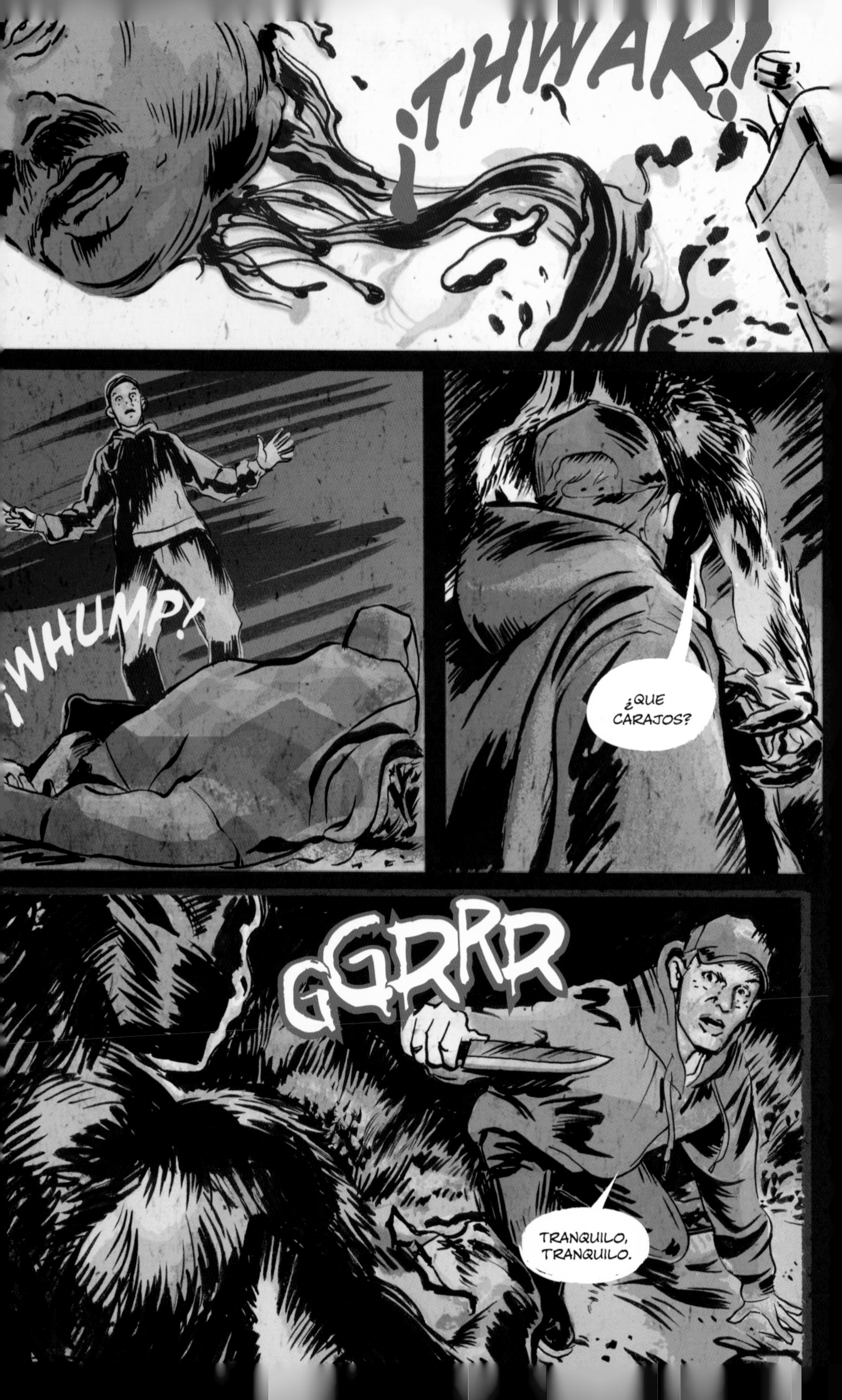
¡THWAK!
¡WHUMP!
¿QUE CARAJOS?
GGRRR
TRANQUILO, TRANQUILO.

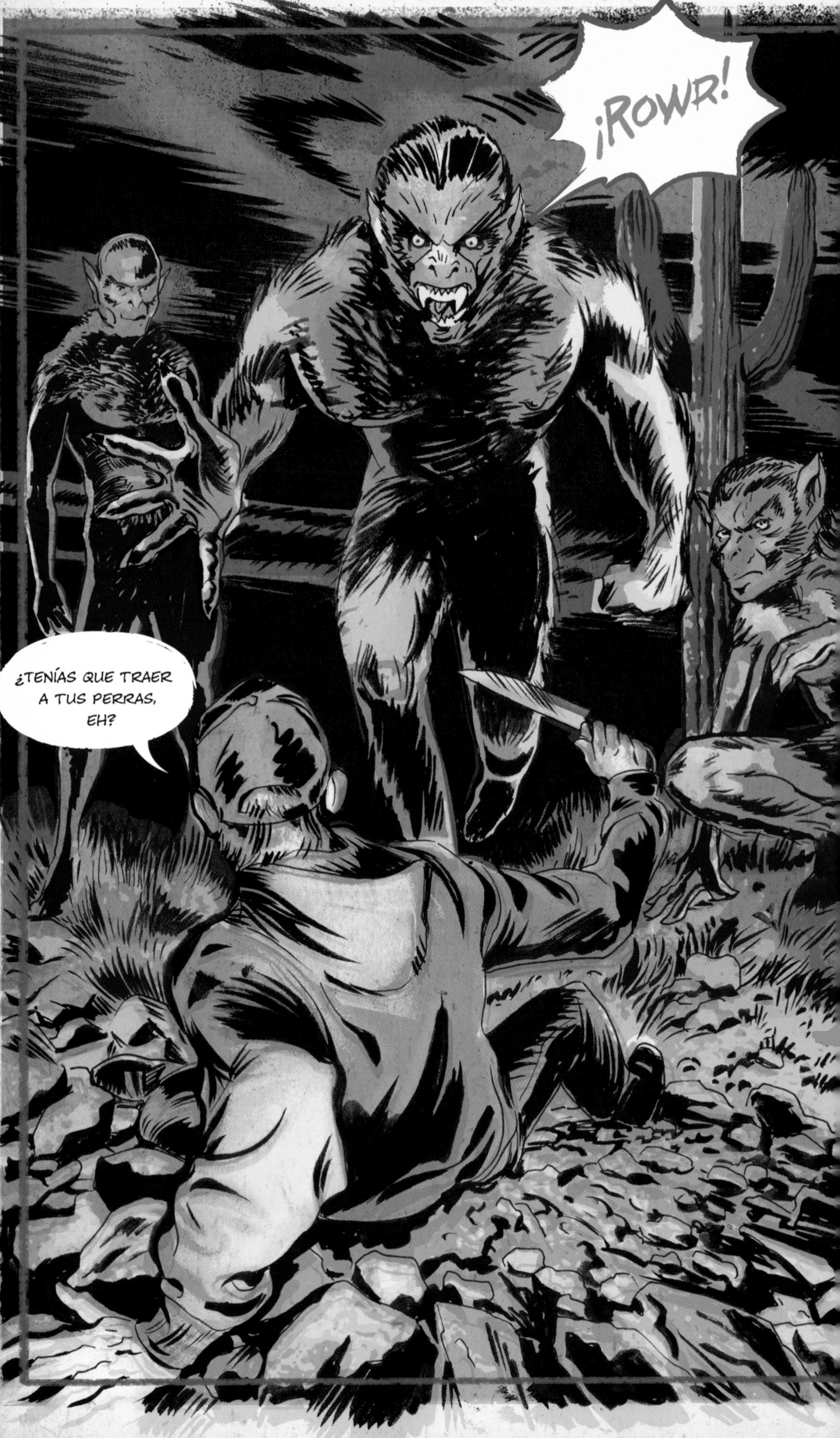
¡ROWR!
¿TENÍAS QUE TRAER A TUS PERRAS, EH?

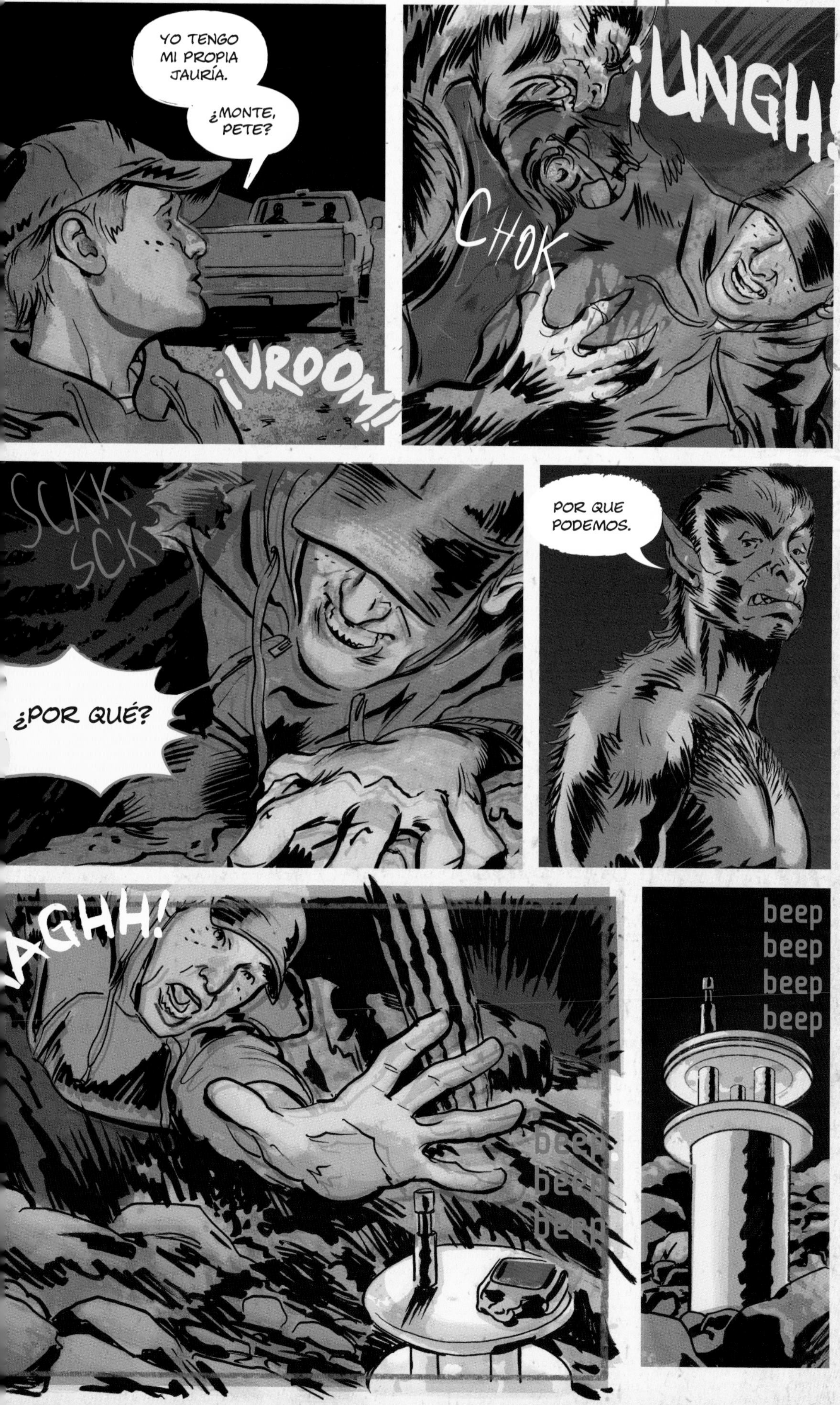
YO TENGO MI PROPIA JAURÍA.
¿MONTE, PETE?
¡VROOM!
¡UNGH!
CHOK
SCKK SCK
¿POR QUÉ?
POR QUE PODEMOS.
AGHH!
beep beep beep beep

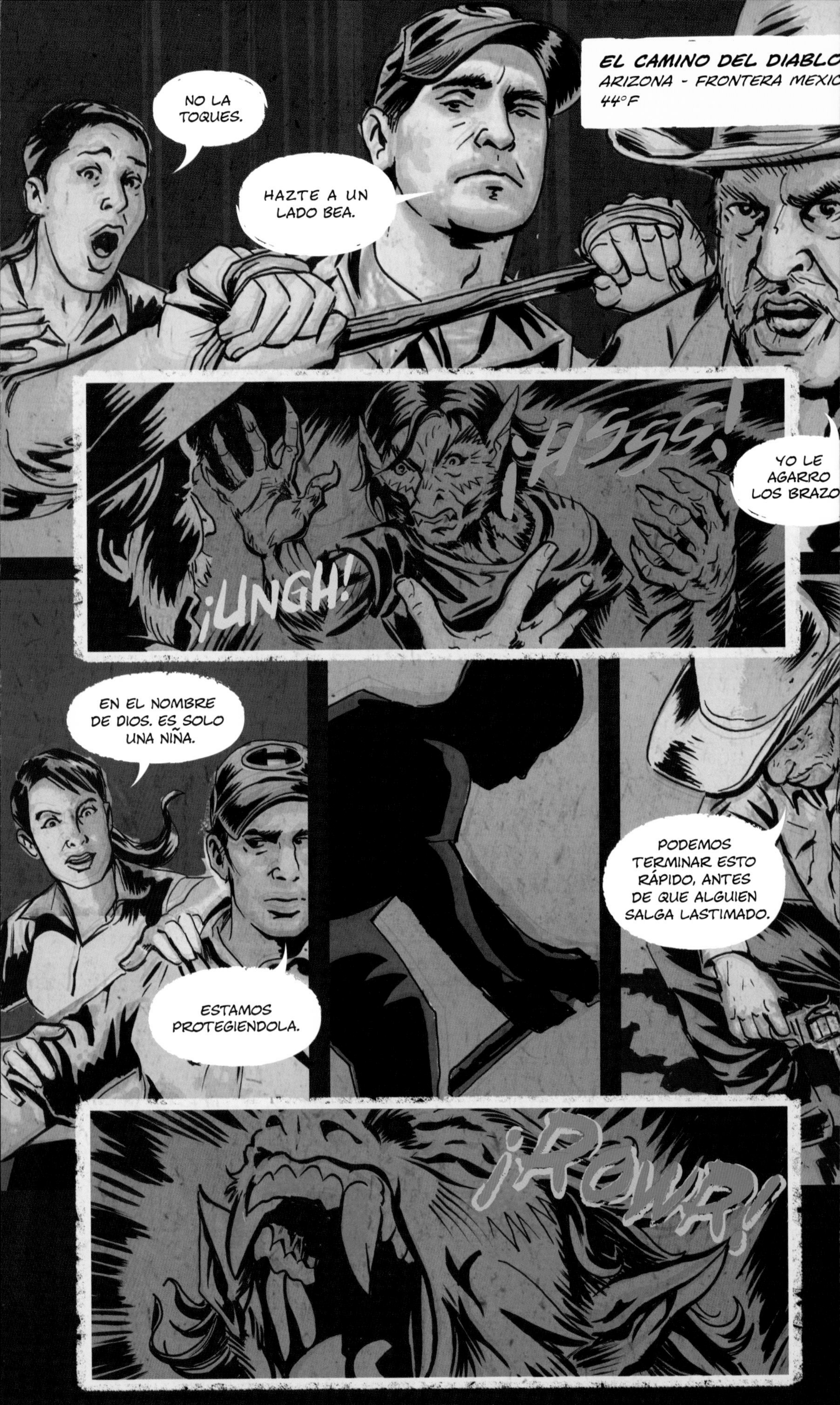
EL CAMINO DEL DIABLO
ARIZONA - FRONTERA MEXIC
44°F
NO LA TOQUES.
HAZTE A UN LADO BEA.
¡HSSS!
YO LE AGARRO LOS BRAZO
¡UNGH!
EN EL NOMBRE DE DIOS. ES SOLO UNA NIÑA.
ESTAMOS PROTEGIENDOLA.
PODEMOS TERMINAR ESTO RÁPIDO, ANTES DE QUE ALGUIEN SALGA LASTIMADO.
¡ROWR!

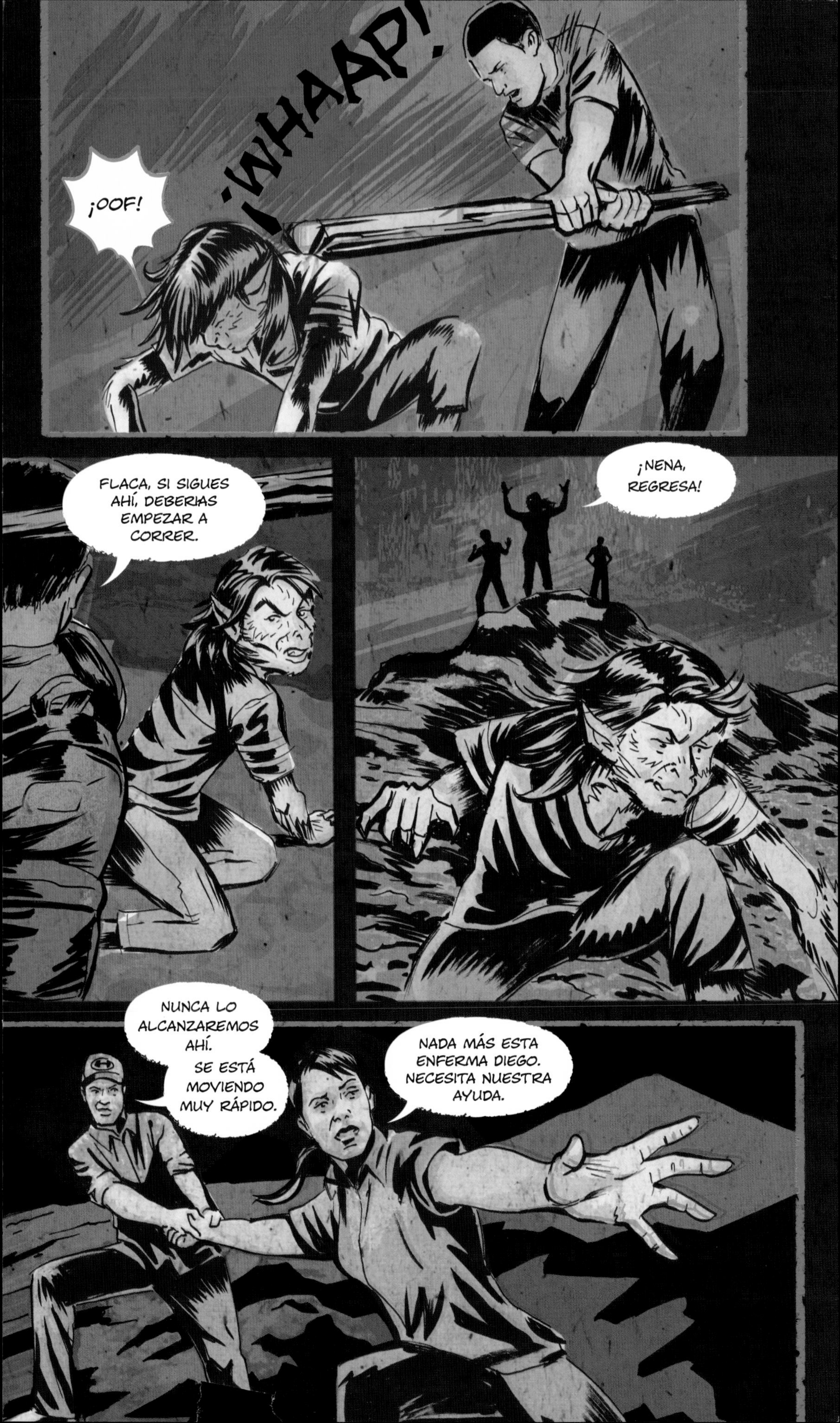
¡WHAAP!
¡OOF!
FLACA, SI SIGUES AHÍ, DEBERIAS EMPEZAR A CORRER.
¡NENA, REGRESA!
NUNCA LO ALCANZAREMOS AHÍ.
SE ESTÁ MOVIENDO MUY RÁPIDO.
NADA MÁS ESTA ENFERMA DIEGO. NECESITA NUESTRA AYUDA.

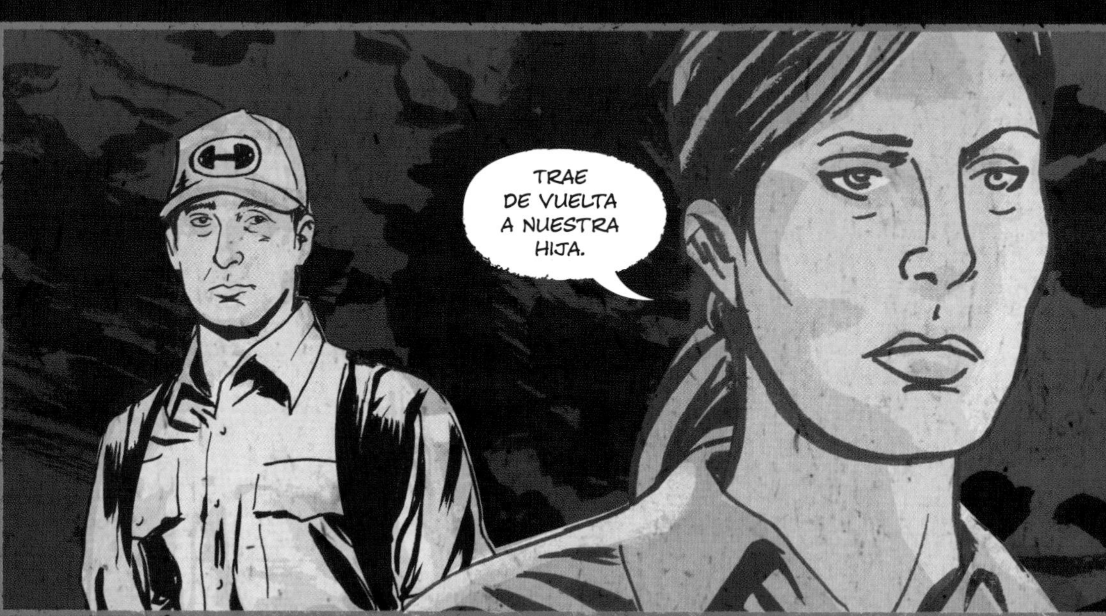
TRAE DE VUELTA A NUESTRA HIJA.

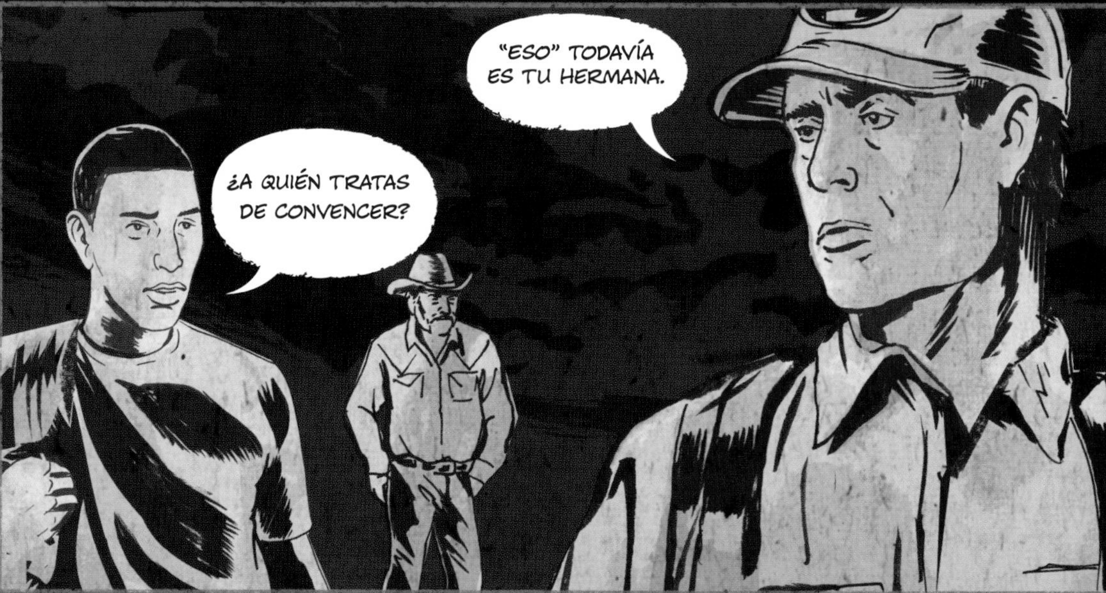
"ESO" TODAVÍA ES TU HERMANA.
¿A QUIÉN TRATAS DE CONVENCER?

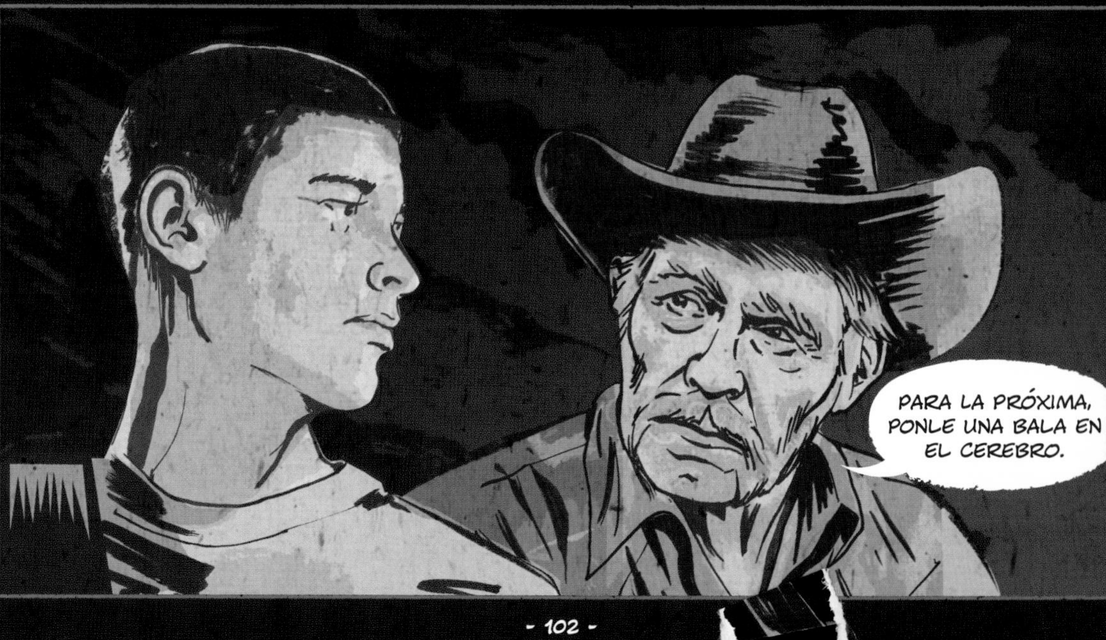
PARA LA PRÓXIMA, PONLE UNA BALA EN EL CEREBRO.

EL CAMINO DEL DIABLO
ARIZONA
42°F

PARECE QUE ESTE SE TROPEZO CON UNA MALDITA CASCABEL OSCAR

DEBERÍAMOS ESTAR EN LA ESTACIÓN PREPARANDONOS.

TAL VEZ SI NO ABRIERAS TANTO LA BOCA, NO ESTARÍAMOS HACIENDO ESTE TRABAJO JODIDO.

MINUTEMEN - HUELLAS DE PIES DESCALZOS Y DE BOTAS, COMO UNA ESTAMPIDA.

ESTÉN ALERTA, HAY MUCHA ARENA PINTANDA.

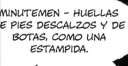

¿VES HUELLAS DE PATAS?

CRISTO SANGRANTE. ESO ES INHUMANO.

VAYA QUE LO ES. LOS LOBOS YA NO ESTÁN CUBRIENDO SUS HUELLAS.

ESTÁN MANDANDO UN MENSAJE.

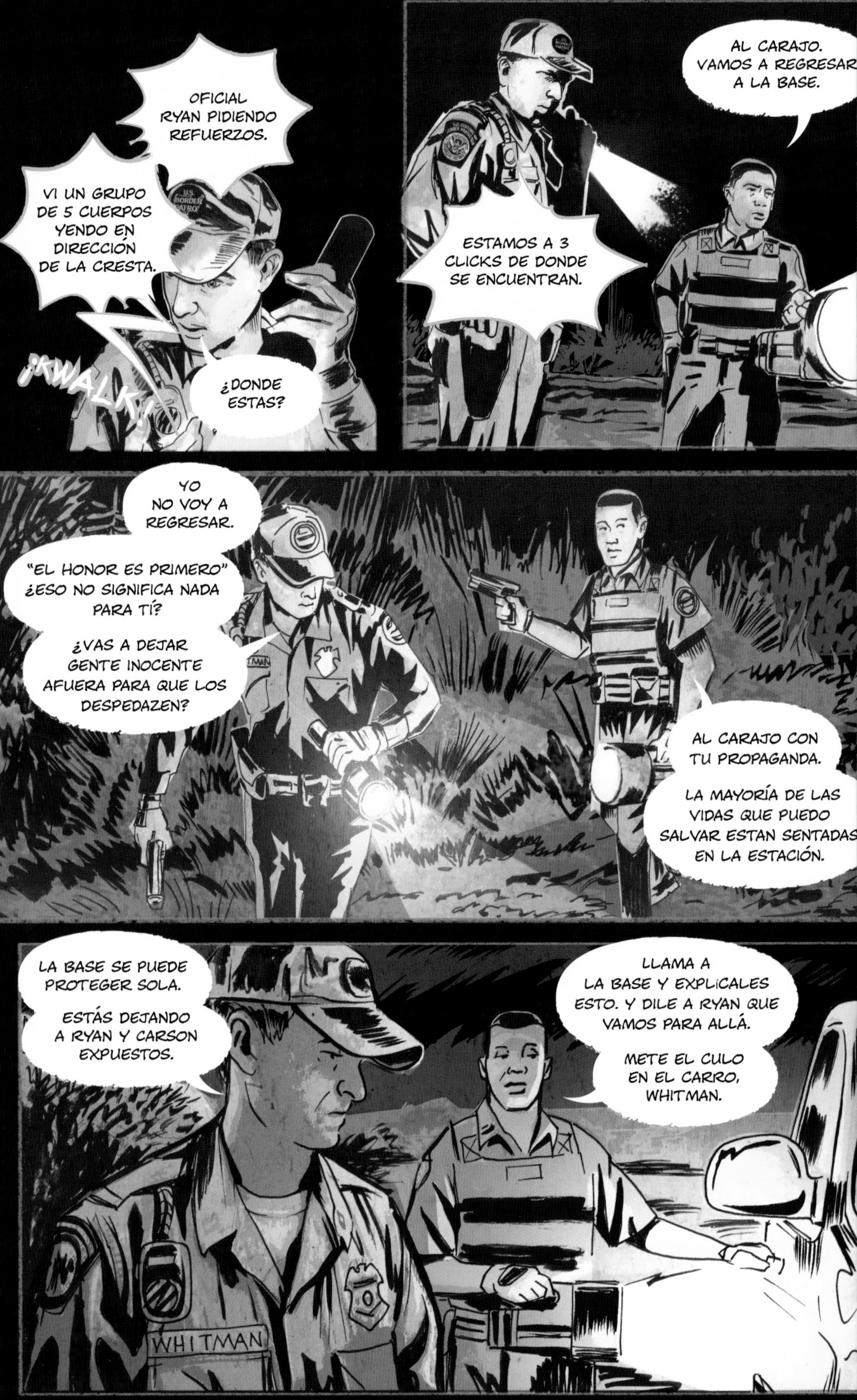
OFICIAL RYAN PIDIENDO REFUERZOS.
VI UN GRUPO DE 5 CUERPOS YENDO EN DIRECCIÓN DE LA CRESTA.
¡KWALK!
¿DONDE ESTAS?
AL CARAJO. VAMOS A REGRESAR A LA BASE.
ESTAMOS A 3 CLICKS DE DONDE SE ENCUENTRAN.
YO NO VOY A REGRESAR.
"EL HONOR ES PRIMERO" ¿ESO NO SIGNIFICA NADA PARA TÍ?
¿VAS A DEJAR GENTE INOCENTE AFUERA PARA QUE LOS DESPEDAZEN?
AL CARAJO CON TU PROPAGANDA.
LA MAYORÍA DE LAS VIDAS QUE PUEDO SALVAR ESTAN SENTADAS EN LA ESTACIÓN.
LA BASE SE PUEDE PROTEGER SOLA.
ESTÁS DEJANDO A RYAN Y CARSON EXPUESTOS.
LLAMA A LA BASE Y EXPLICALES ESTO. Y DILE A RYAN QUE VAMOS PARA ALLÁ.
METE EL CULO EN EL CARRO, WHITMAN.
WHITMAN

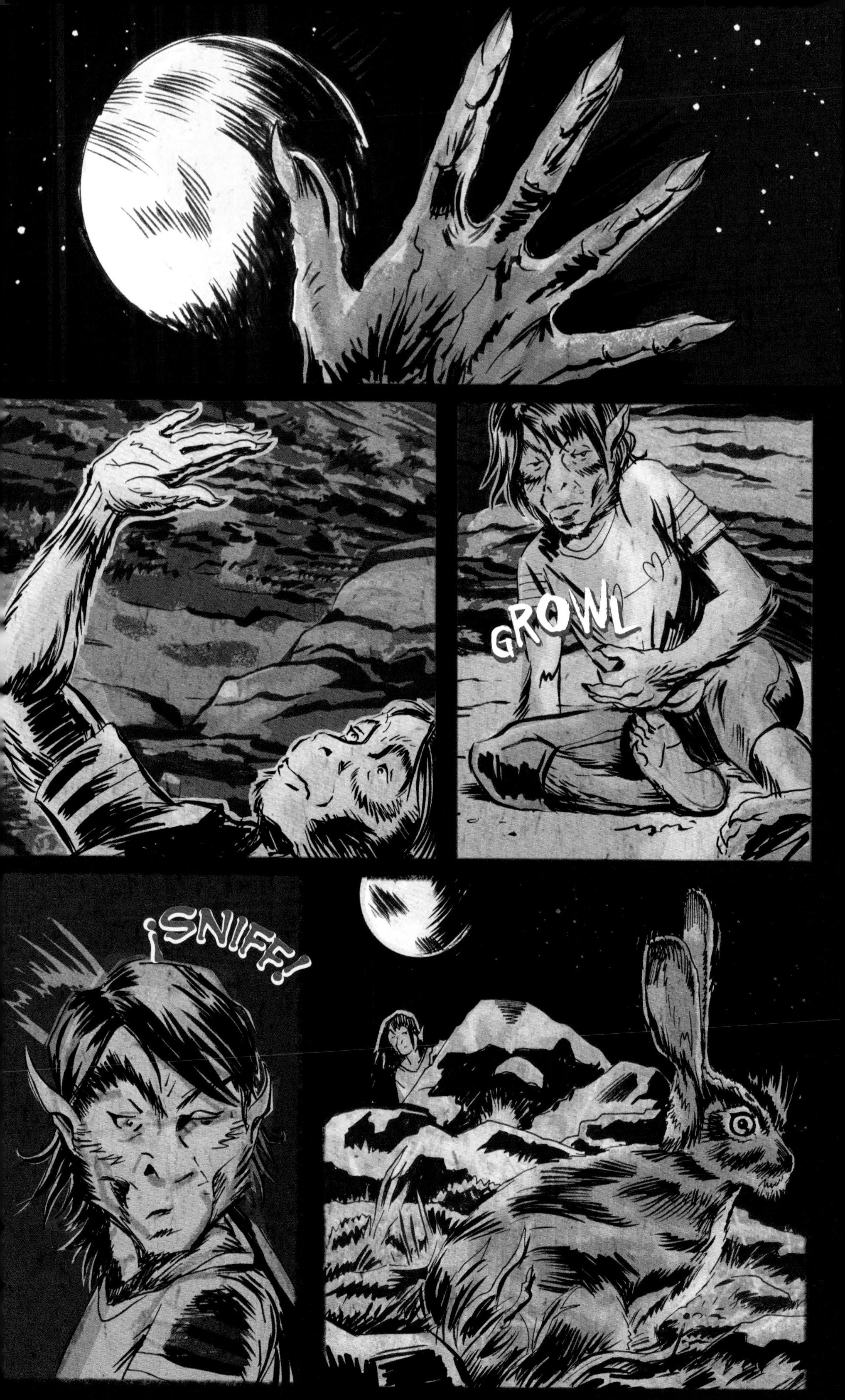
GROWL
¡SNIFF!

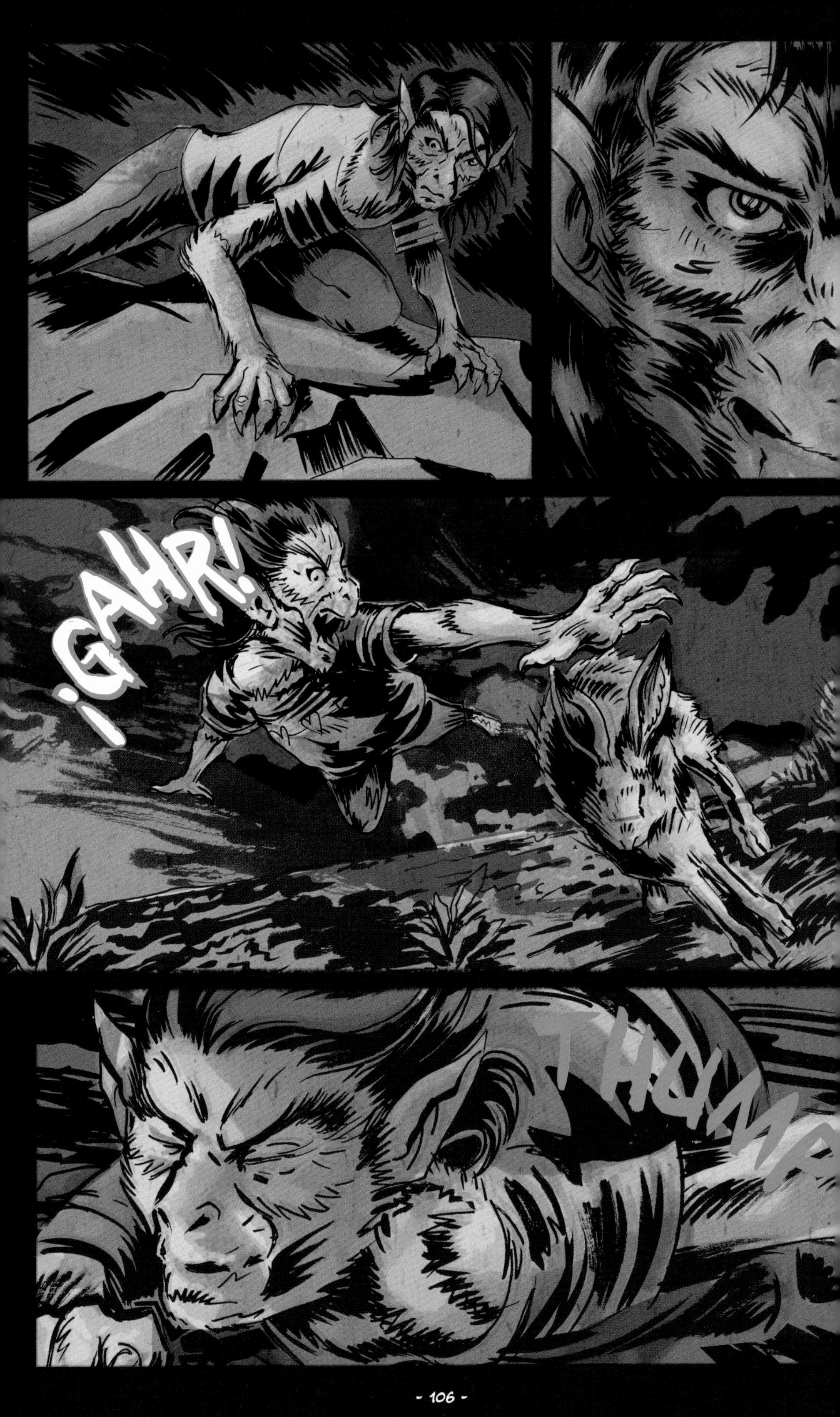
¡GAHR!
THUMP

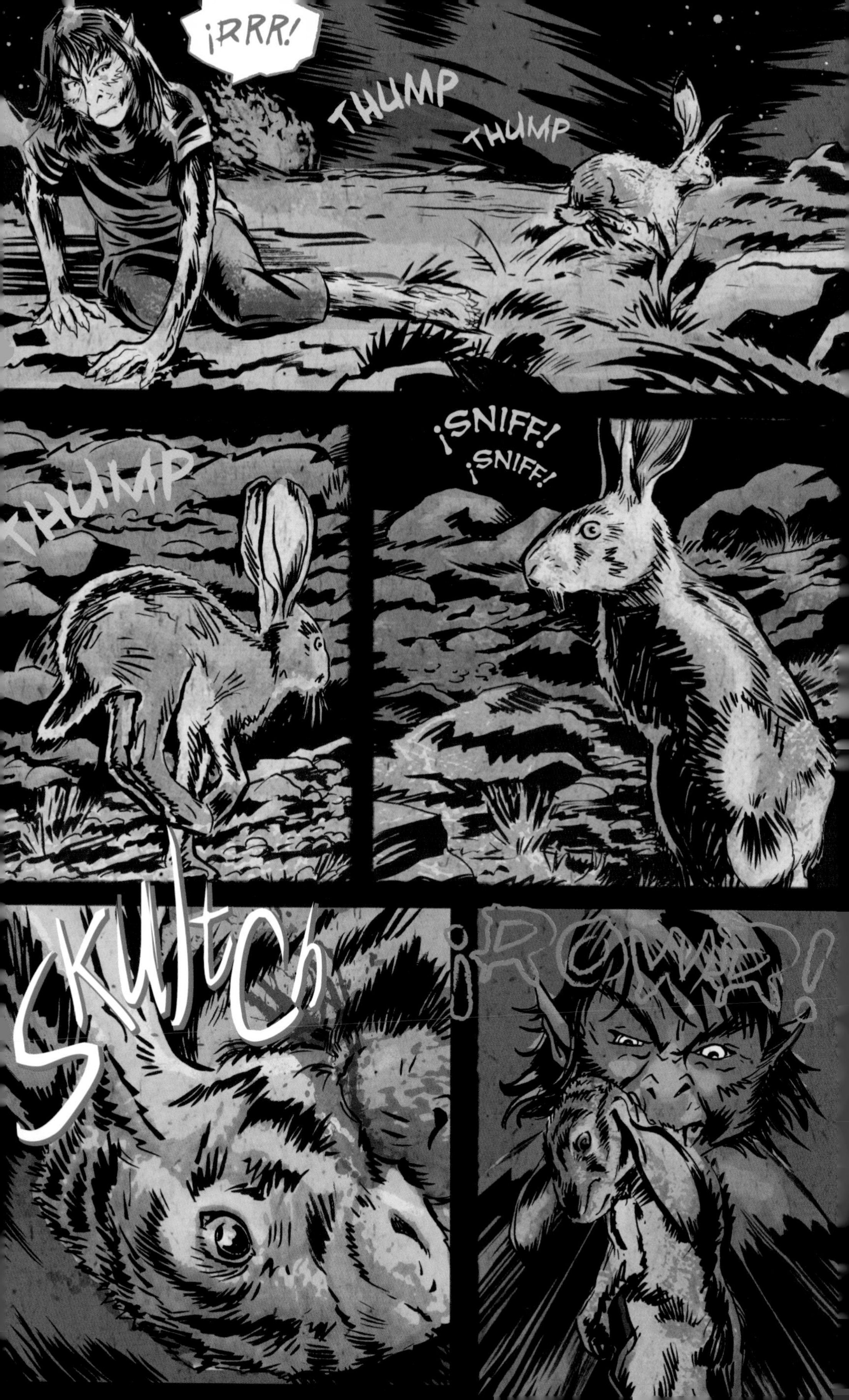
¡RRR!
THUMP
THUMP
THUMP
¡SNIFF!
¡SNIFF!
SKLUTCH
¡ROWR!

EMM.

EWMMM.

¡AARROOOO!

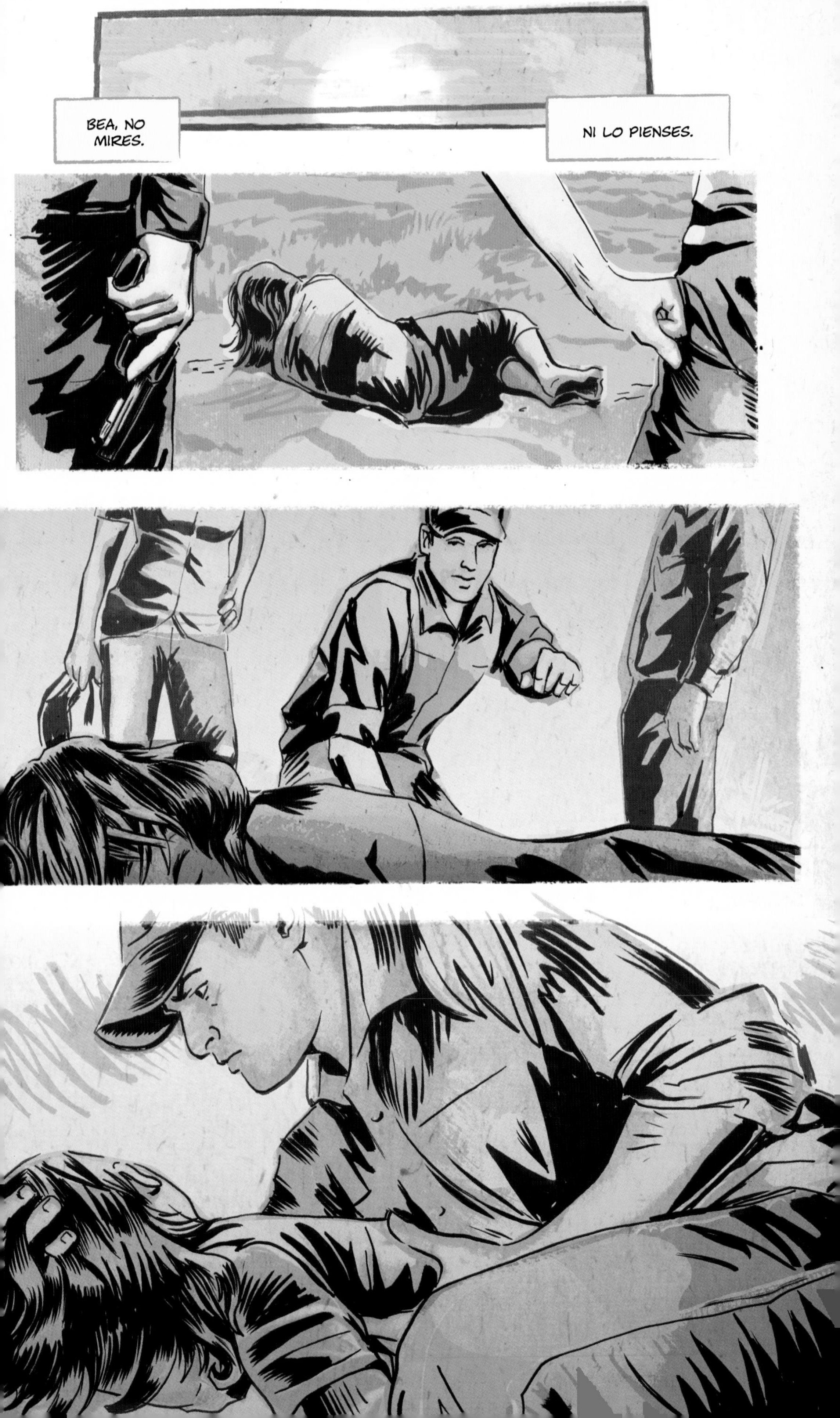
BEA, NO MIRES.
NI LO PIENSES.

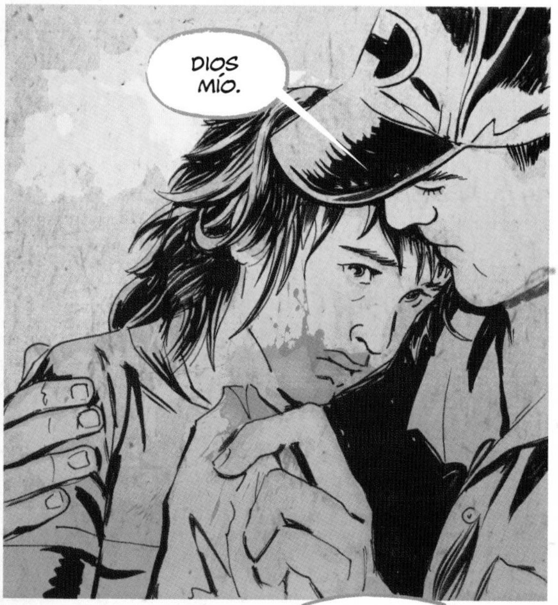
DIOS MÍO.

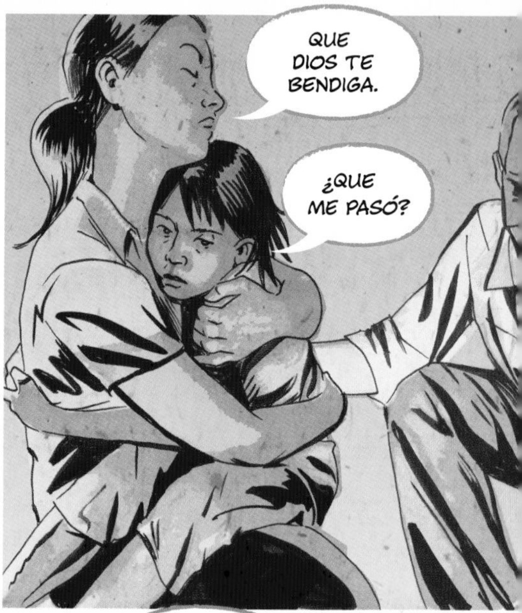
QUE DIOS TE BENDIGA.
¿QUE ME PASÓ?

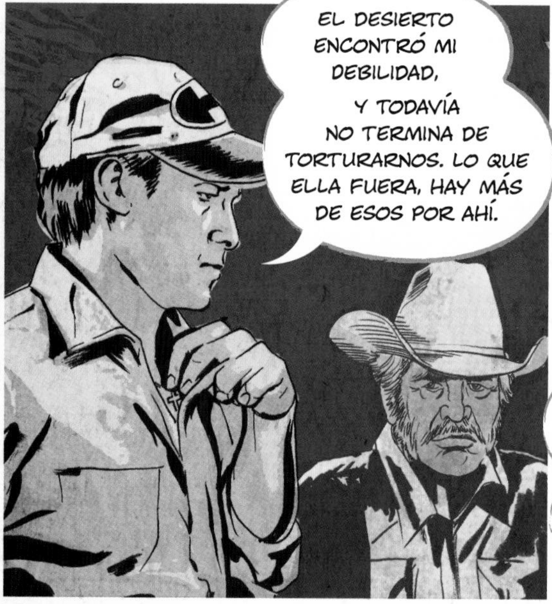
EL DESIERTO ENCONTRÓ MI DEBILIDAD,
Y TODAVÍA NO TERMINA DE TORTURARNOS. LO QUE ELLA FUERA, HAY MÁS DE ESOS POR AHÍ.

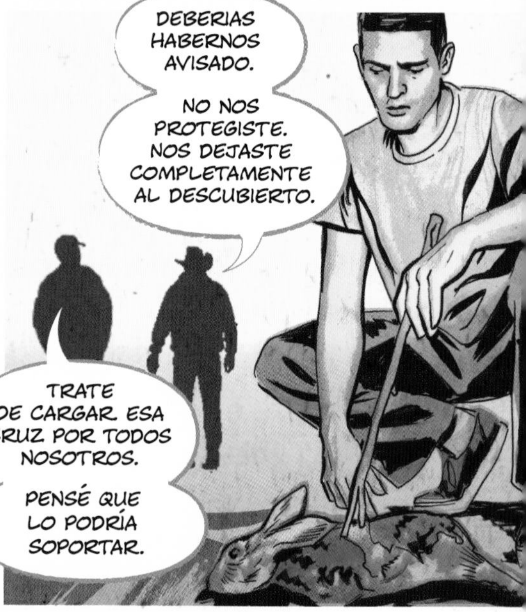
DEBERIAS HABERNOS AVISADO.
NO NOS PROTEGISTE. NOS DEJASTE COMPLETAMENTE AL DESCUBIERTO.
TRATE DE CARGAR ESA CRUZ POR TODOS NOSOTROS.
PENSÉ QUE LO PODRÍA SOPORTAR.

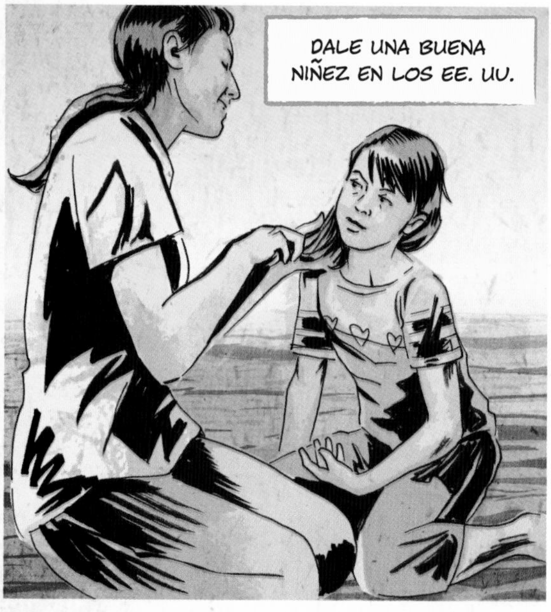
DALE UNA BUENA NIÑEZ EN LOS EE. UU.

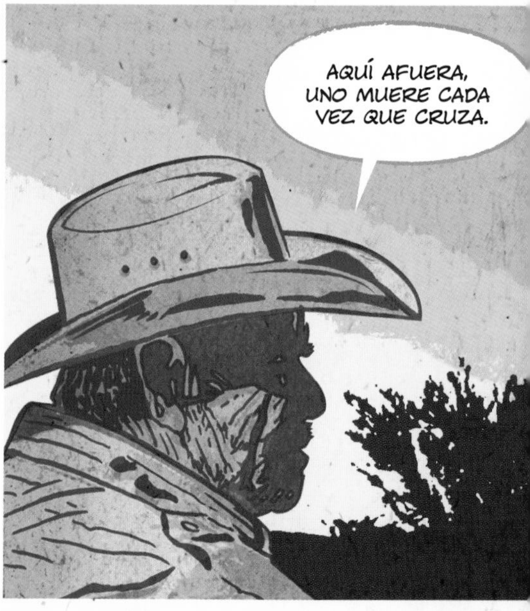
AQUÍ AFUERA, UNO MUERE CADA VEZ QUE CRUZA.

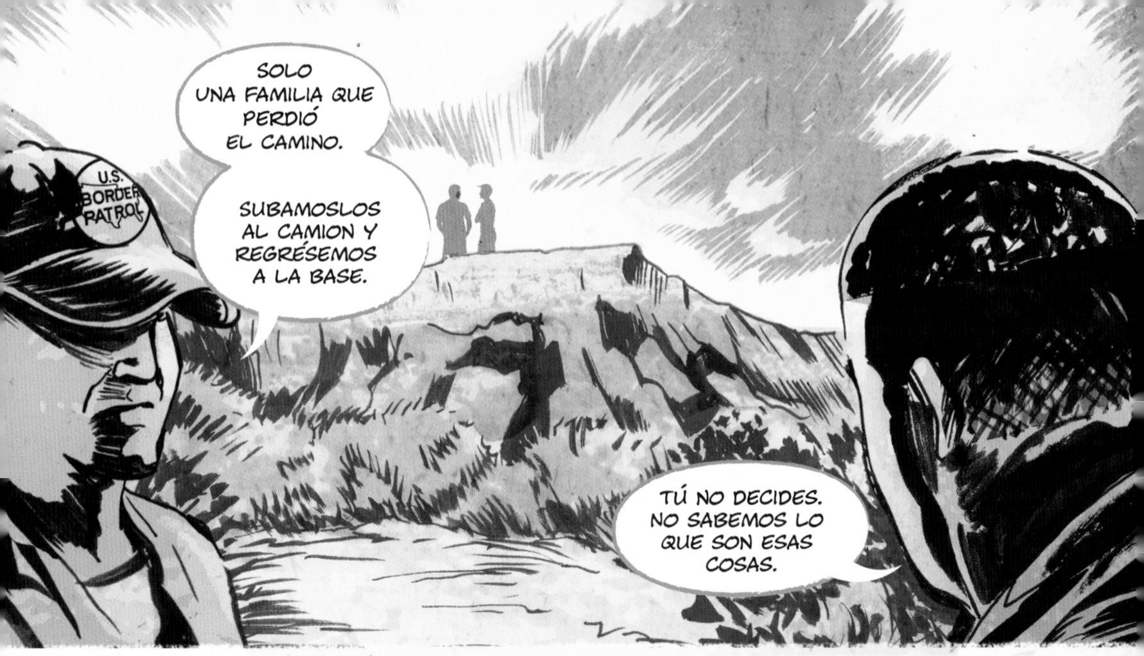
U.S. BORDER PATROL
SOLO UNA FAMILIA QUE PERDIÓ EL CAMINO.
SUBAMOSLOS AL CAMION Y REGRÉSEMOS A LA BASE.
TÚ NO DECIDES. NO SABEMOS LO QUE SON ESAS COSAS.

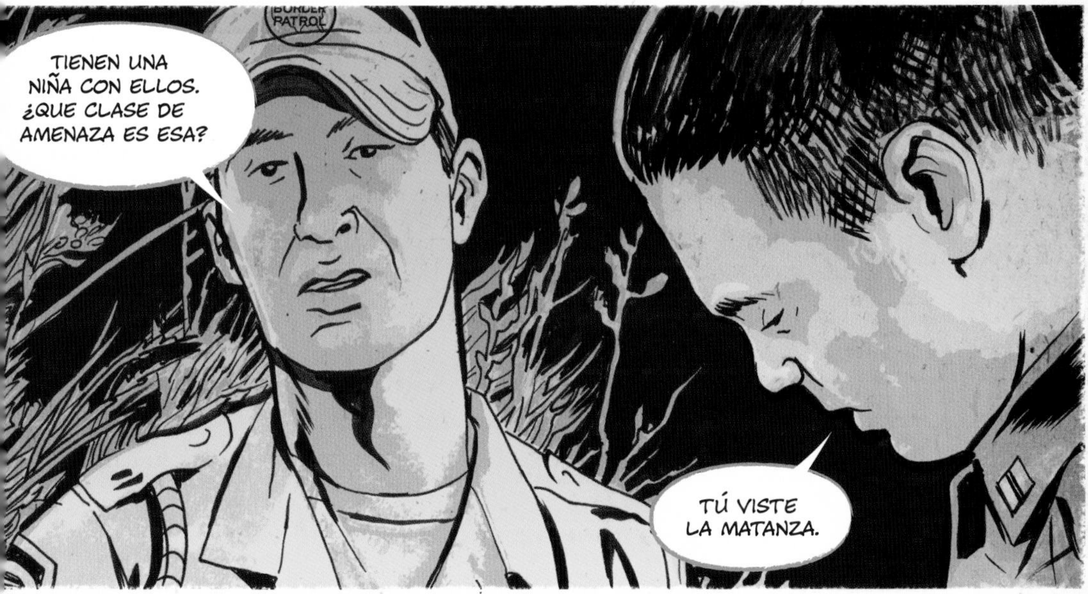
BORDER PATROL
TIENEN UNA NIÑA CON ELLOS. ¿QUE CLASE DE AMENAZA ES ESA?
TÚ VISTE LA MATANZA.

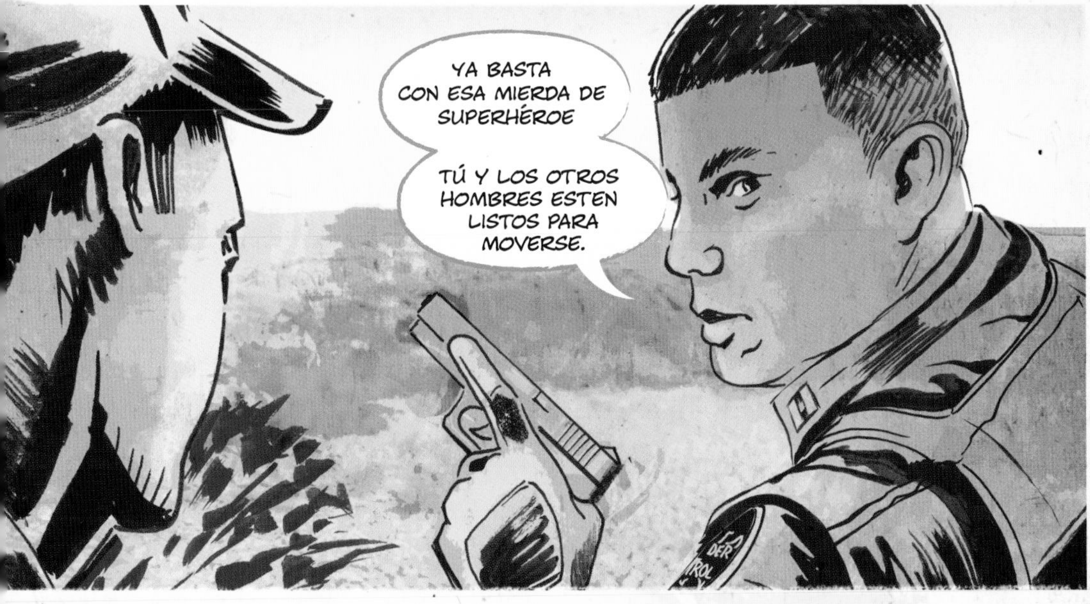
YA BASTA CON ESA MIERDA DE SUPERHÉROE
TÚ Y LOS OTROS HOMBRES ESTEN LISTOS PARA MOVERSE.

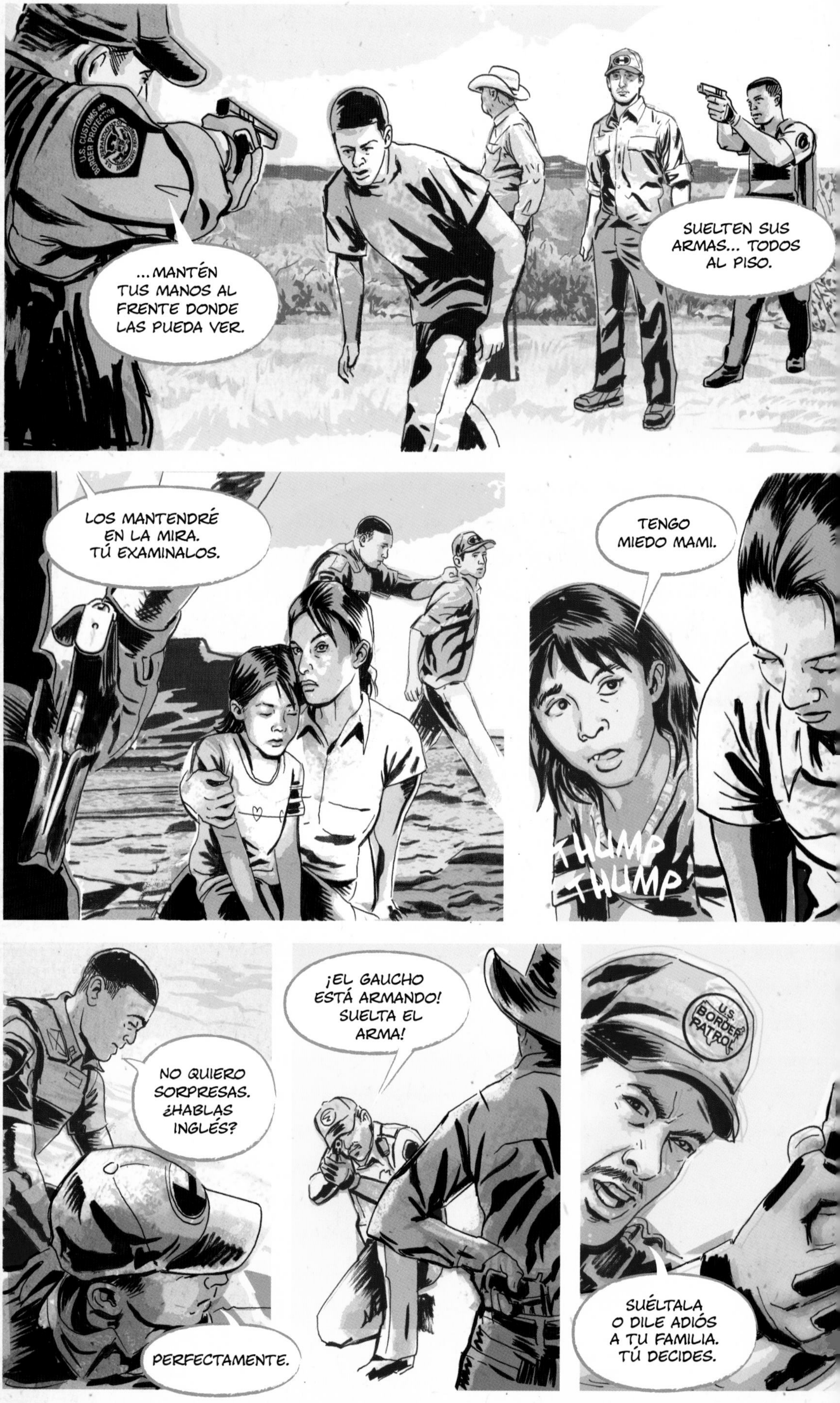
...MANTÉN TUS MANOS AL FRENTE DONDE LAS PUEDA VER.
SUELTEN SUS ARMAS... TODOS AL PISO.
LOS MANTENDRÉ EN LA MIRA. TÚ EXAMINALOS.
TENGO MIEDO MAMI.
THUMP THUMP
NO QUIERO SORPRESAS. ¿HABLAS INGLÉS?
PERFECTAMENTE.
¡EL GAUCHO ESTÁ ARMANDO! SUELTA EL ARMA!
SUÉLTALA O DILE ADIÓS A TU FAMILIA. TÚ DECIDES.

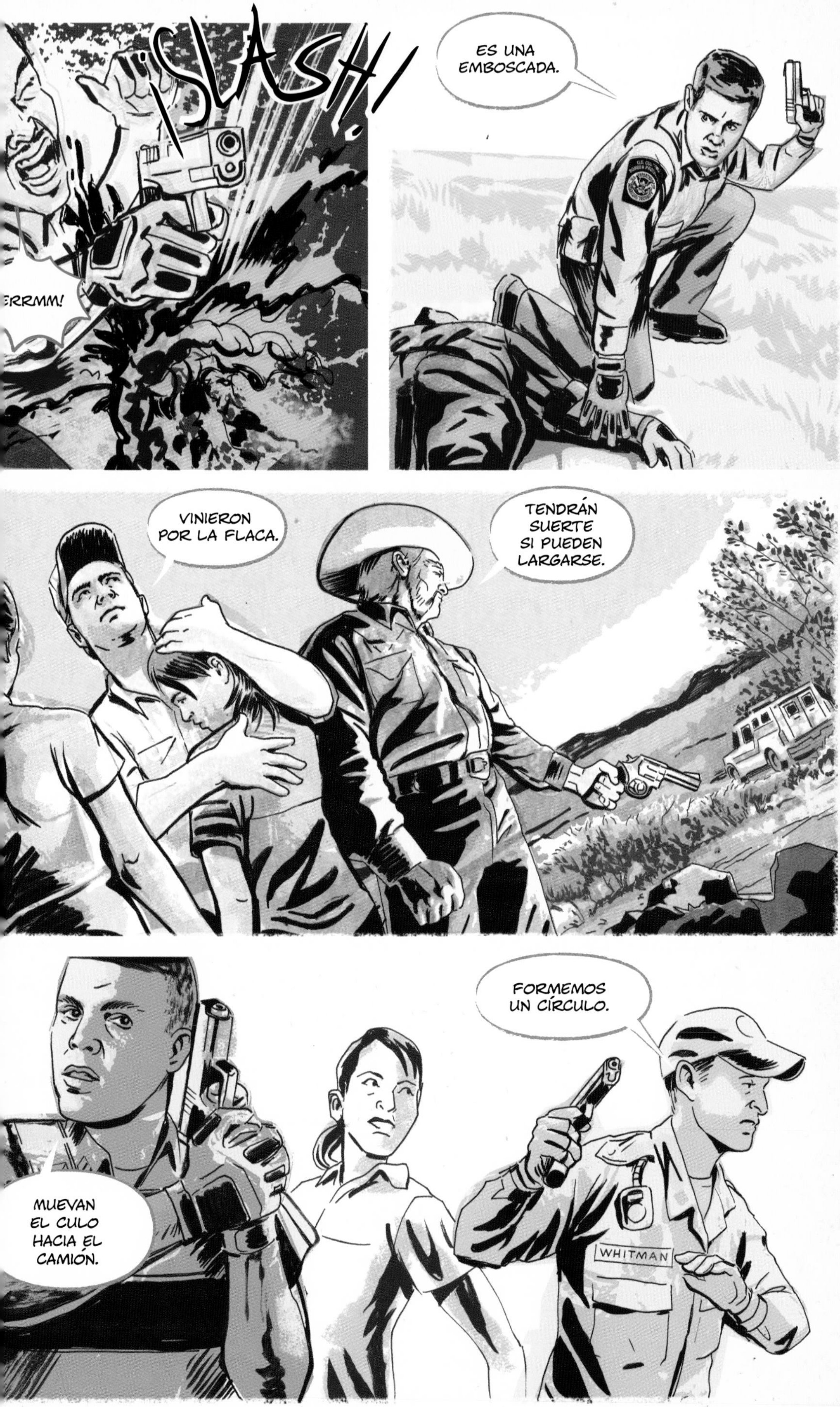
¡SLASH!
¡ERRMM!
ES UNA EMBOSCADA.
VINIERON POR LA FLACA.
TENDRÁN SUERTE SI PUEDEN LARGARSE.
MUEVAN EL CULO HACIA EL CAMIÓN.
FORMEMOS UN CÍRCULO.
WHITMAN

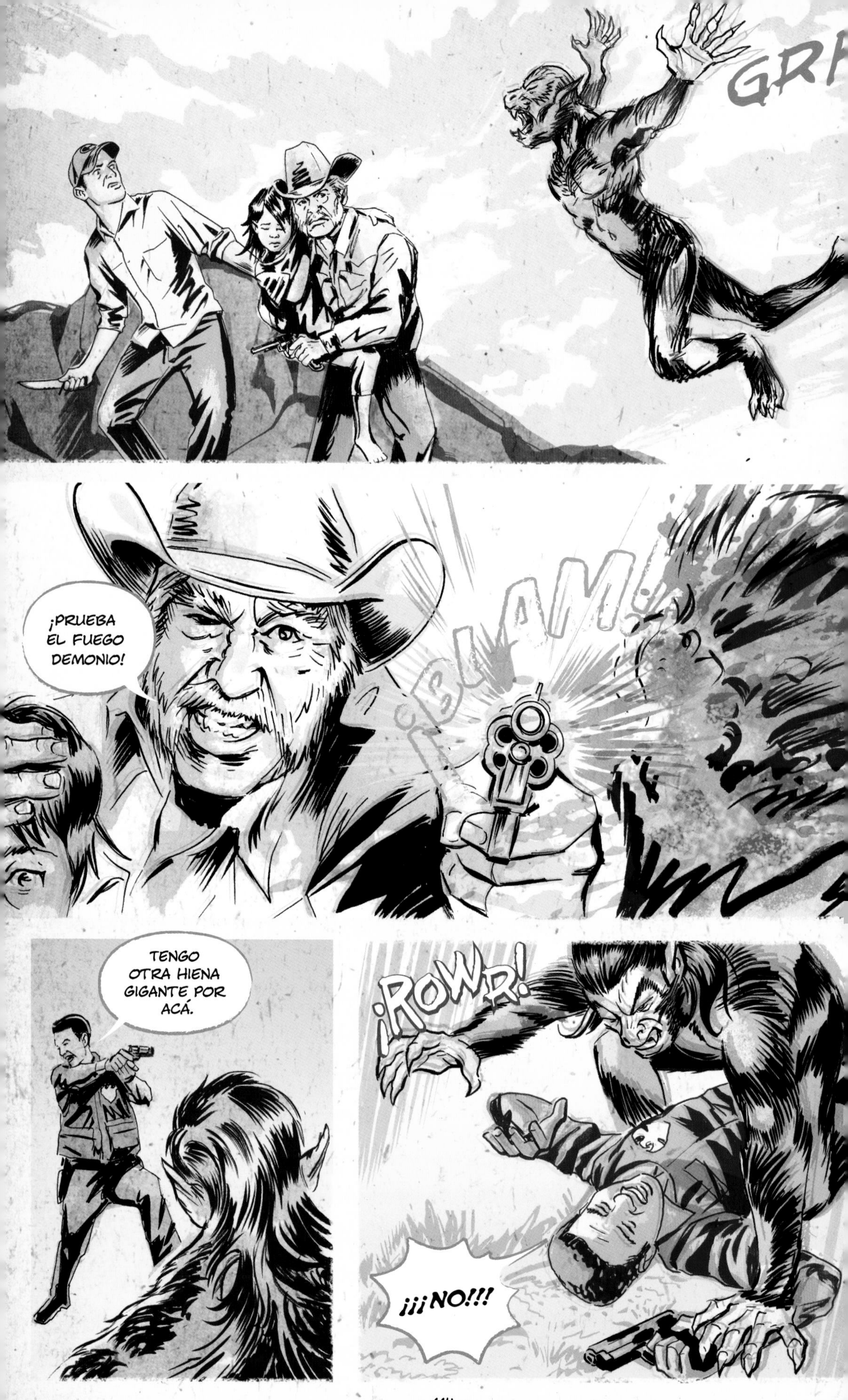
GRR
¡PRUEBA EL FUEGO DEMONIO!
¡BLAM!
TENGO OTRA HIENA GIGANTE POR ACÁ.
¡ROWR!
¡¡¡NO!!!

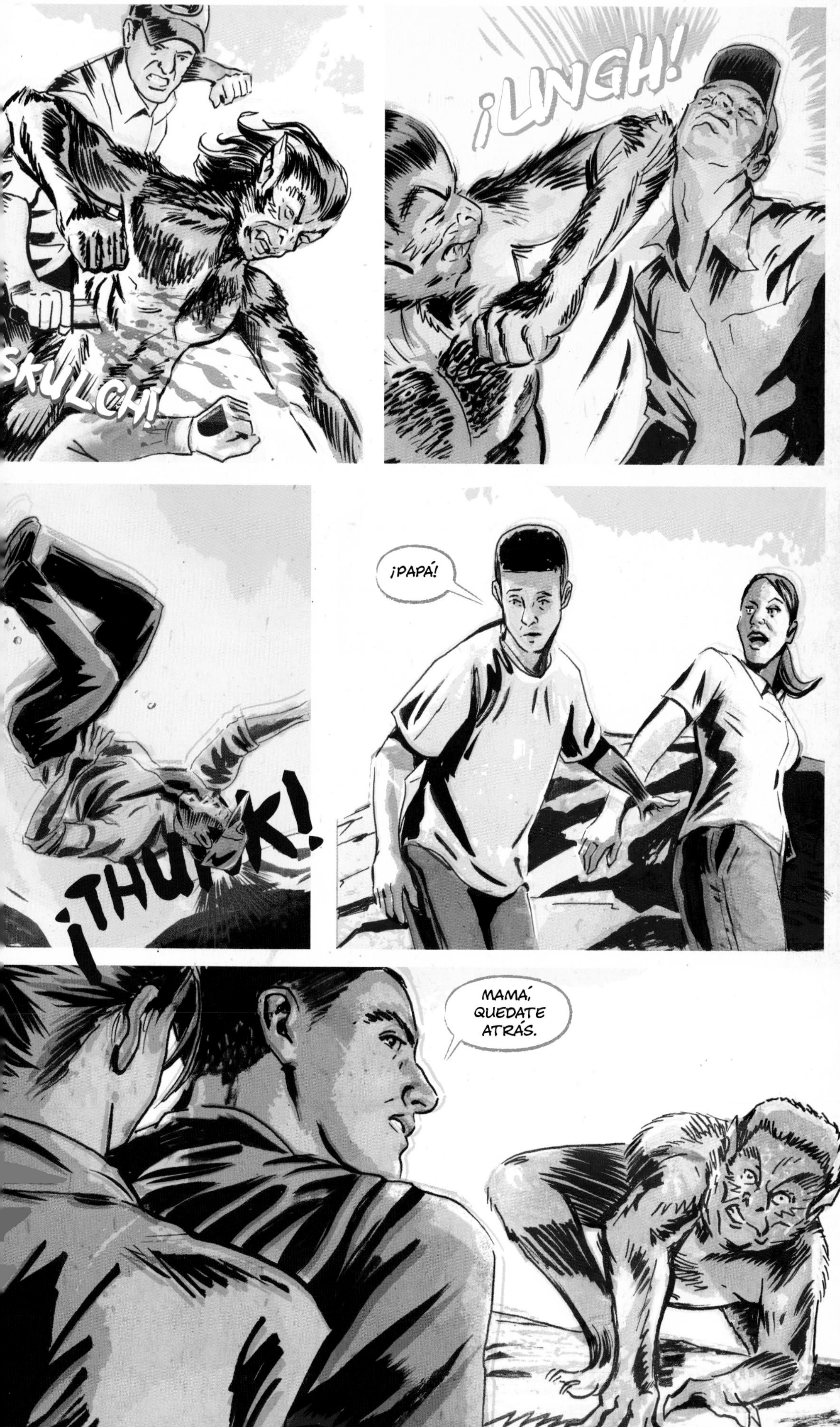
SKULCH!
¡LUNGH!
¡THU K!
¡PAPÁ!
MAMÁ, QUEDATE ATRÁS.

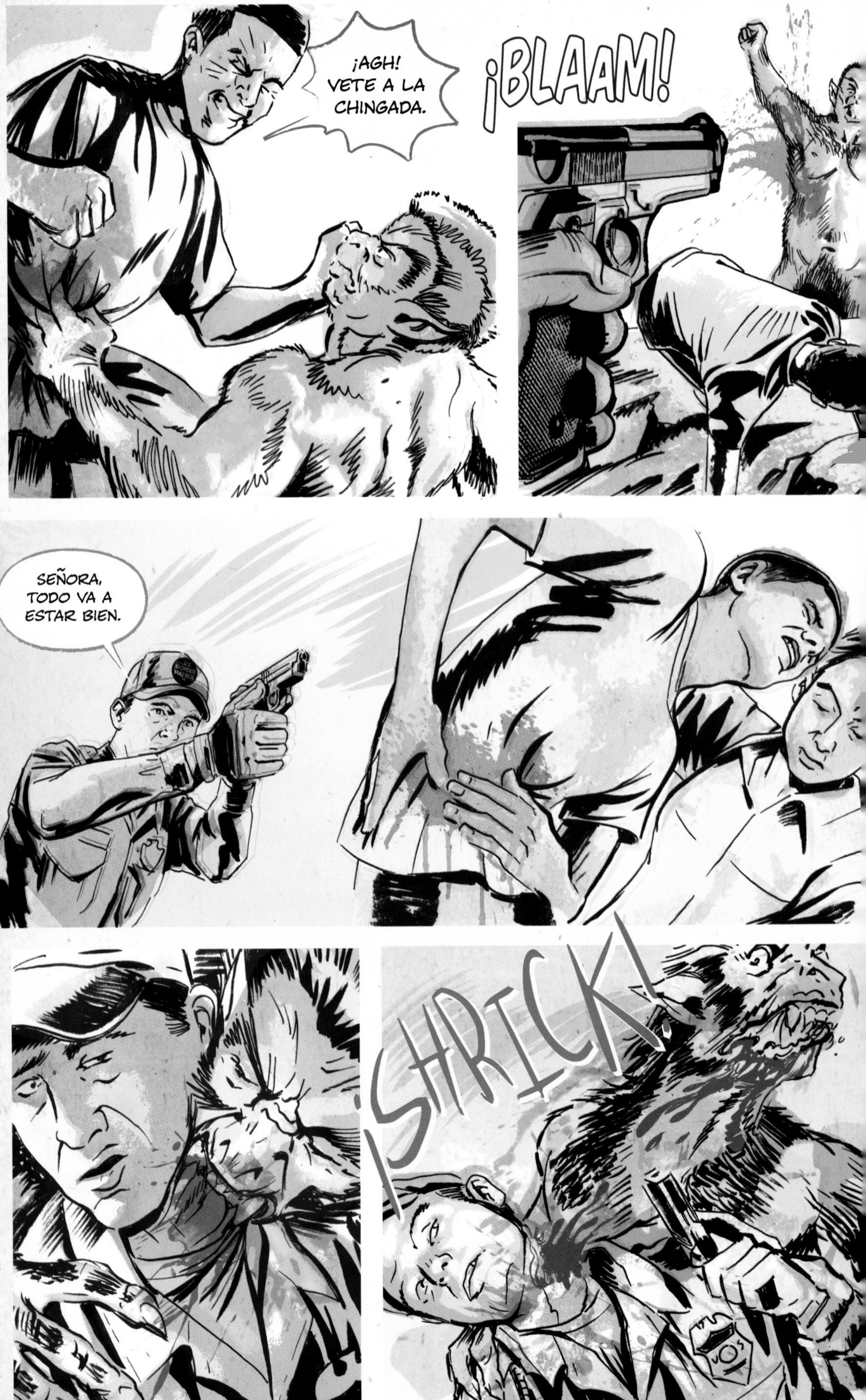
¡AGH! VETE A LA CHINGADA.
¡BLAAM!
SEÑORA, TODO VA A ESTAR BIEN.
¡SHRICK!

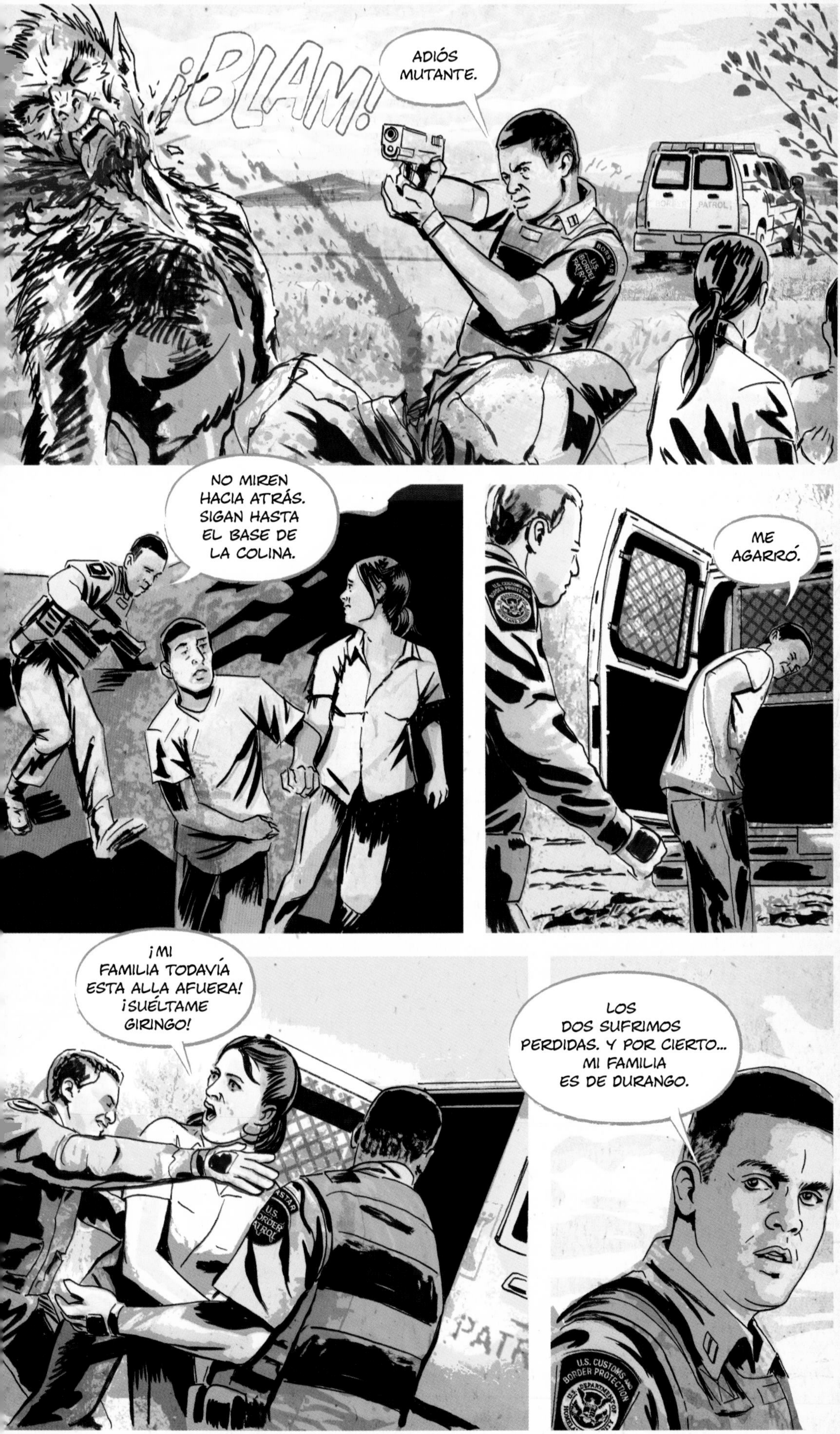
¡BLAM!
ADIÓS MUTANTE.
NO MIREN HACIA ATRÁS. SIGAN HASTA EL BASE DE LA COLINA.
ME AGARRÓ.
¡MI FAMILIA TODAVÍA ESTA ALLA AFUERA! ¡SUÉLTAME GIRINGO!
LOS DOS SUFRIMOS PERDIDAS. Y POR CIERTO... MI FAMILIA ES DE DURANGO.

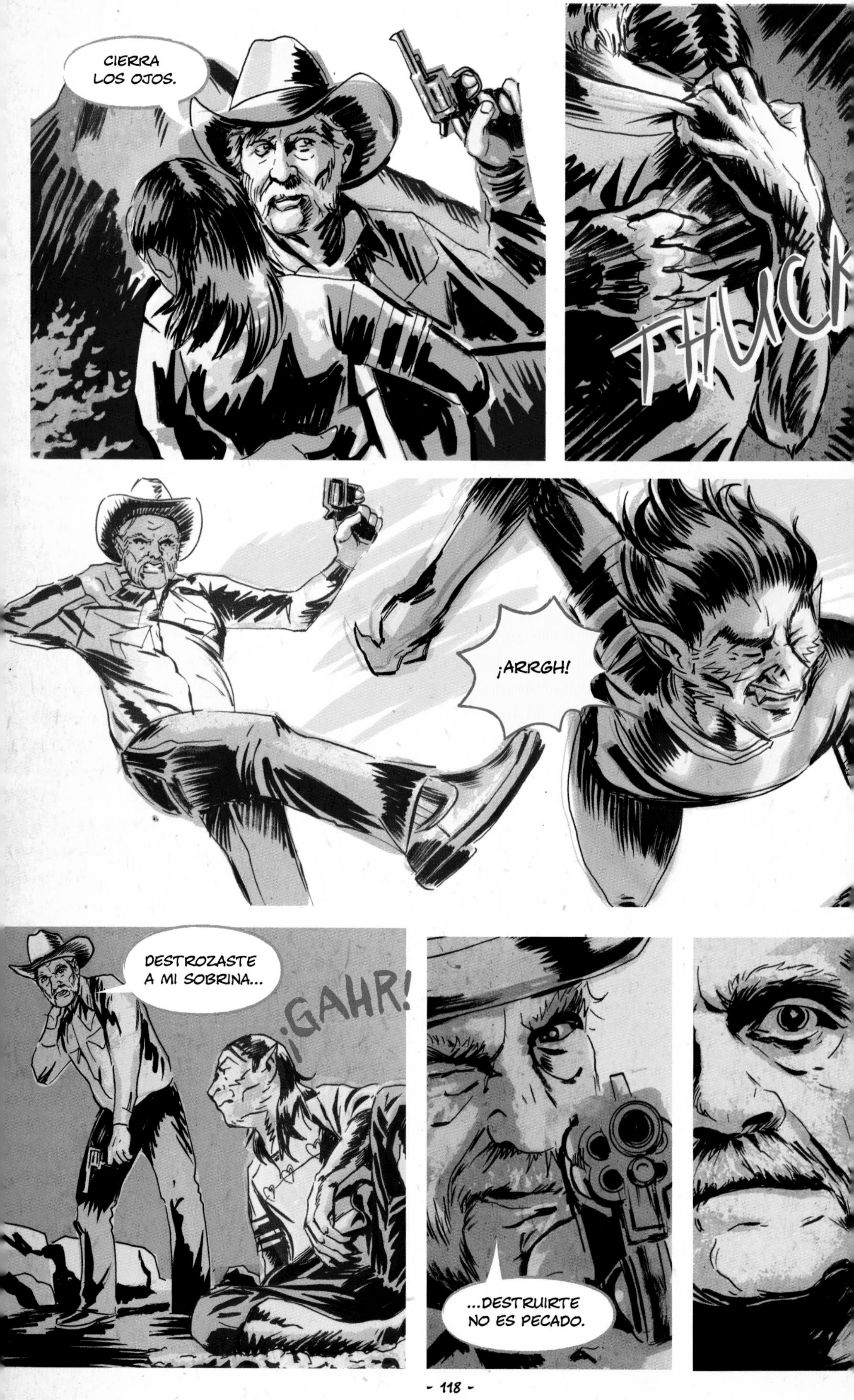
CIERRA LOS OJOS.
THUCK
¡ARRGH!
DESTROZASTE A MI SOBRINA...
¡GAHR!
...DESTRUIRTE NO ES PECADO.

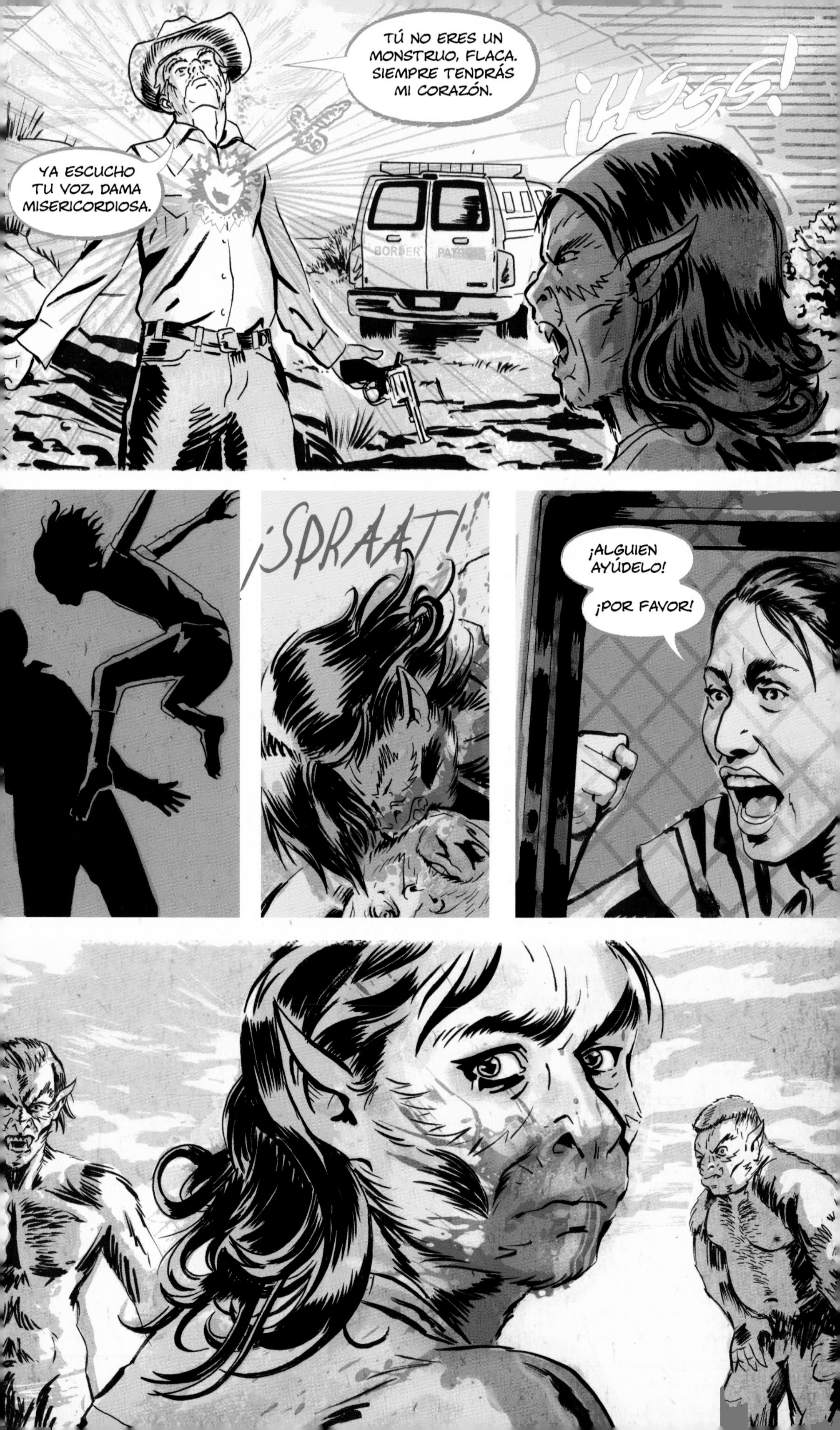
TÚ NO ERES UN MONSTRUO, FLACA. SIEMPRE TENDRÁS MI CORAZÓN.
YA ESCUCHO TU VOZ, DAMA MISERICORDIOSA.
¡HSSS!
BORDER PATROL
¡SPRAAT!
¡ALGUIEN AYÚDELO!
¡POR FAVOR!

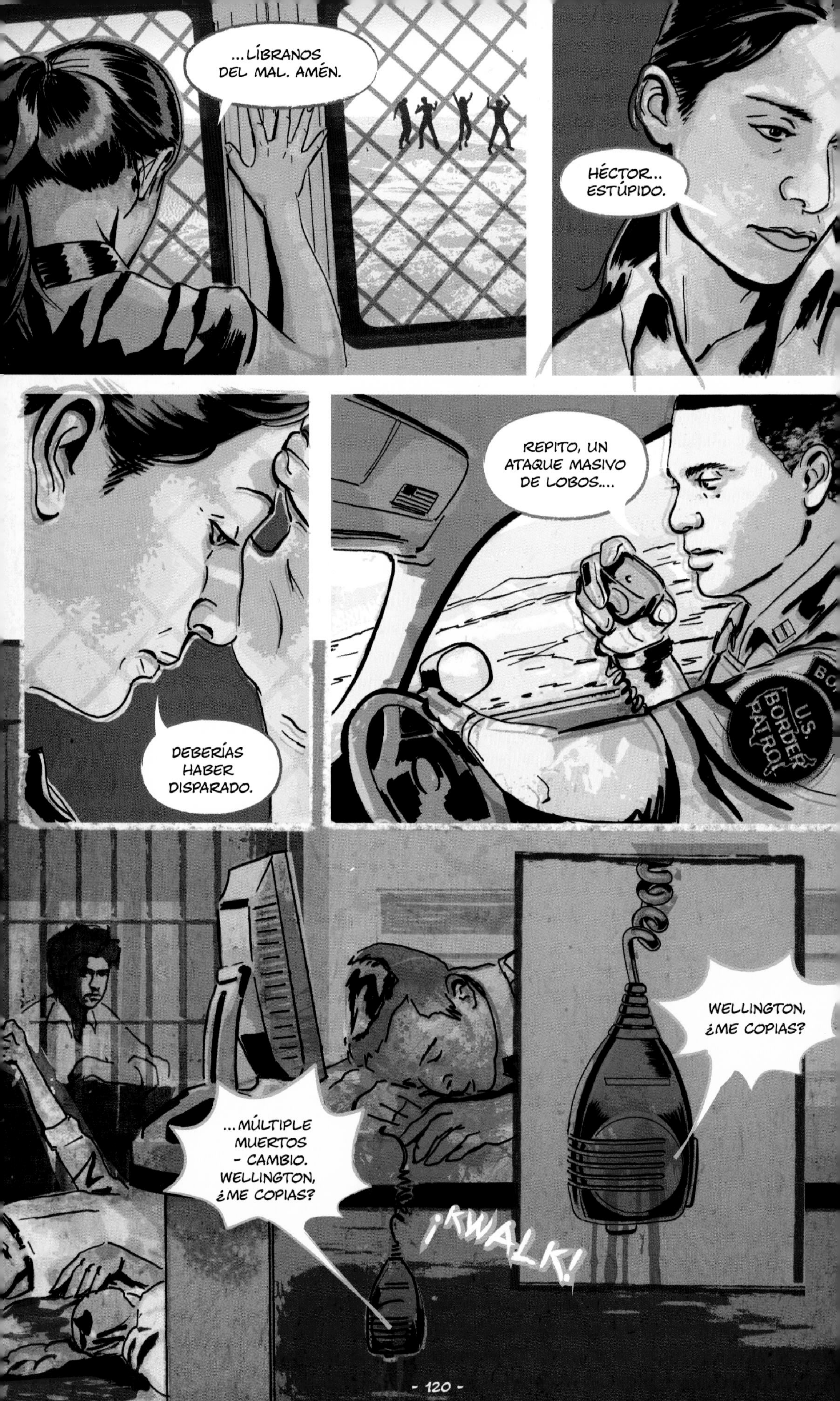
...LÍBRANOS DEL MAL. AMÉN.
HÉCTOR.. ESTÚPIDO.
DEBERÍAS HABER DISPARADO.
REPITO, UN ATAQUE MASIVO DE LOBOS....
U.S. BORDER PATROL
...MÚLTIPLE MUERTOS - CAMBIO. WELLINGTON, ¿ME COPIAS?
¡KWALK!
WELLINGTON, ¿ME COPIAS?

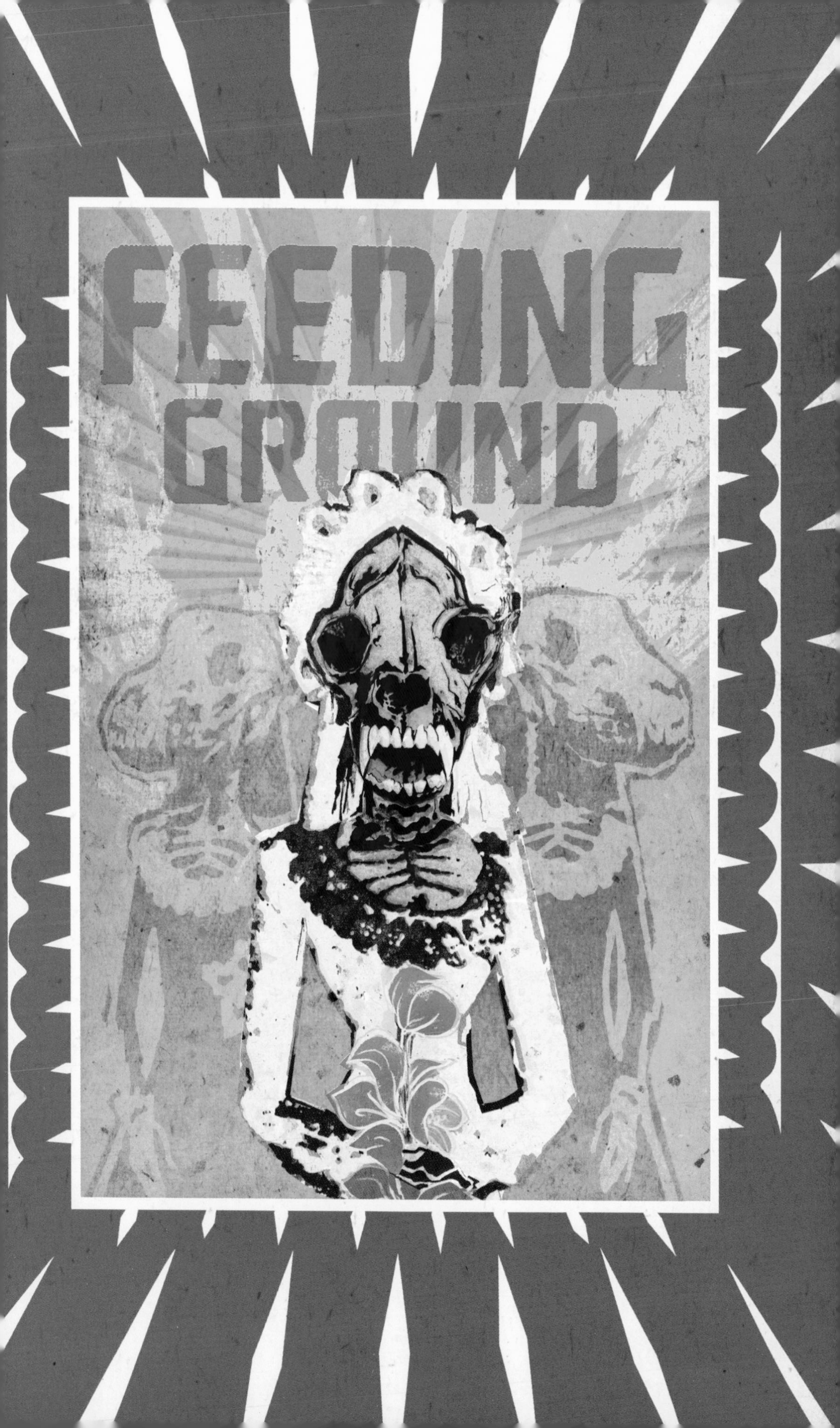
FEEDING
GROUND

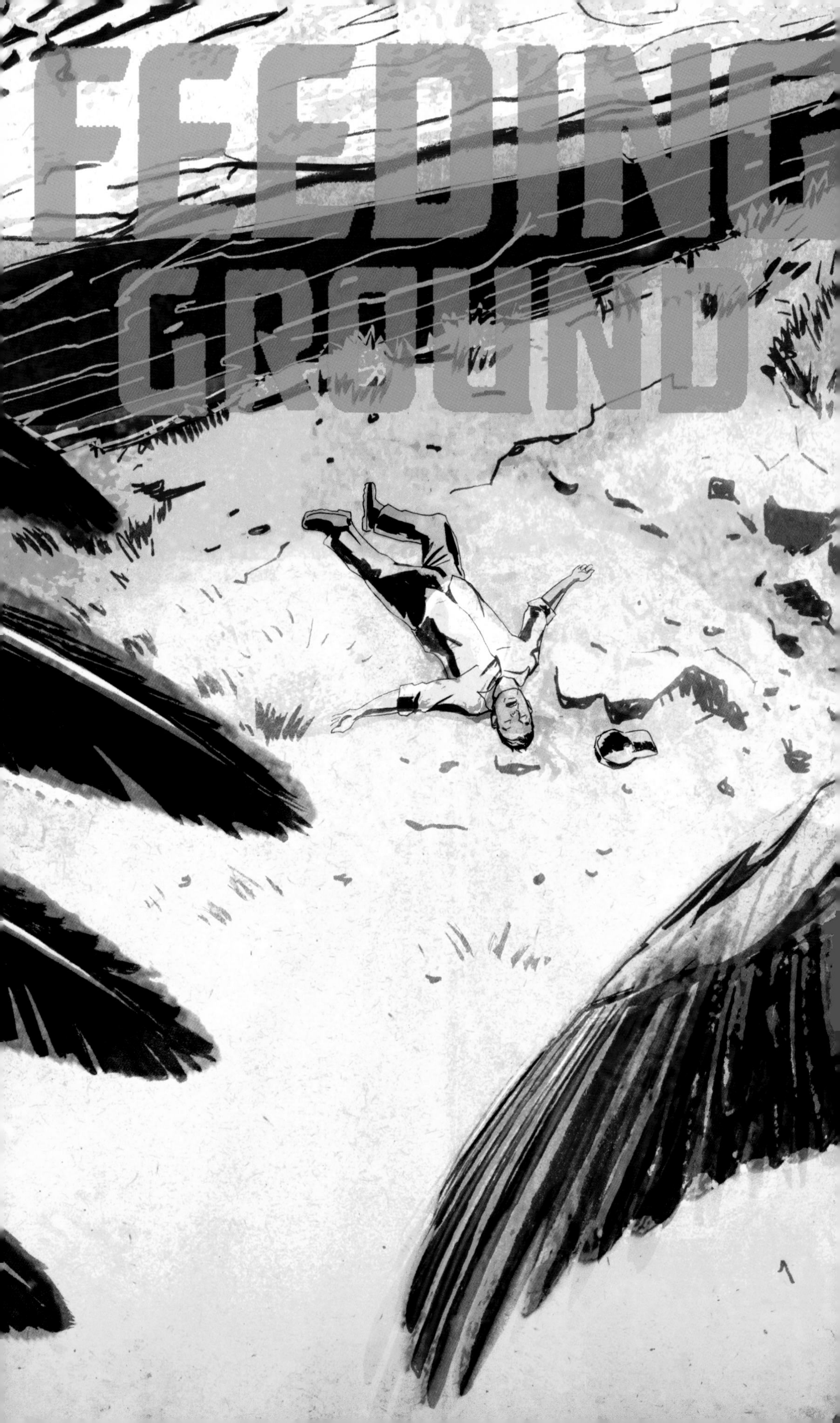
FEEDING
GROUND

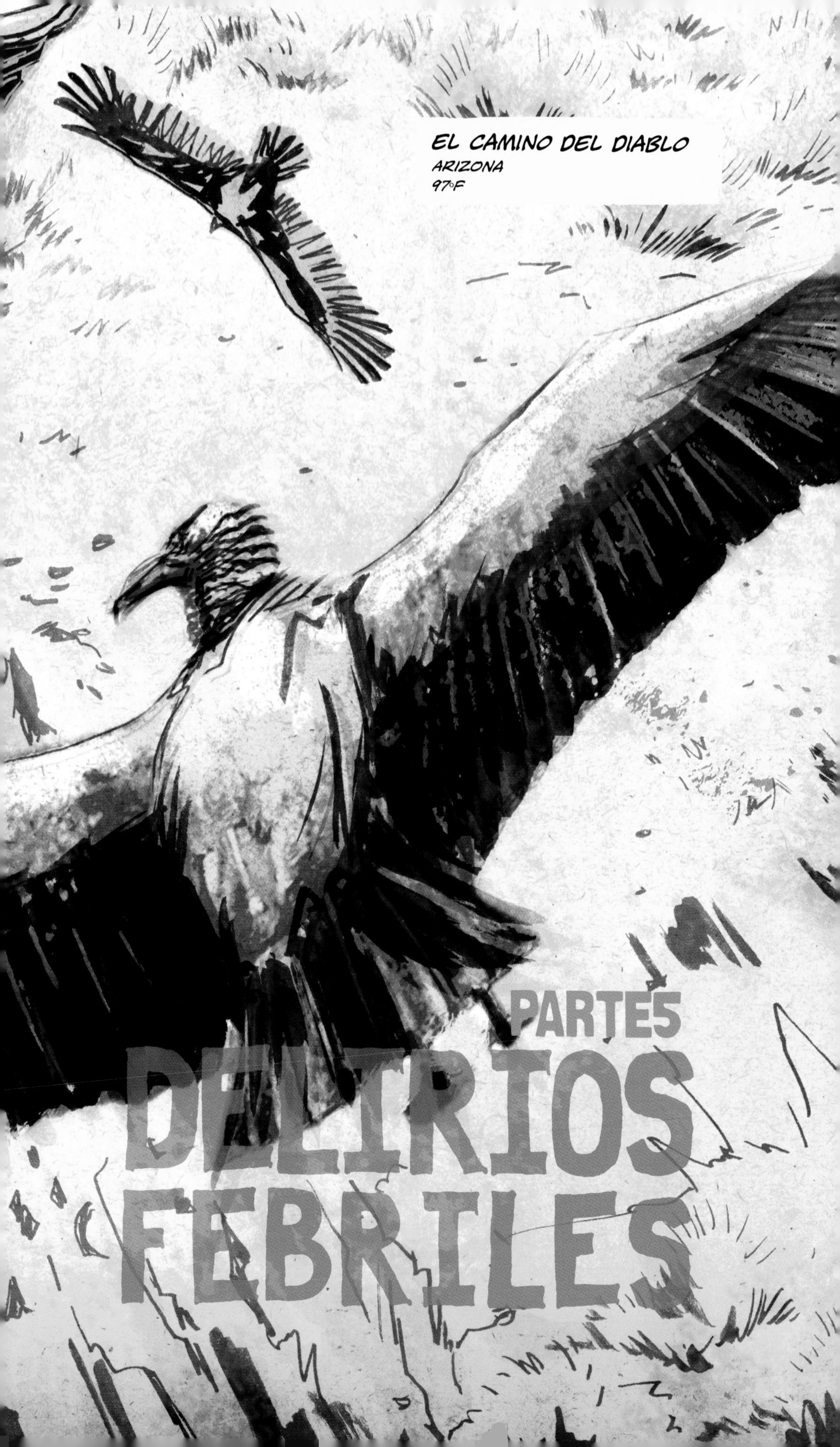
EL CAMINO DEL DIABLO
ARIZONA
97°F
PARTE 5
DELIRIOS FEBRILES

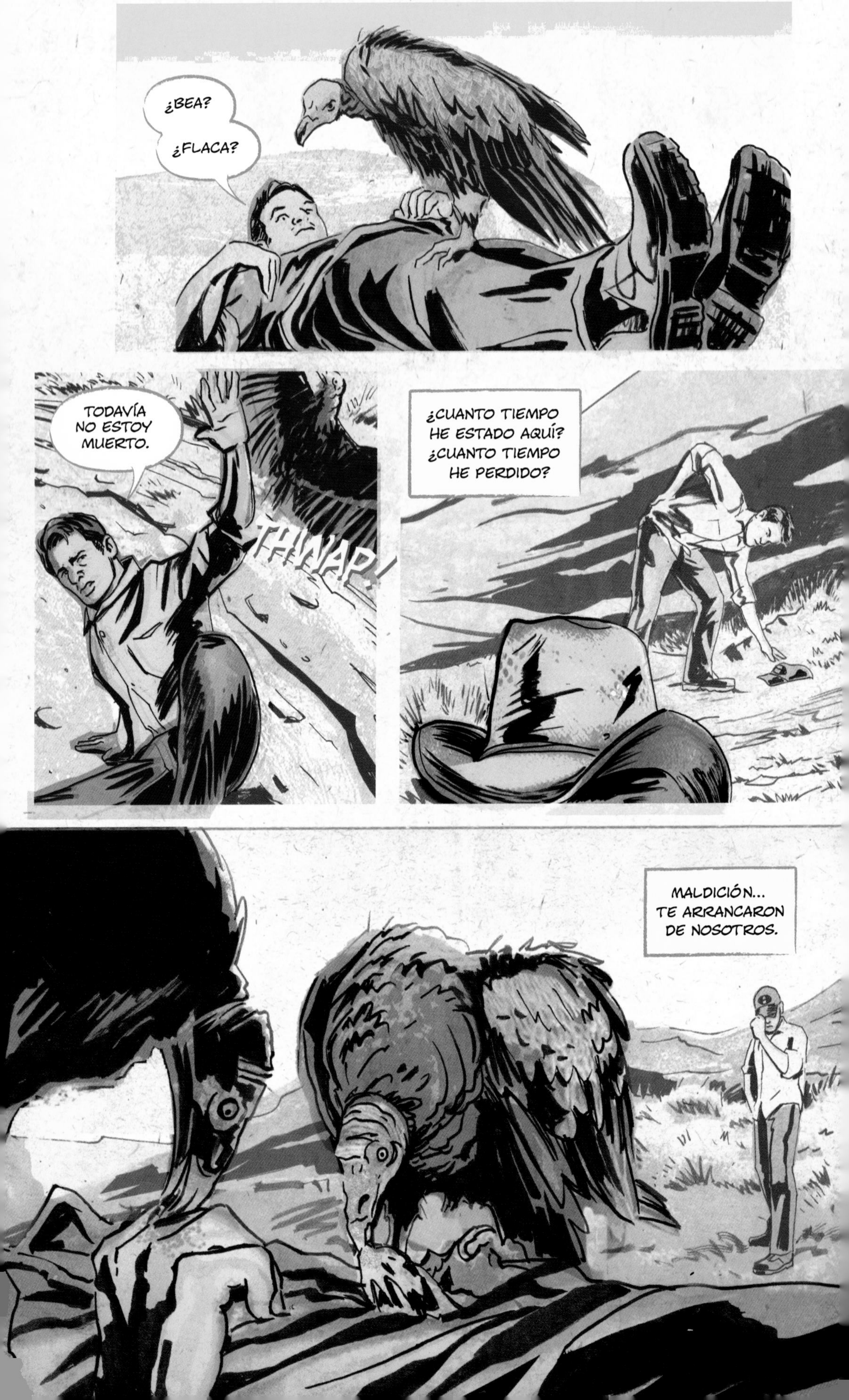
¿BEA?
¿FLACA?
TODAVÍA NO ESTOY MUERTO.
THWAP!
¿CUANTO TIEMPO HE ESTADO AQUÍ? ¿CUANTO TIEMPO HE PERDIDO?
MALDICIÓN... TE ARRANCARON DE NOSOTROS.

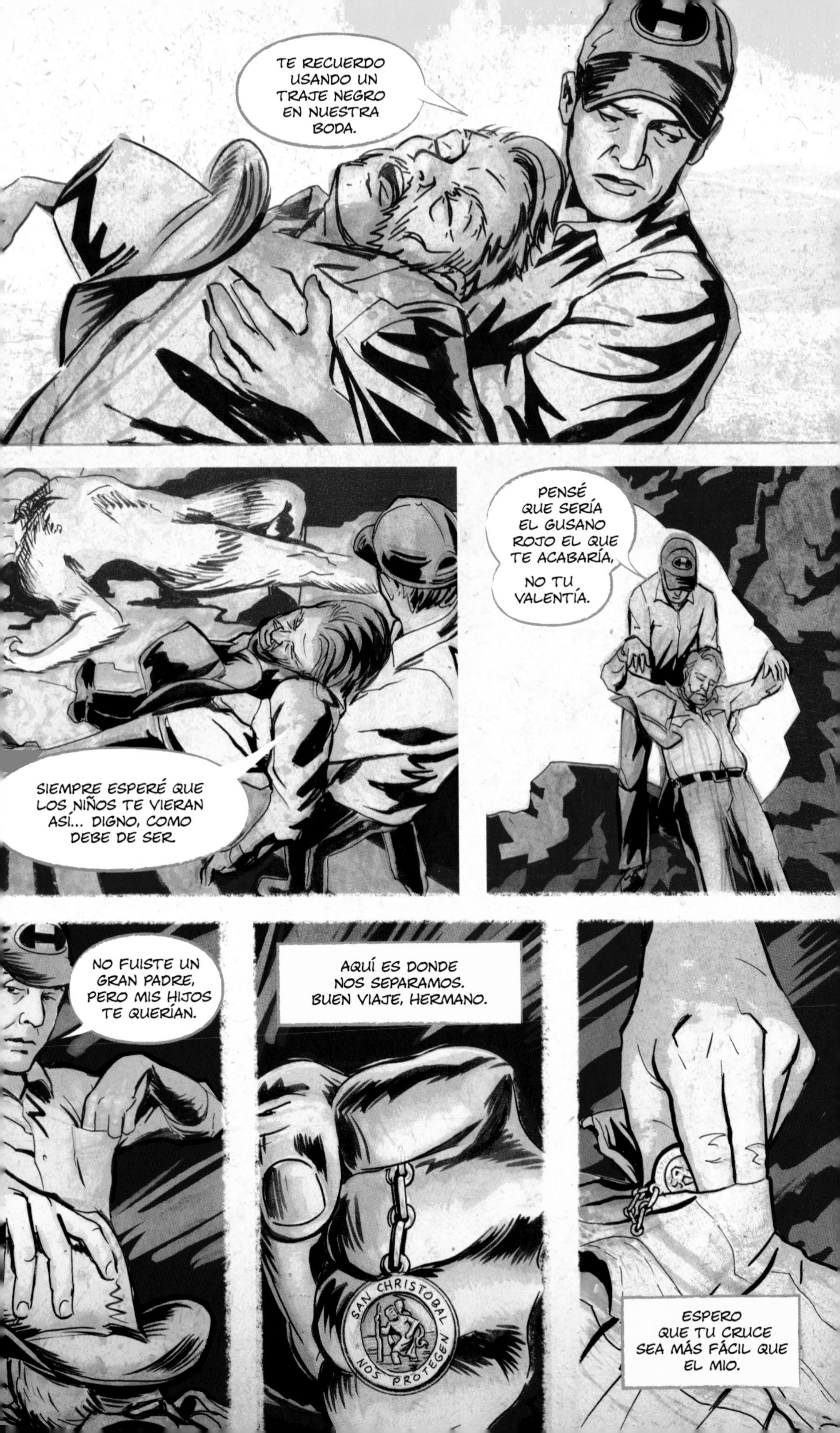
TE RECUERDO USANDO UN TRAJE NEGRO EN NUESTRA BODA.
SIEMPRE ESPERÉ QUE LOS NIÑOS TE VIERAN ASÍ... DIGNO, COMO DEBE DE SER
PENSÉ QUE SERÍA EL GUSANO ROJO EL QUE TE ACABARÍA,
NO TU VALENTÍA.
NO FUISTE UN GRAN PADRE, PERO MIS HIJOS TE QUERÍAN.
AQUÍ ES DONDE NOS SEPARAMOS. BUEN VIAJE, HERMANO.
SAN CHRISTOBAL NOS PROTEGEN
ESPERO QUE TU CRUCE SEA MÁS FÁCIL QUE EL MIO.

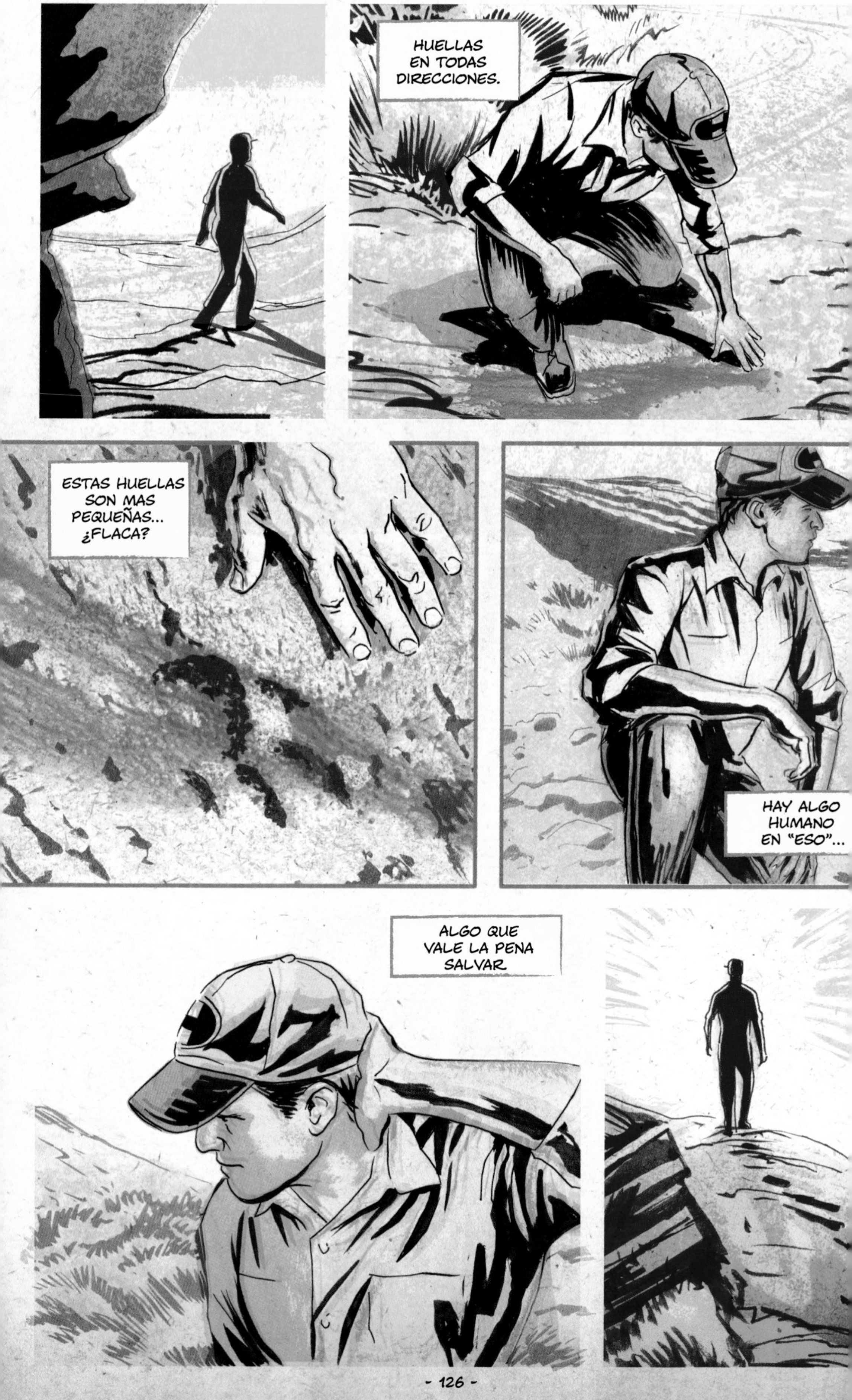
HUELLAS EN TODAS DIRECCIONES.
ESTAS HUELLAS SON MAS PEQUEÑAS... ¿FLACA?
HAY ALGO HUMANO EN "ESO"...
ALGO QUE VALE LA PENA SALVAR

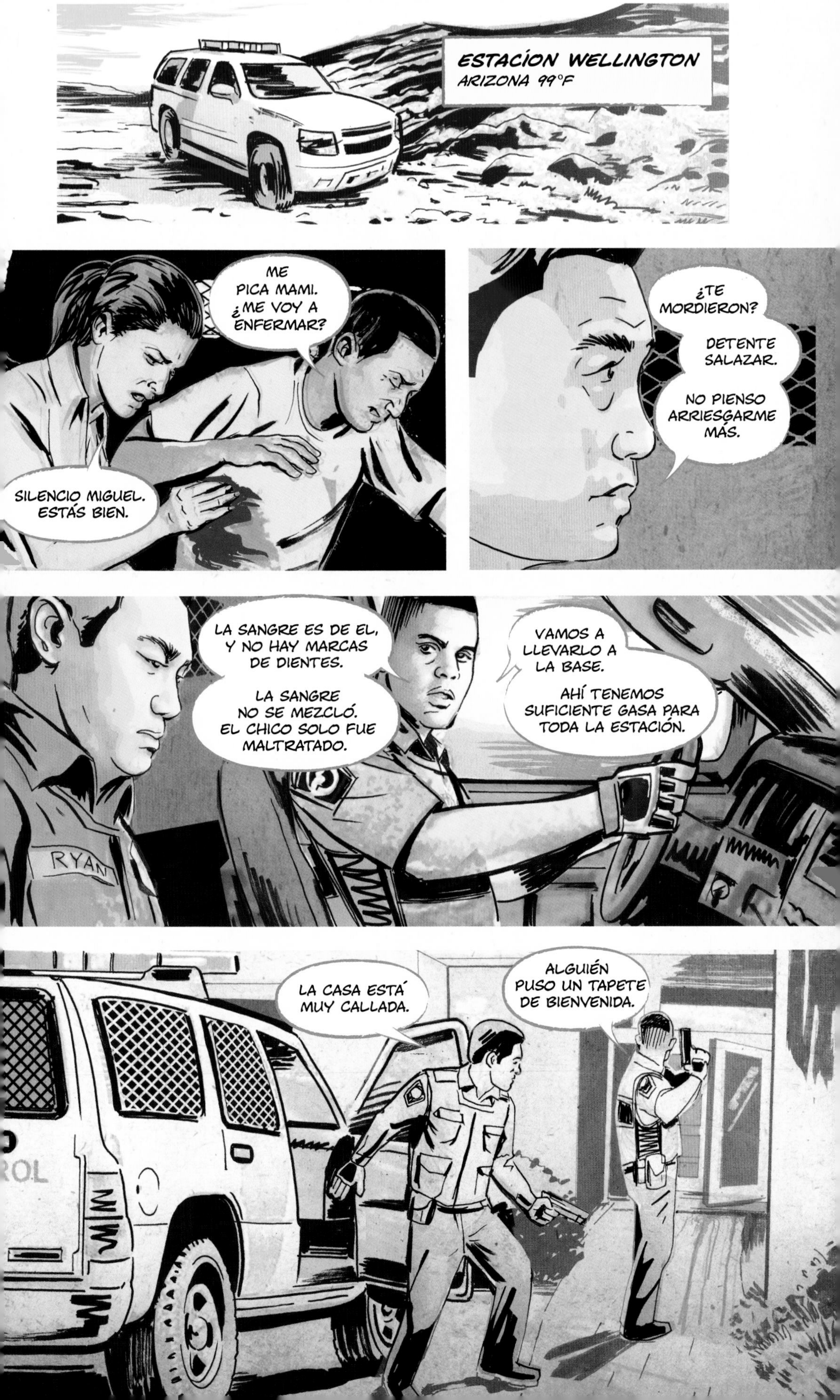
ESTACÍON WELLINGTON
ARIZONA 99°F
ME PICA MAMI. ¿ME VOY A ENFERMAR?
SILENCIO MIGUEL. ESTÁS BIEN.
¿TE MORDIERON?
DETENTE SALAZAR.
NO PIENSO ARRIESGARME MÁS.
LA SANGRE ES DE EL, Y NO HAY MARCAS DE DIENTES.
LA SANGRE NO SE MEZCLÓ. EL CHICO SOLO FUE MALTRATADO.
VAMOS A LLEVARLO A LA BASE.
AHÍ TENEMOS SUFICIENTE GASA PARA TODA LA ESTACIÓN.
RYAN
LA CASA ESTÁ MUY CALLADA.
ALGUIÉN PUSO UN TAPETE DE BIENVENIDA.

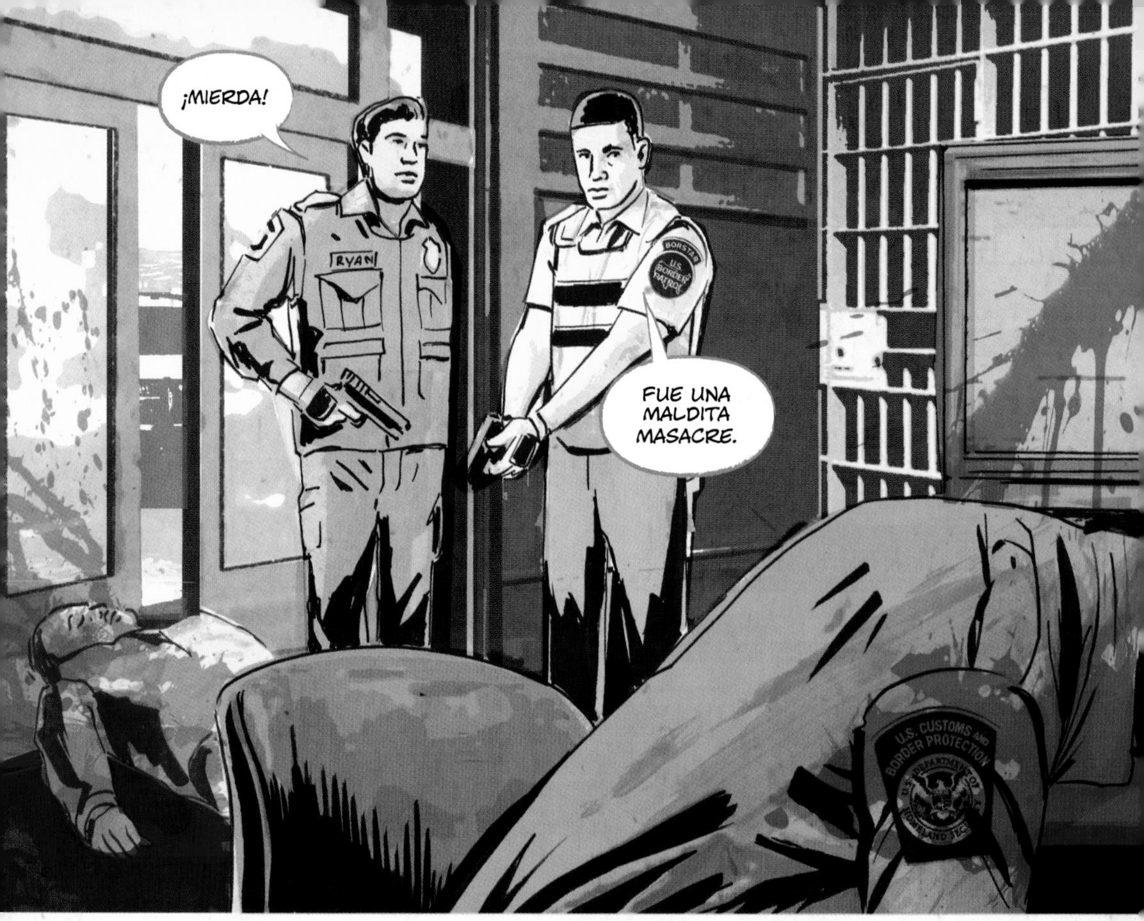
¡MIERDA!
RYAN
BORSTAR
U.S. BORDER PATROL
FUE UNA MALDITA MASACRE.
U.S. CUSTOMS AND BORDER PROTECTION
HOMELAND SEC

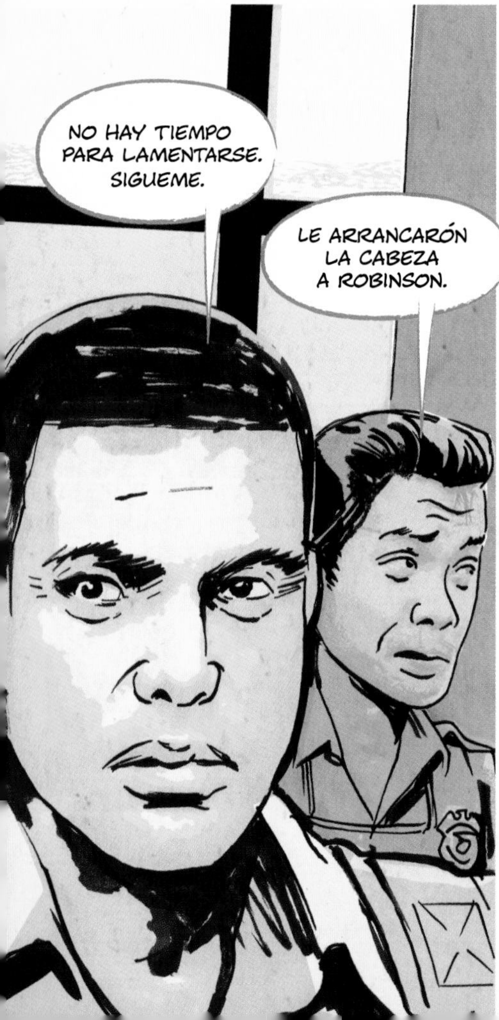
NO HAY TIEMPO PARA LAMENTARSE. SIGUEME.
LE ARRANCARÓN LA CABEZA A ROBINSON.

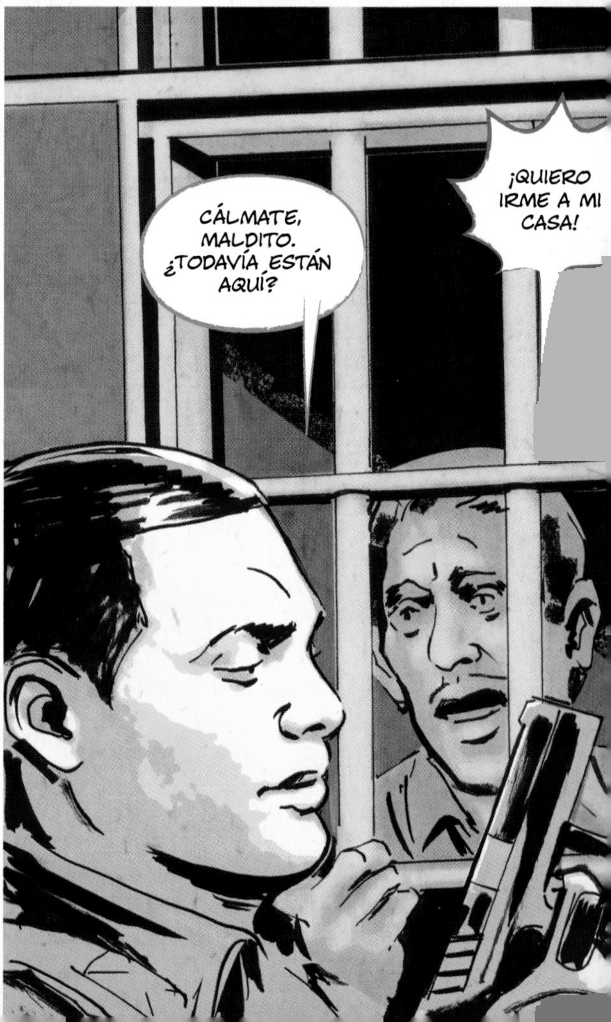
¡QUIERO IRME A MI CASA!
CÁLMATE, MALDITO. ¿TODAVÍA ESTÁN AQUÍ?

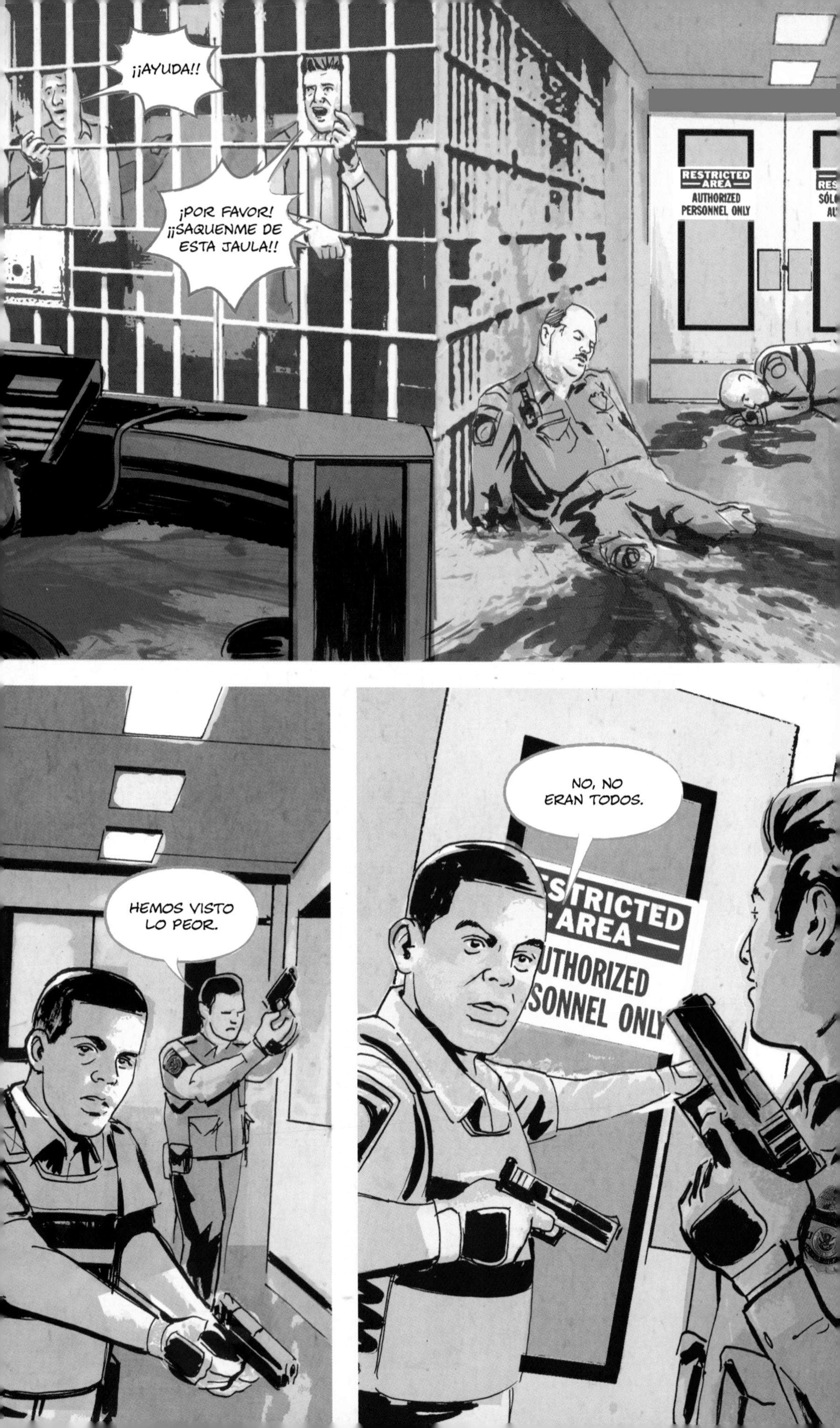
¡¡AYUDA!!
¡POR FAVOR! ¡¡SAQUENME DE ESTA JAULA!!
RESTRICTED AREA
AUTHORIZED PERSONNEL ONLY
HEMOS VISTO LO PEOR.
NO, NO ERAN TODOS.

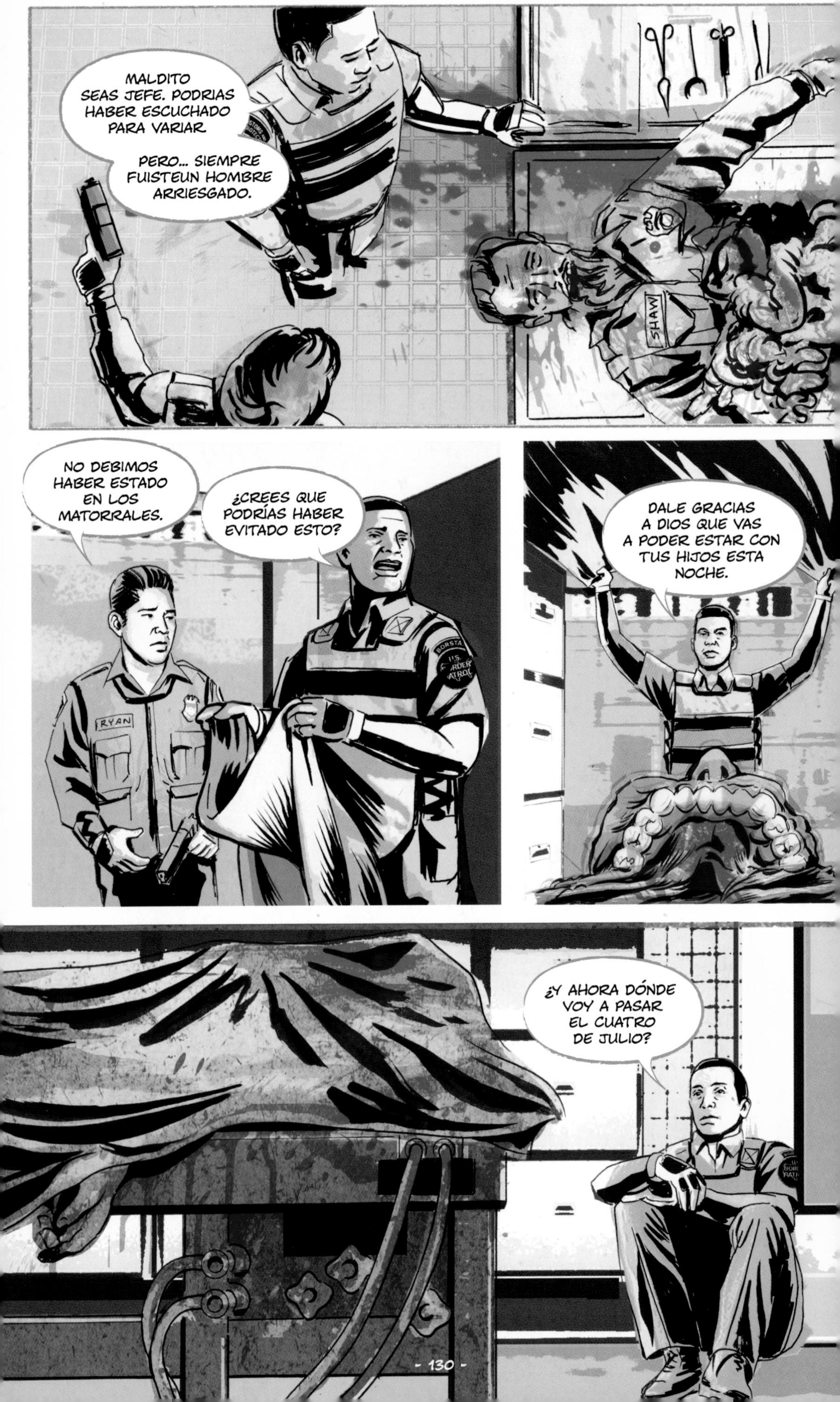
MALDITO SEAS JEFE. PODRIAS HABER ESCUCHADO PARA VARIAR
PERO... SIEMPRE FUISTEUN HOMBRE ARRIESGADO.
SHAW
NO DEBIMOS HABER ESTADO EN LOS MATORRALES.
¿CREES QUE PODRÍAS HABER EVITADO ESTO?
RYAN
DALE GRACIAS A DIOS QUE VAS A PODER ESTAR CON TUS HIJOS ESTA NOCHE.
¿Y AHORA DÓNDE VOY A PASAR EL CUATRO DE JULIO?

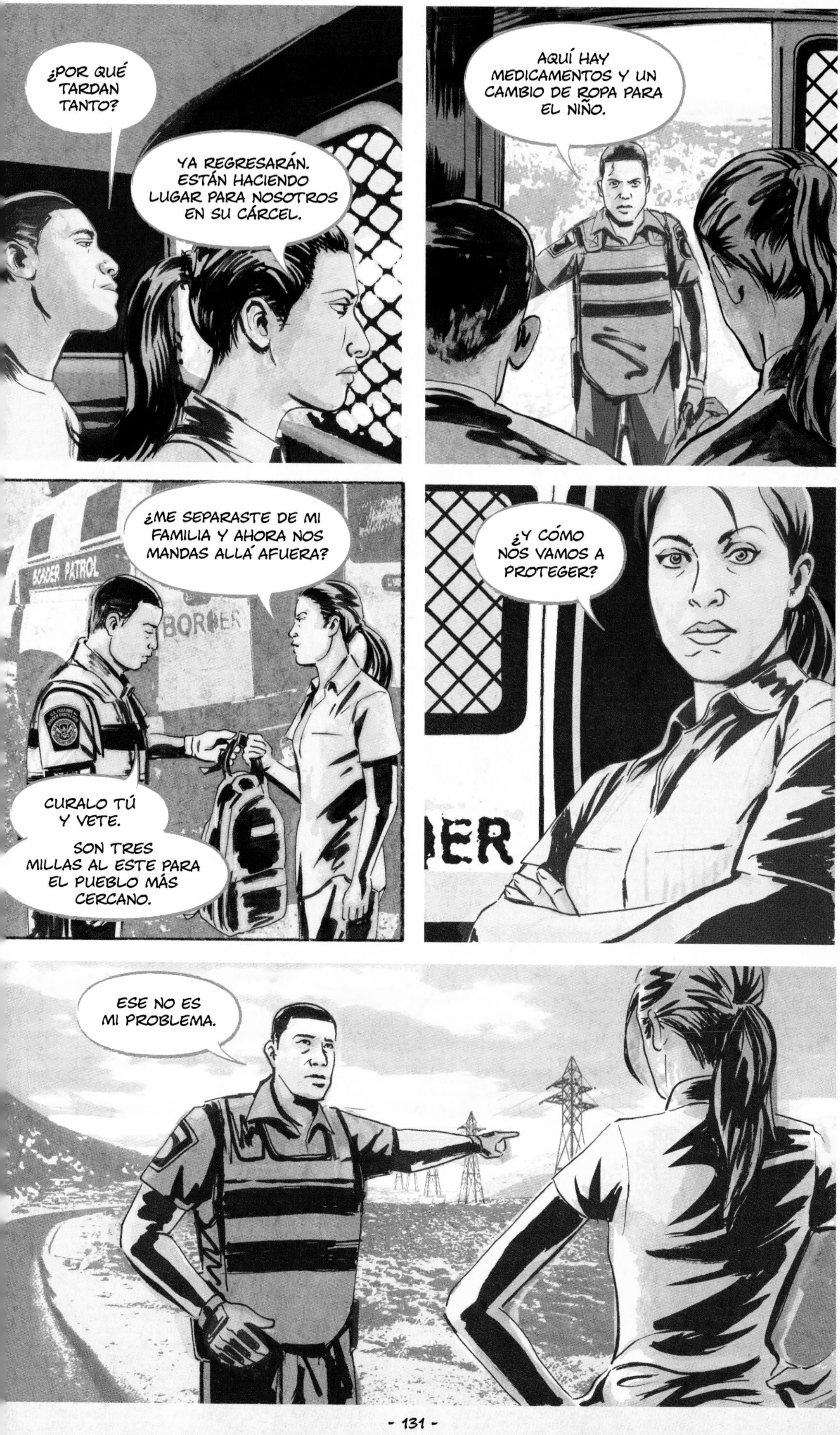
¿POR QUÉ TARDAN TANTO?
YA REGRESARÁN. ESTÁN HACIENDO LUGAR PARA NOSOTROS EN SU CÁRCEL.
AQUÍ HAY MEDICAMENTOS Y UN CAMBIO DE ROPA PARA EL NIÑO.
¿ME SEPARASTE DE MI FAMILIA Y AHORA NOS MANDAS ALLÁ AFUERA?
BORDER PATROL
CURALO TÚ Y VETE.
SON TRES MILLAS AL ESTE PARA EL PUEBLO MÁS CERCANO.
¿Y CÓMO NOS VAMOS A PROTEGER?
ESE NO ES MI PROBLEMA.

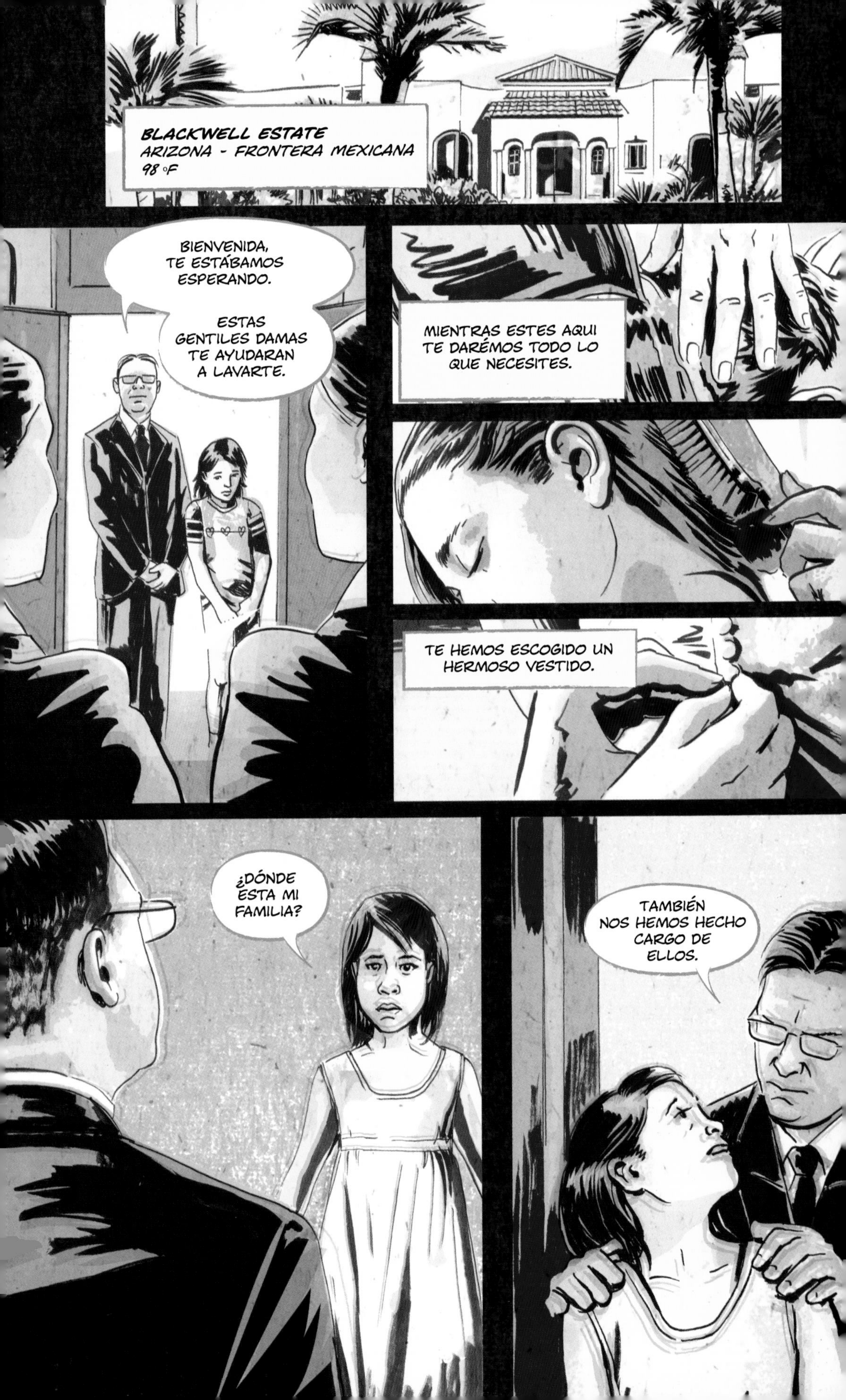
BLACKWELL ESTATE
ARIZONA - FRONTERA MEXICANA
98 °F
BIENVENIDA, TE ESTÁBAMOS ESPERANDO.
ESTAS GENTILES DAMAS TE AYUDARAN A LAVARTE.
MIENTRAS ESTES AQUI TE DARÉMOS TODO LO QUE NECESITES.
TE HEMOS ESCOGIDO UN HERMOSO VESTIDO.
¿DÓNDE ESTA MI FAMILIA?
TAMBIÉN NOS HEMOS HECHO CARGO DE ELLOS.

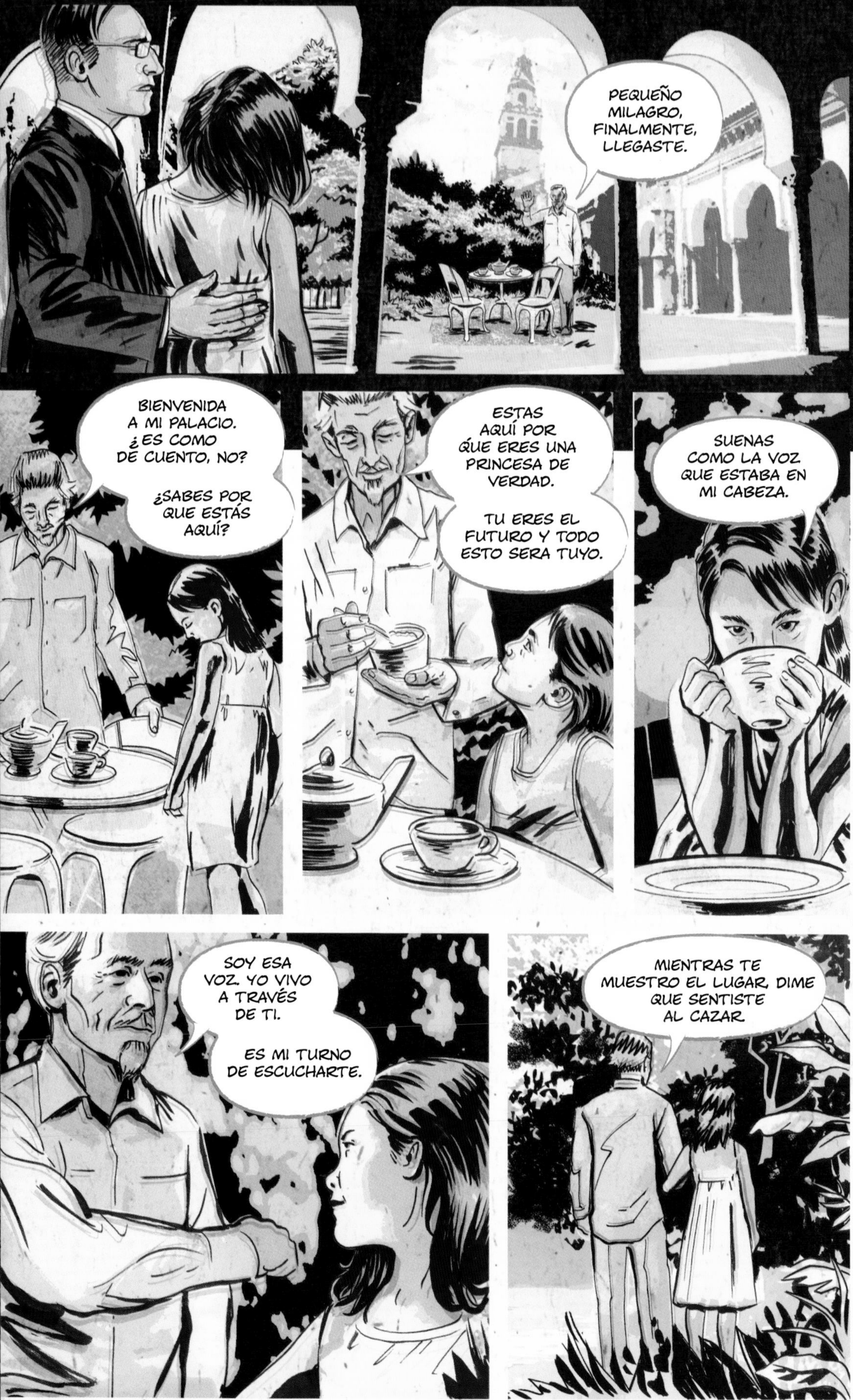
PEQUEÑO MILAGRO, FINALMENTE, LLEGASTE.
BIENVENIDA A MI PALACIO. ¿ES COMO DE CUENTO, NO?
¿SABES POR QUE ESTÁS AQUÍ?
ESTAS AQUÍ POR QUE ERES UNA PRINCESA DE VERDAD.
TU ERES EL FUTURO Y TODO ESTO SERA TUYO.
SUENAS COMO LA VOZ QUE ESTABA EN MI CABEZA.
SOY ESA VOZ. YO VIVO A TRAVÉS DE TI.
ES MI TURNO DE ESCUCHARTE.
MIENTRAS TE MUESTRO EL LUGAR, DIME QUE SENTISTE AL CAZAR

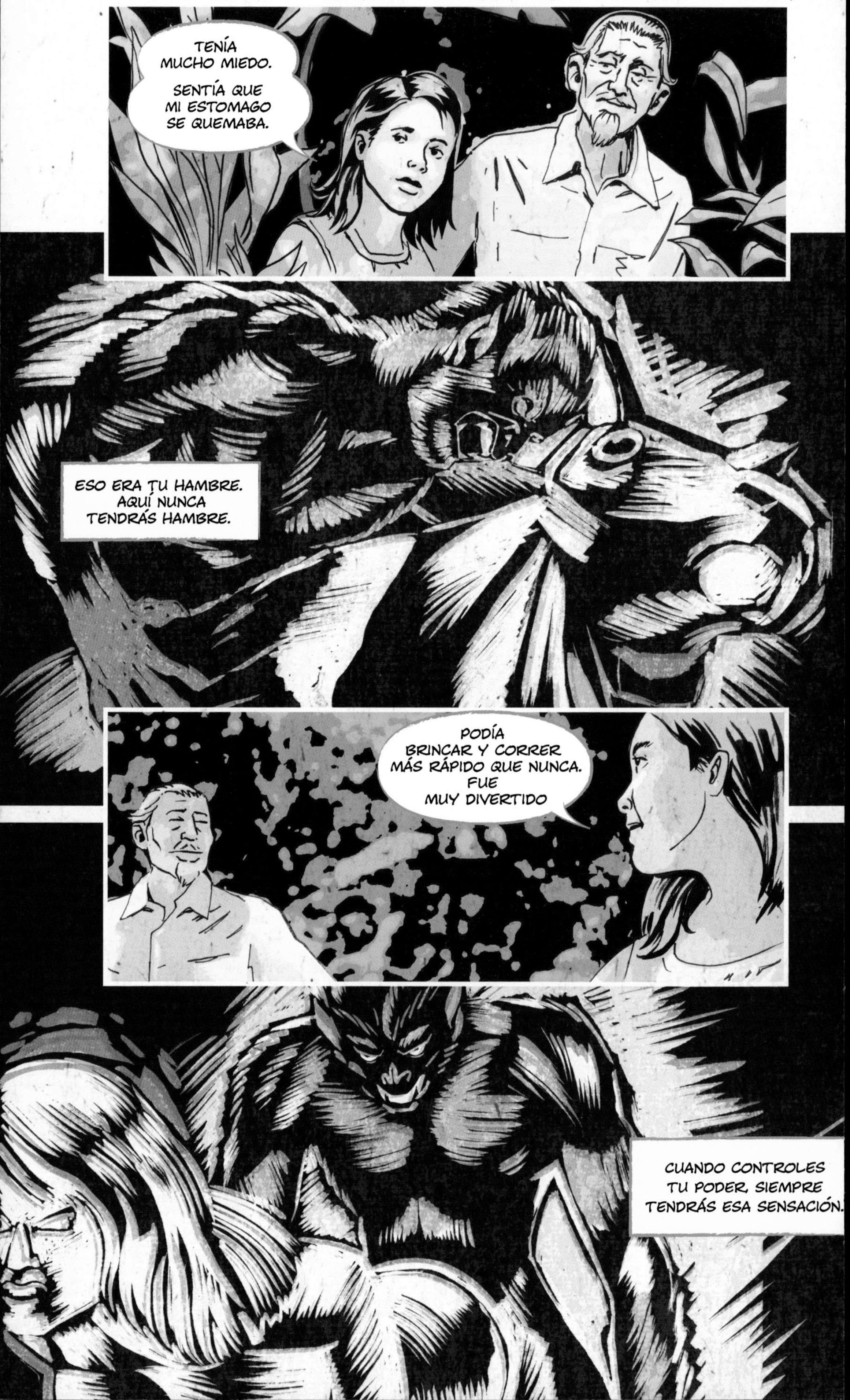
TENÍA MUCHO MIEDO.
SENTÍA QUE MI ESTOMAGO SE QUEMABA.
ESO ERA TU HAMBRE. AQUÍ NUNCA TENDRÁS HAMBRE.
PODÍA BRINCAR Y CORRER MÁS RÁPIDO QUE NUNCA. FUE MUY DIVERTIDO
CUANDO CONTROLES TU PODER, SIEMPRE TENDRÁS ESA SENSACIÓN.

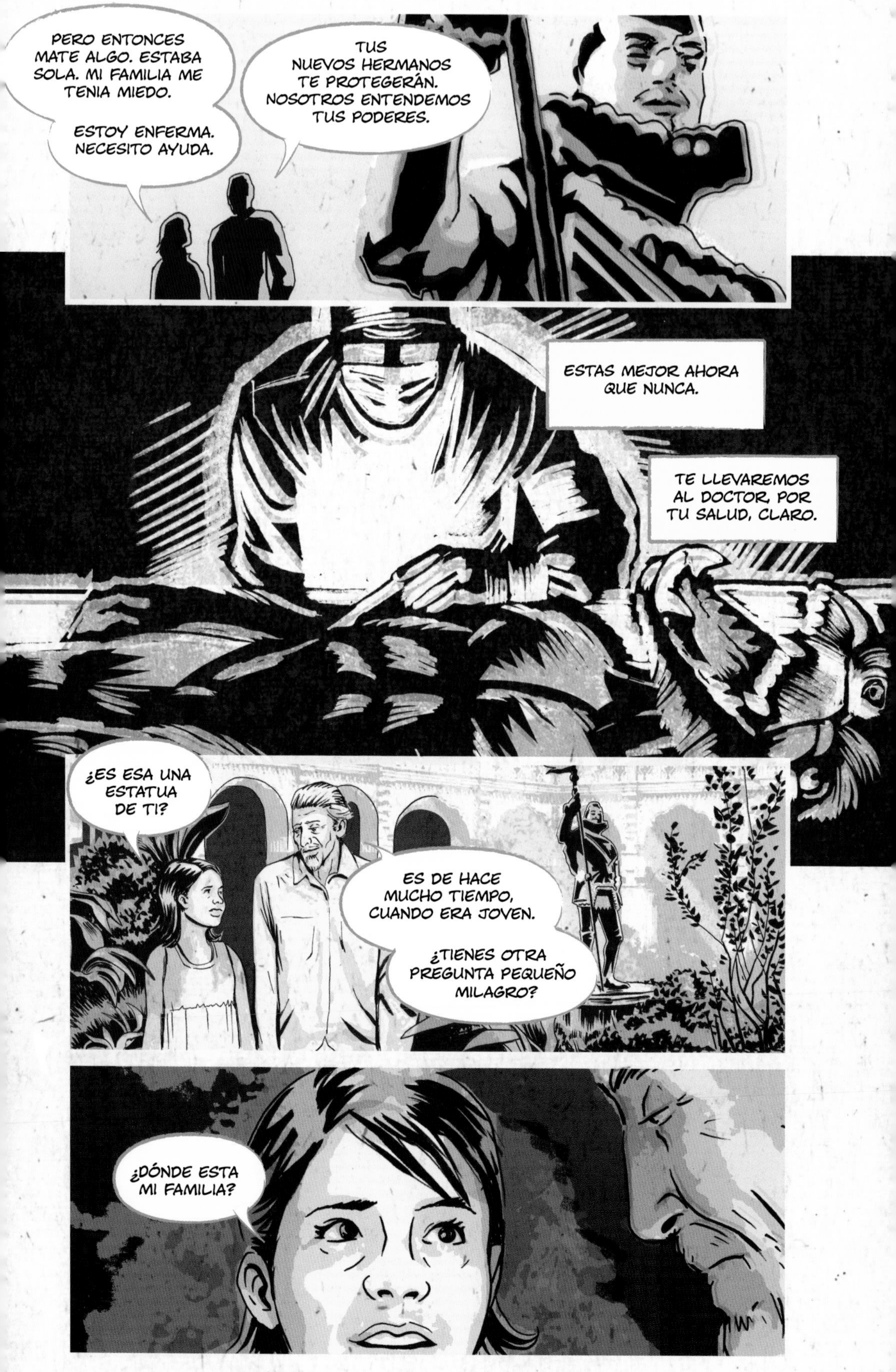
PERO ENTONCES MATE ALGO. ESTABA SOLA. MI FAMILIA ME TENIA MIEDO.
ESTOY ENFERMA. NECESITO AYUDA.
TUS NUEVOS HERMANOS TE PROTEGERÁN. NOSOTROS ENTENDEMOS TUS PODERES.
ESTAS MEJOR AHORA QUE NUNCA.
TE LLEVAREMOS AL DOCTOR, POR TU SALUD, CLARO.
¿ES ESA UNA ESTATUA DE TI?
ES DE HACE MUCHO TIEMPO, CUANDO ERA JOVEN.
¿TIENES OTRA PREGUNTA PEQUEÑO MILAGRO?
¿DÓNDE ESTA MI FAMILIA?

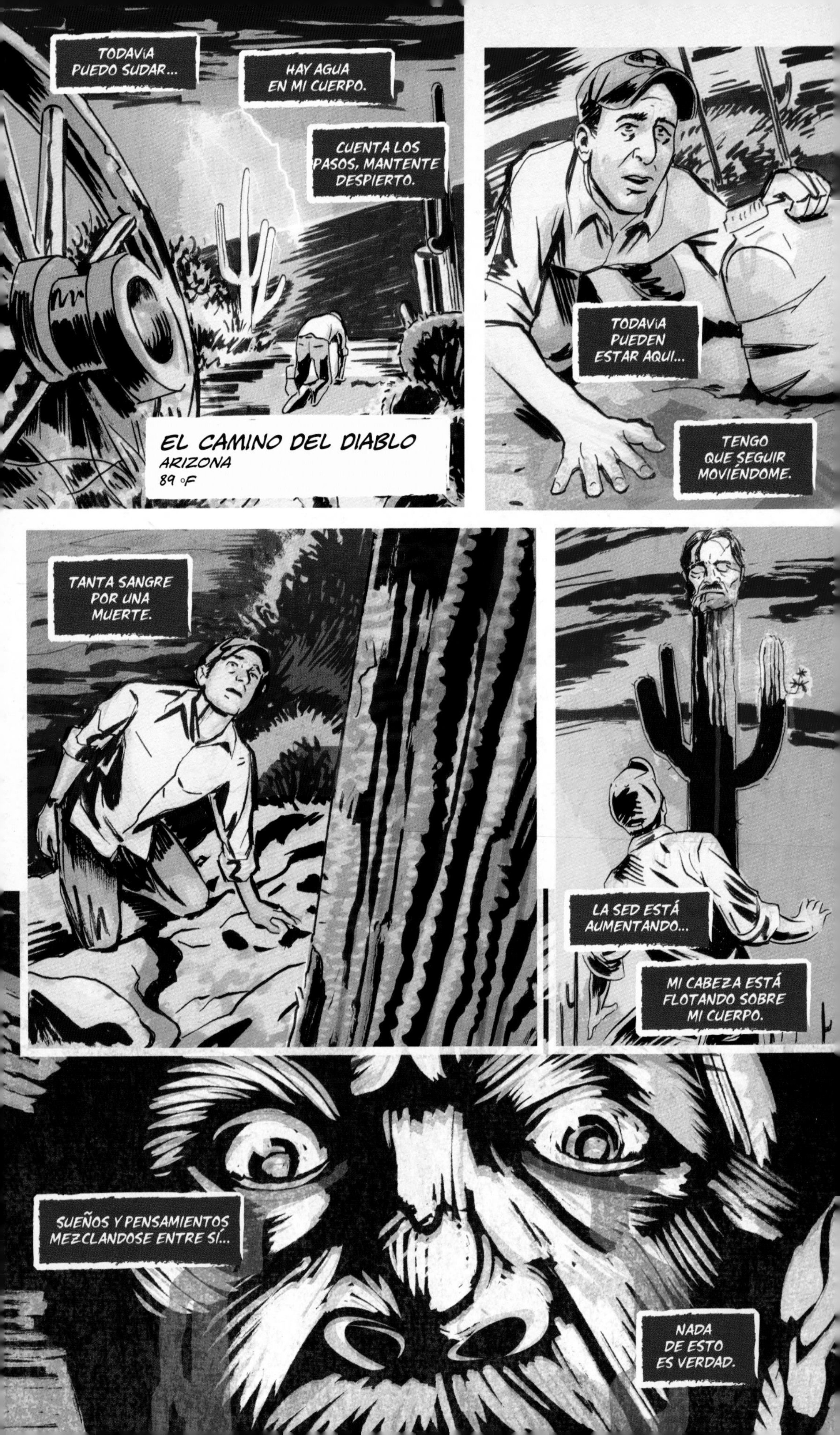
TODAVíA PUEDO SUDAR...
HAY AGUA EN MI CUERPO.
CUENTA LOS PASOS, MANTENTE DESPIERTO.
EL CAMINO DEL DIABLO
ARIZONA
89 ºF
TODAVíA PUEDEN ESTAR AQUí...
TENGO QUE SEGUIR MOVIÉNDOME.
TANTA SANGRE POR UNA MUERTE.
LA SED ESTÁ AUMENTANDO...
MI CABEZA ESTÁ FLOTANDO SOBRE MI CUERPO.
SUEÑOS Y PENSAMIENTOS MEZCLANDOSE ENTRE SÍ...
NADA DE ESTO ES VERDAD.

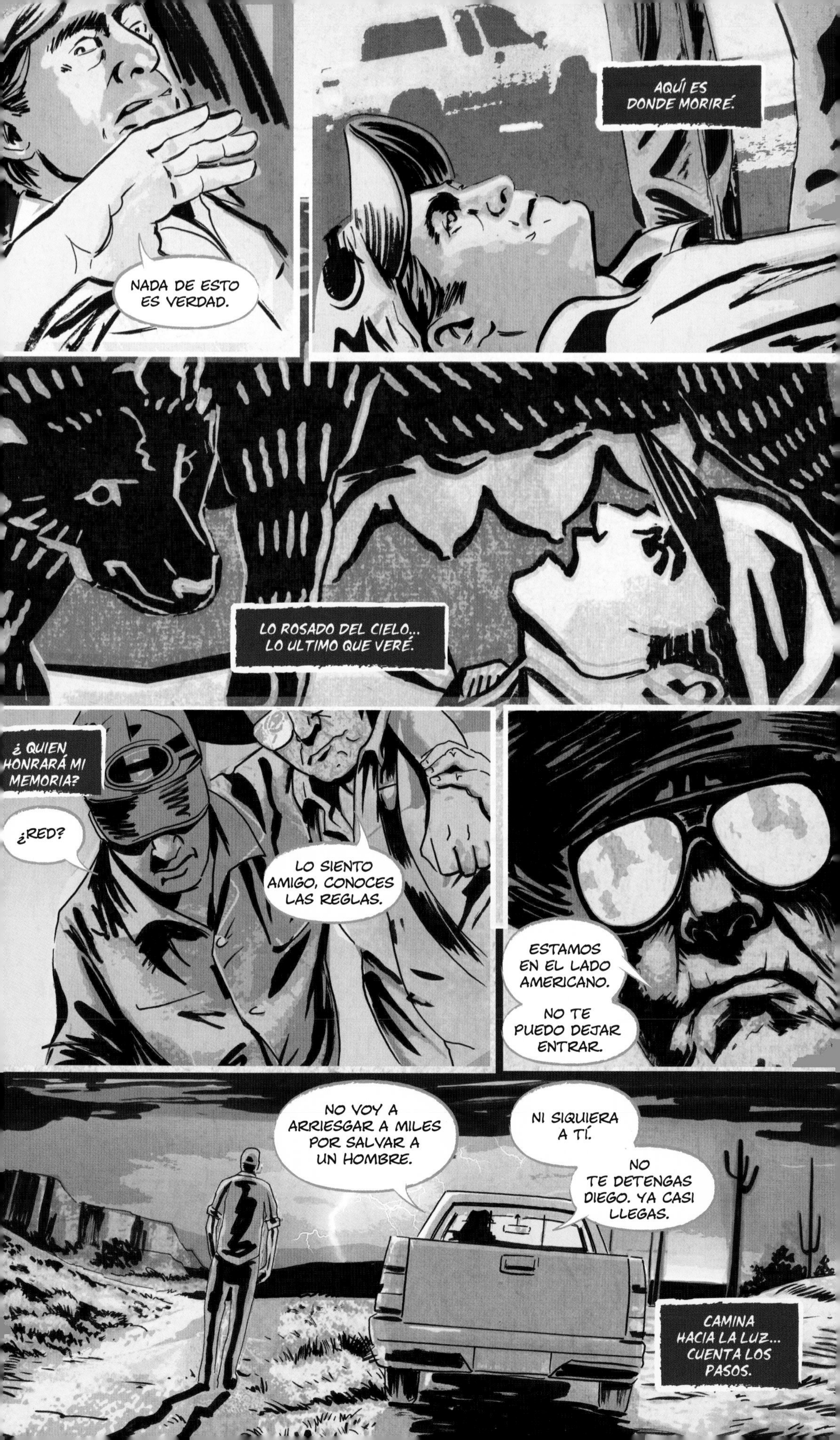
NADA DE ESTO ES VERDAD.
AQUÍ ES DONDE MORIRÉ.
LO ROSADO DEL CIELO... LO ULTIMO QUE VERÉ.
¿ QUIEN HONRARÁ MI MEMORIA?
¿RED?
LO SIENTO AMIGO, CONOCES LAS REGLAS.
ESTAMOS EN EL LADO AMERICANO.
NO TE PUEDO DEJAR ENTRAR.
NO VOY A ARRIESGAR A MILES POR SALVAR A UN HOMBRE.
NI SIQUIERA A TÍ.
NO TE DETENGAS DIEGO. YA CASI LLEGAS.
CAMINA HACIA LA LUZ... CUENTA LOS PASOS.

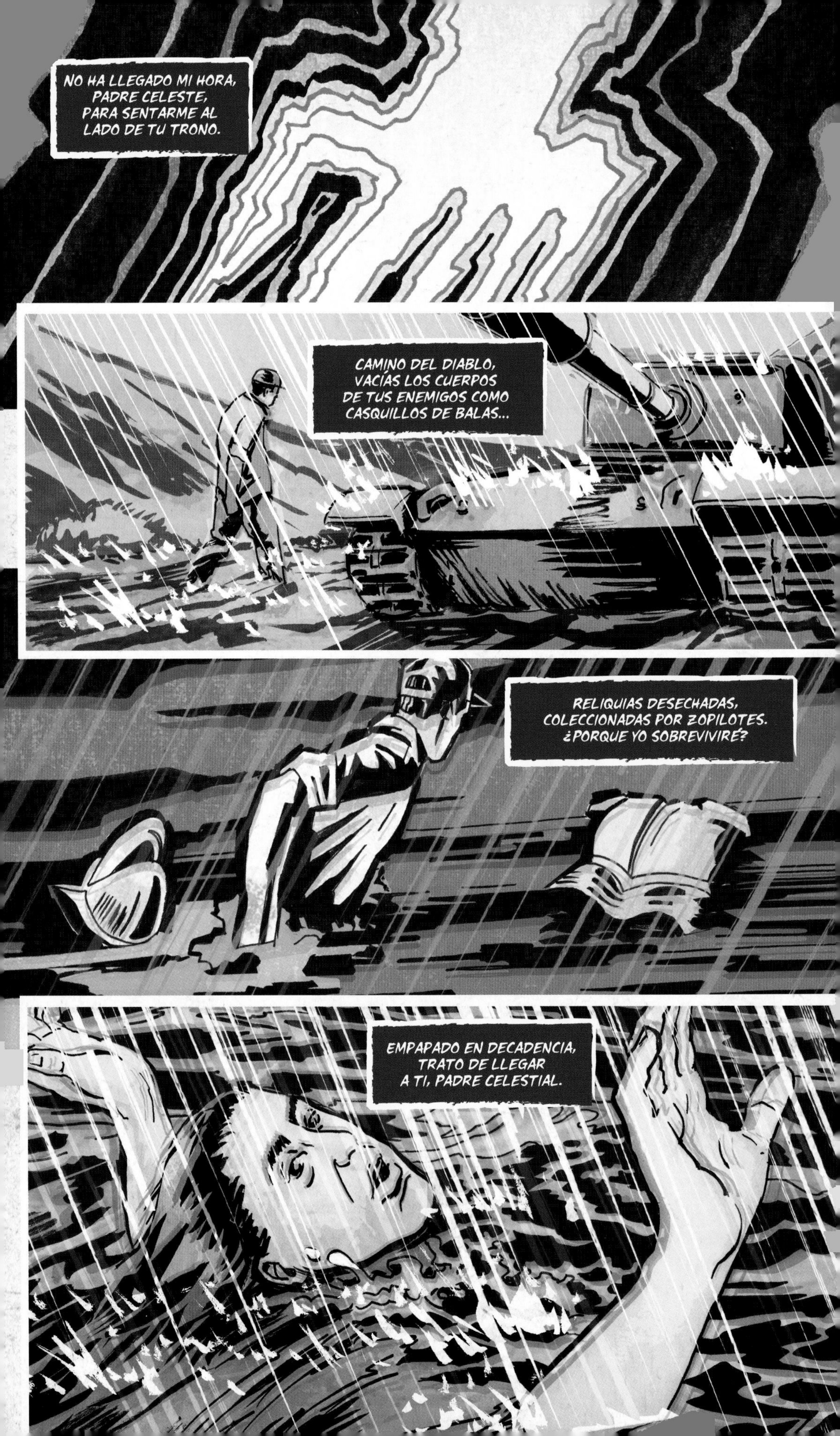
NO HA LLEGADO MI HORA, PADRE CELESTE, PARA SENTARME AL LADO DE TU TRONO.
CAMINO DEL DIABLO, VACÍAS LOS CUERPOS DE TUS ENEMIGOS COMO CASQUILLOS DE BALAS...
RELIQUIAS DESECHADAS, COLECCIONADAS POR ZOPILOTES. ¿PORQUE YO SOBREVIVIRÉ?
EMPAPADO EN DECADENCIA, TRATO DE LLEGAR A TI, PADRE CELESTIAL.

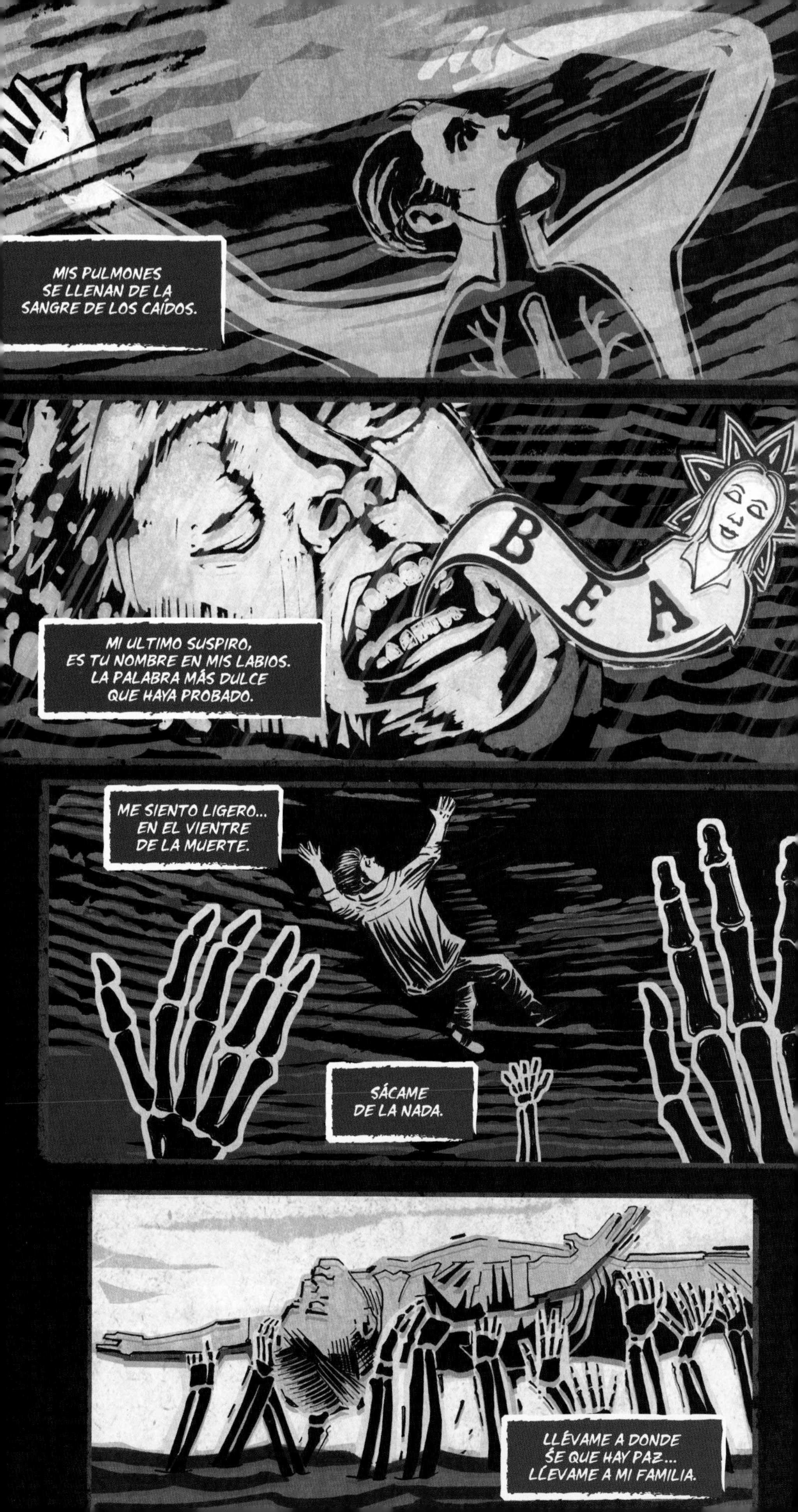

MIS PULMONES SE LLENAN DE LA SANGRE DE LOS CAÍDOS.
MI ULTIMO SUSPIRO, ES TU NOMBRE EN MIS LABIOS. LA PALABRA MÁS DULCE QUE HAYA PROBADO.
BEA
ME SIENTO LIGERO... EN EL VIENTRE DE LA MUERTE.
SÁCAME DE LA NADA.
LLÉVAME A DONDE SÉ QUE HAY PAZ... LLÉVAME A MI FAMILIA.

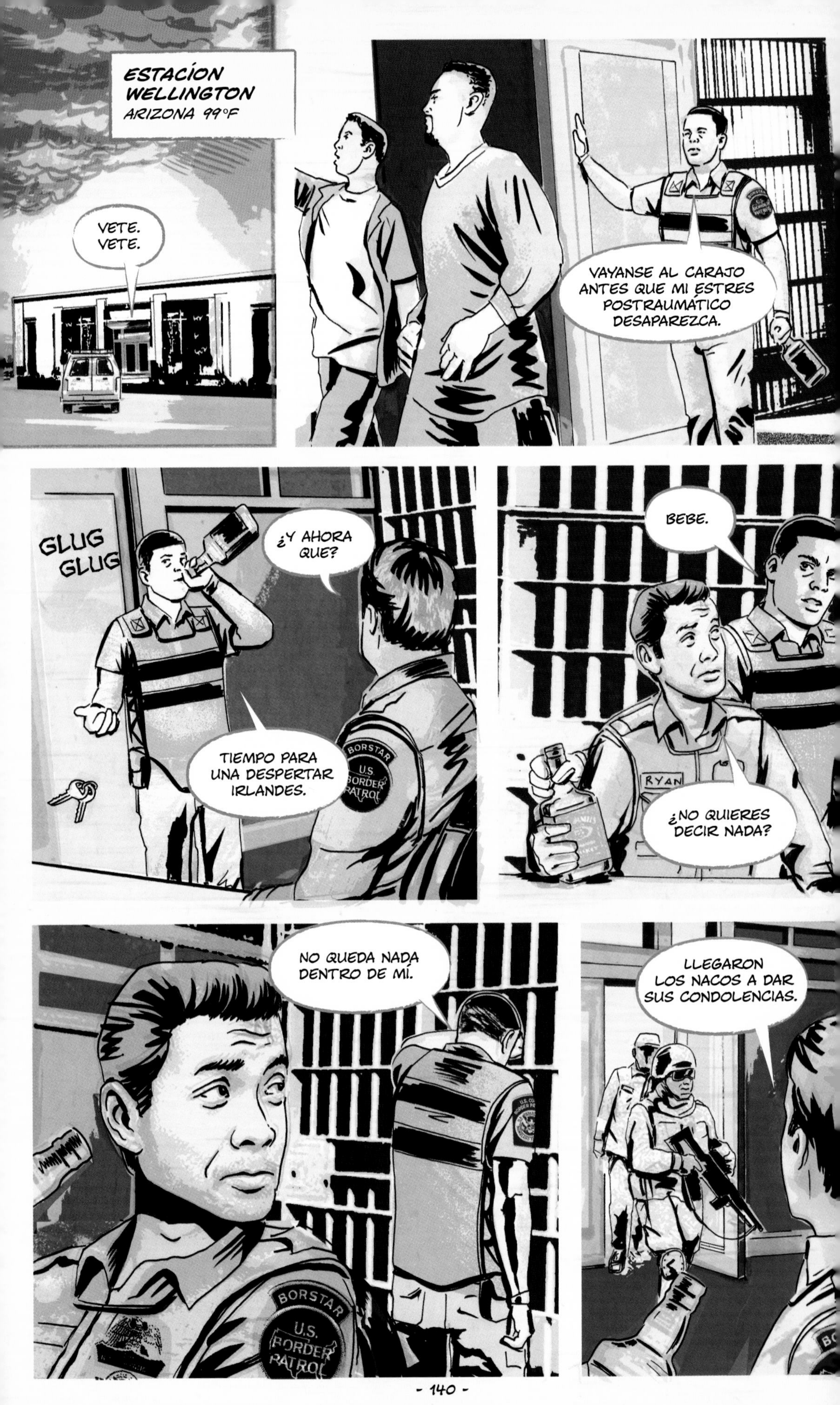
ESTACíON WELLINGTON
ARIZONA 99°F
VETE. VETE.
VAYANSE AL CARAJO ANTES QUE MI ESTRES POSTRAUMÁTICO DESAPAREZCA.
GLUG GLUG
¿Y AHORA QUE?
TIEMPO PARA UNA DESPERTAR IRLANDES.
BORSTAR U.S. BORDER PATROL
BEBE.
RYAN
¿NO QUIERES DECIR NADA?
NO QUEDA NADA DENTRO DE MÍ.
BORSTAR U.S. BORDER PATROL
LLEGARON LOS NACOS A DAR SUS CONDOLENCIAS.

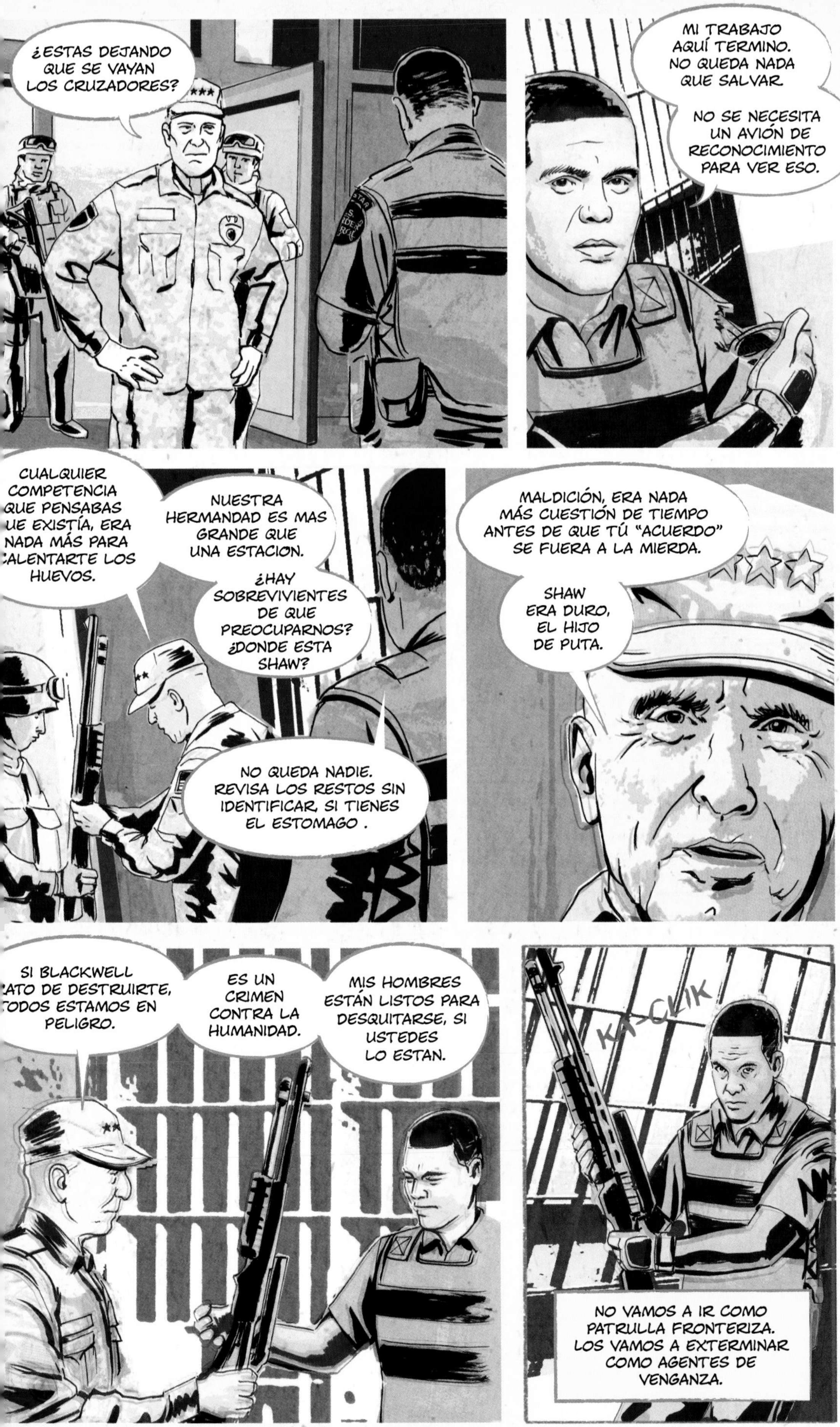
¿ESTAS DEJANDO QUE SE VAYAN LOS CRUZADORES?
MI TRABAJO AQUÍ TERMINO. NO QUEDA NADA QUE SALVAR.
NO SE NECESITA UN AVIÓN DE RECONOCIMIENTO PARA VER ESO.
CUALQUIER COMPETENCIA QUE PENSABAS UE EXISTÍA, ERA NADA MÁS PARA ALENTARTE LOS HUEVOS.
NUESTRA HERMANDAD ES MAS GRANDE QUE UNA ESTACION.
¿HAY SOBREVIVIENTES DE QUE PREOCUPARNOS? ¿DONDE ESTA SHAW?
NO QUEDA NADIE. REVISA LOS RESTOS SIN IDENTIFICAR, SI TIENES EL ESTOMAGO .
MALDICIÓN, ERA NADA MÁS CUESTIÓN DE TIEMPO ANTES DE QUE TÚ "ACUERDO" SE FUERA A LA MIERDA.
SHAW ERA DURO, EL HIJO DE PUTA.
SI BLACKWELL ATO DE DESTRUIRTE, ODOS ESTAMOS EN PELIGRO.
ES UN CRIMEN CONTRA LA HUMANIDAD.
MIS HOMBRES ESTÁN LISTOS PARA DESQUITARSE, SI USTEDES LO ESTAN.
KA-CLIK
NO VAMOS A IR COMO PATRULLA FRONTERIZA. LOS VAMOS A EXTERMINAR COMO AGENTES DE VENGANZA.

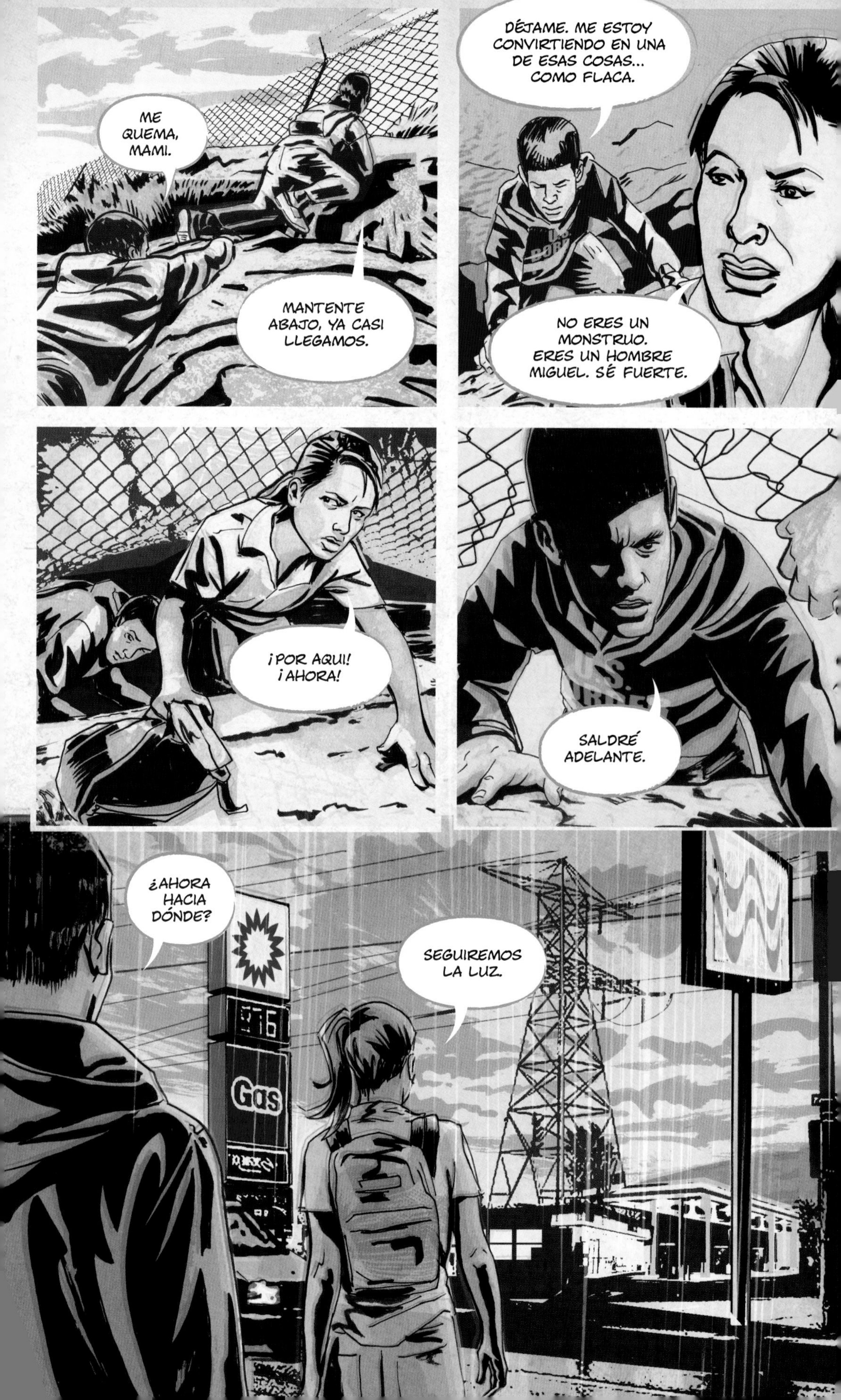
ME QUEMA, MAMI.
MANTENTE ABAJO, YA CASI LLEGAMOS.
DÉJAME. ME ESTOY CONVIRTIENDO EN UNA DE ESAS COSAS... COMO FLACA.
NO ERES UN MONSTRUO. ERES UN HOMBRE MIGUEL. SÉ FUERTE.
¡POR AQUI! ¡AHORA!
SALDRÉ ADELANTE.
¿AHORA HACIA DÓNDE?
SEGUIREMOS LA LUZ.
Gas

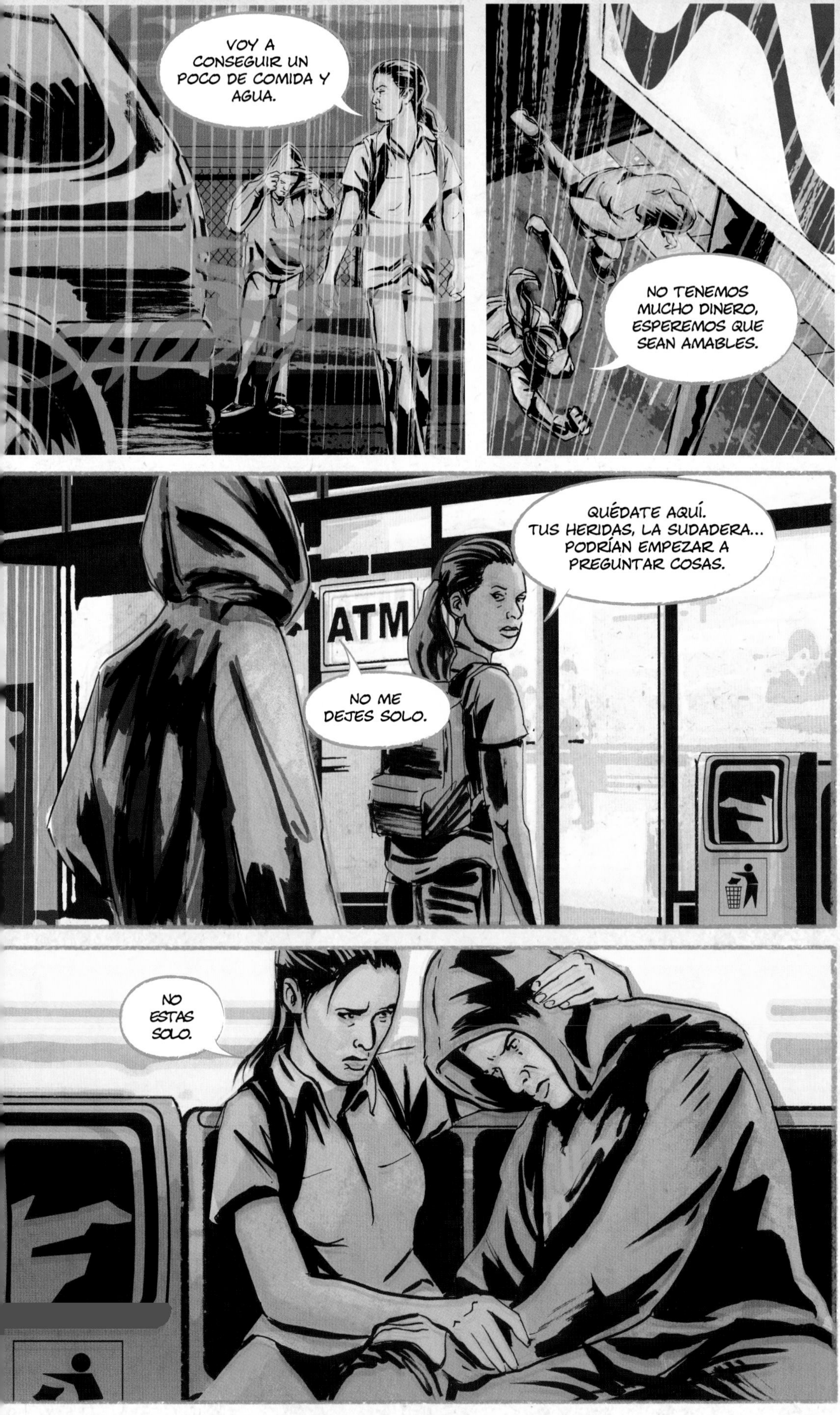
VOY A CONSEGUIR UN POCO DE COMIDA Y AGUA.
NO TENEMOS MUCHO DINERO, ESPEREMOS QUE SEAN AMABLES.
QUÉDATE AQUÍ. TUS HERIDAS, LA SUDADERA... PODRÍAN EMPEZAR A PREGUNTAR COSAS.
ATM
NO ME DEJES SOLO.
NO ESTAS SOLO.

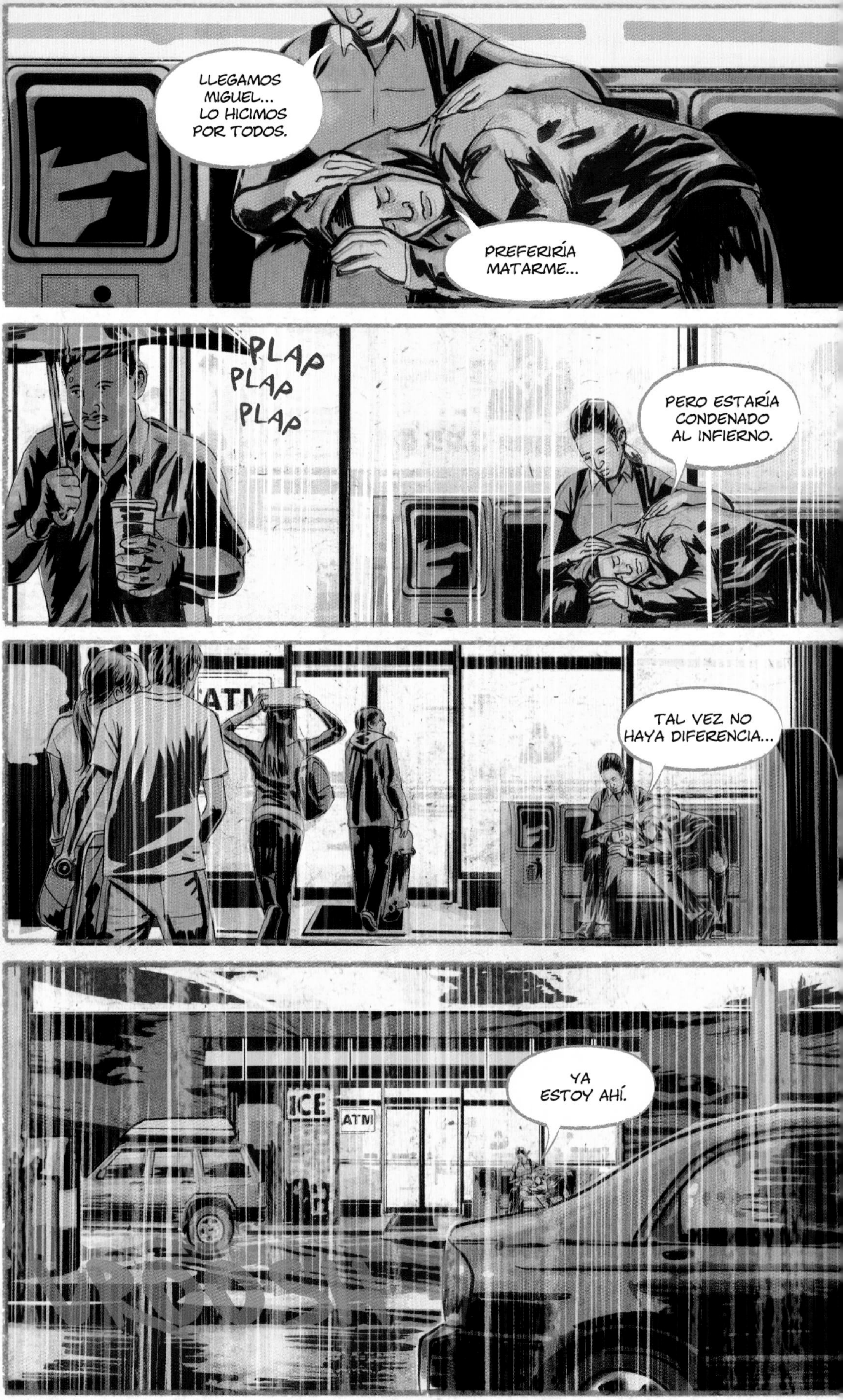
LLEGAMOS MIGUEL... LO HICIMOS POR TODOS.
PREFERIRÍA MATARME...
PLAP PLAP PLAP
PERO ESTARÍA CONDENADO AL INFIERNO.
ATM
TAL VEZ NO HAYA DIFERENCIA...
ICE
ATM
YA ESTOY AHÍ.

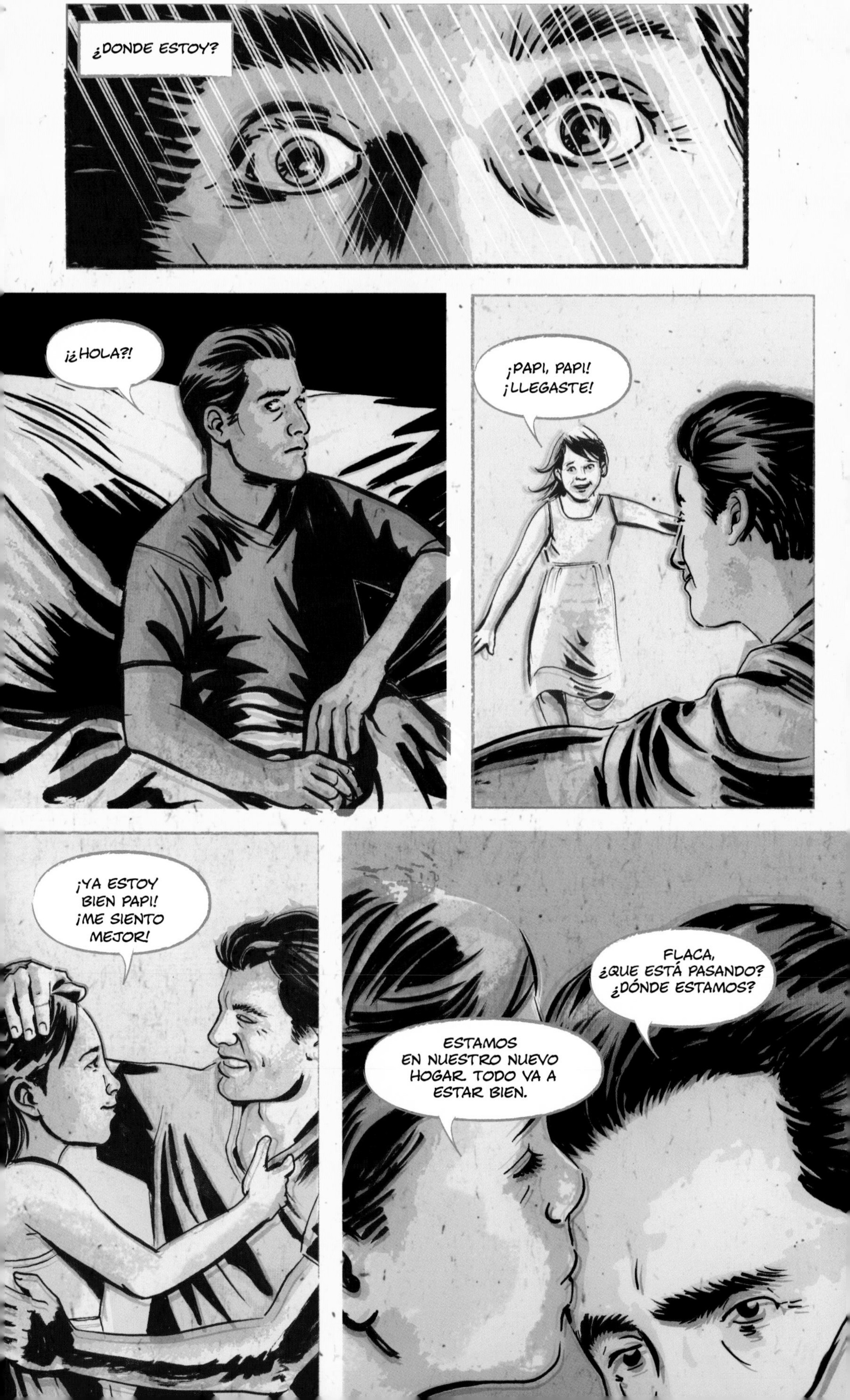
¿DONDE ESTOY?
¡¿HOLA?!
¡PAPI, PAPI! ¡LLEGASTE!
¡YA ESTOY BIEN PAPI! ¡ME SIENTO MEJOR!
FLACA, ¿QUE ESTÁ PASANDO? ¿DÓNDE ESTAMOS?
ESTAMOS EN NUESTRO NUEVO HOGAR TODO VA A ESTAR BIEN.

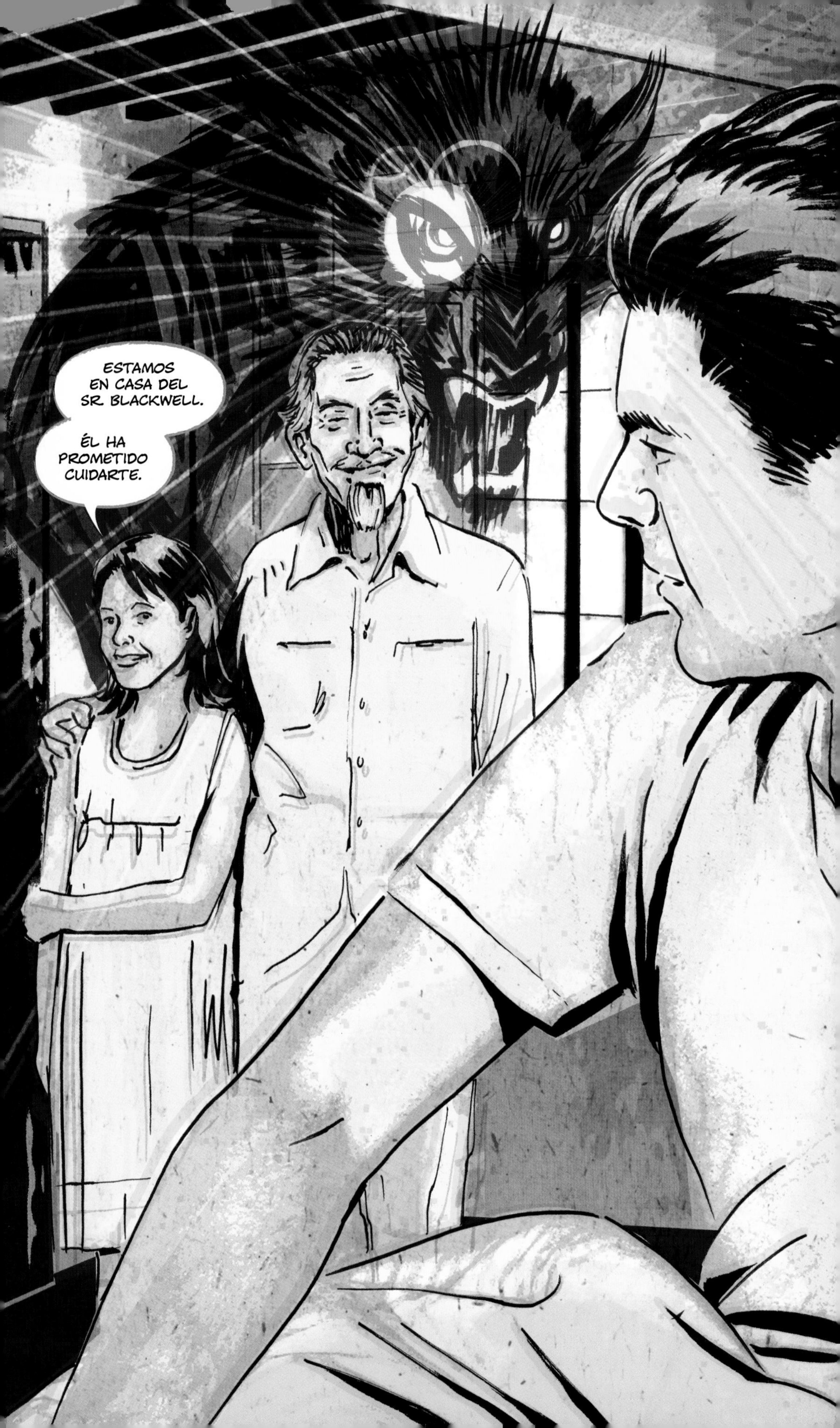
ESTAMOS EN CASA DEL SR. BLACKWELL.
ÉL HA PROMETIDO CUIDARTE.

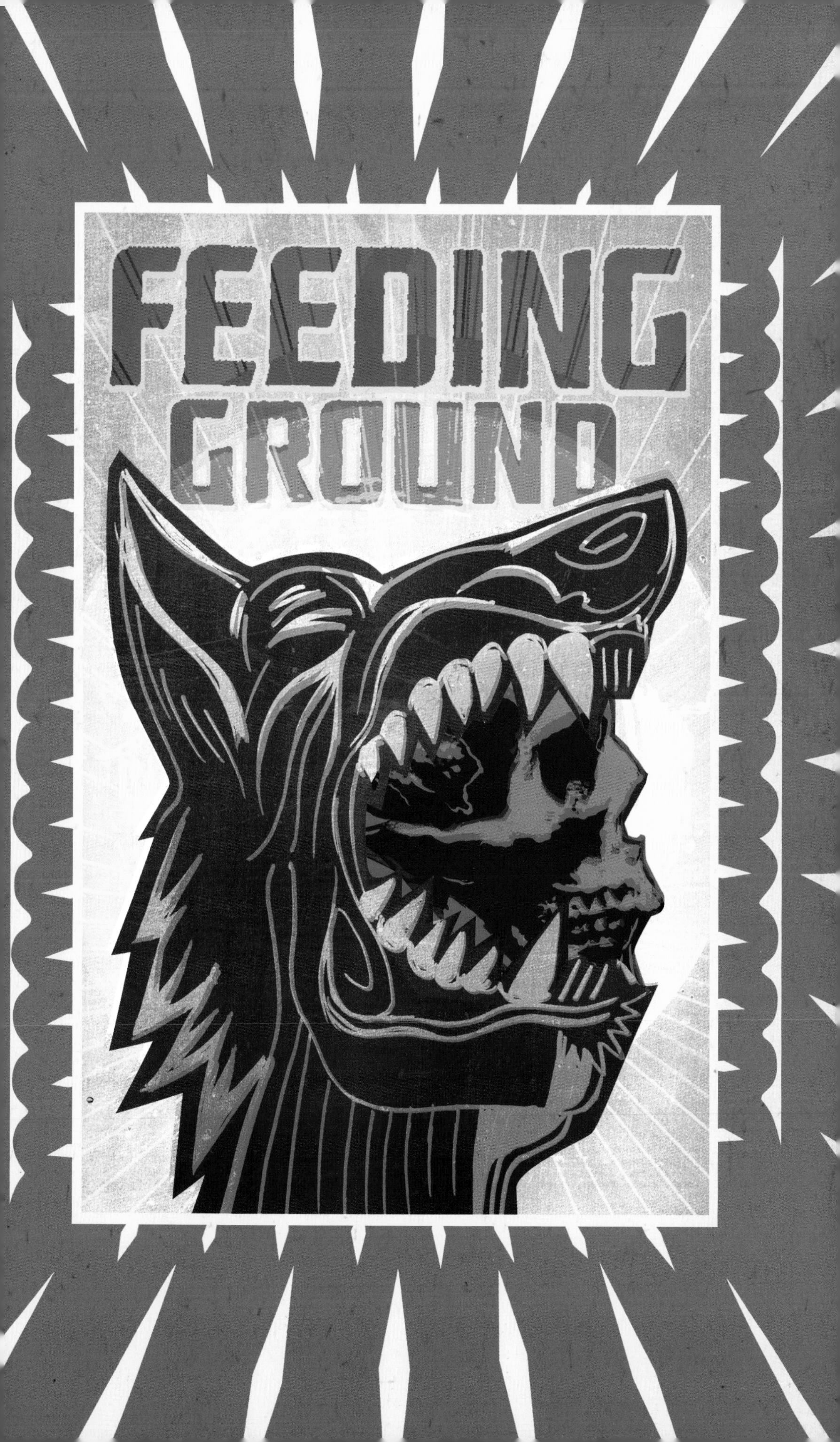
FEEDING
GROUND

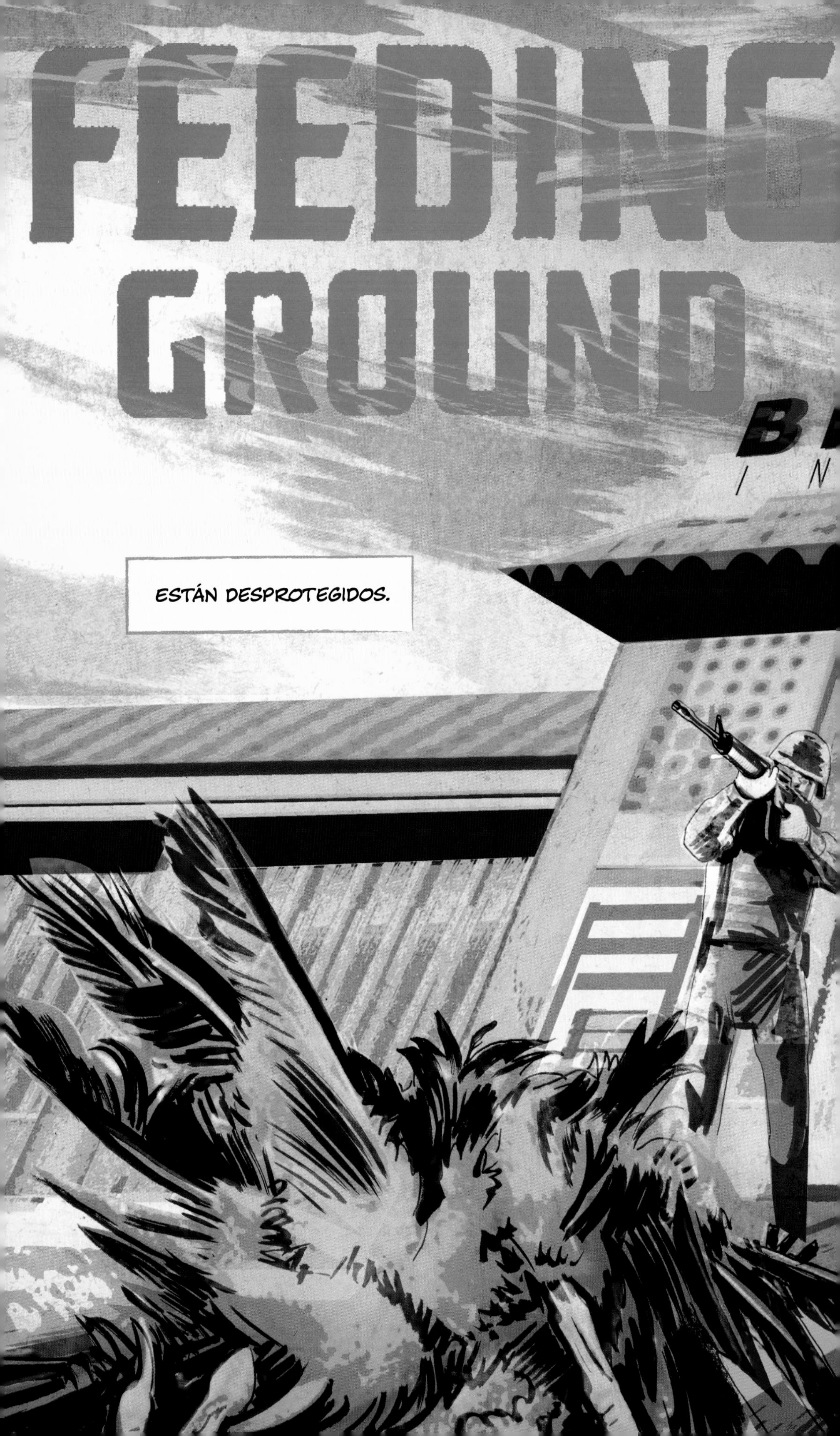
FEEDING
GROUND
ESTÁN DESPROTEGIDOS.

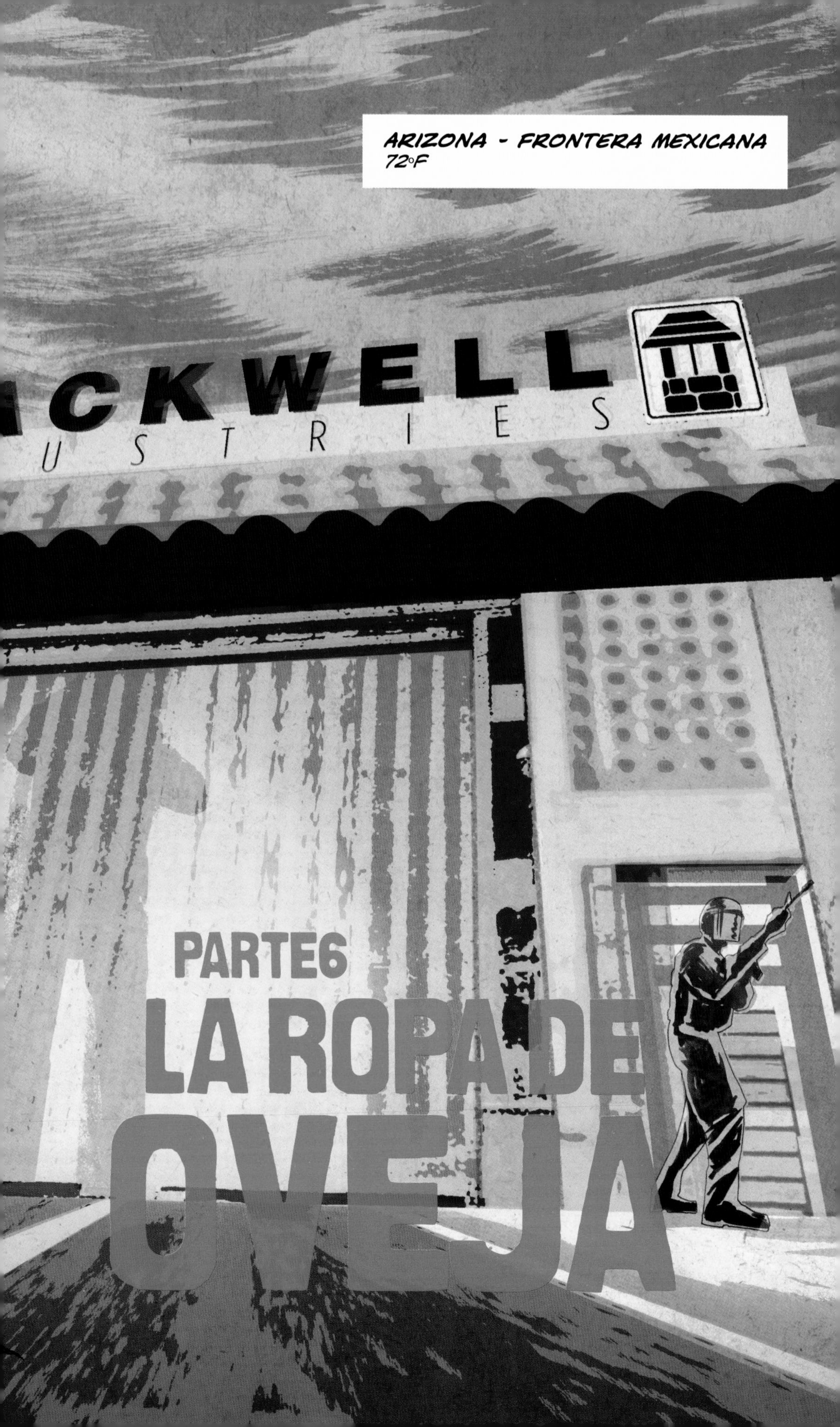
ARIZONA - FRONTERA MEXICANA
72°F
ICKWELL
USTRIES
PARTE6
LA ROPA DE
OVEJA

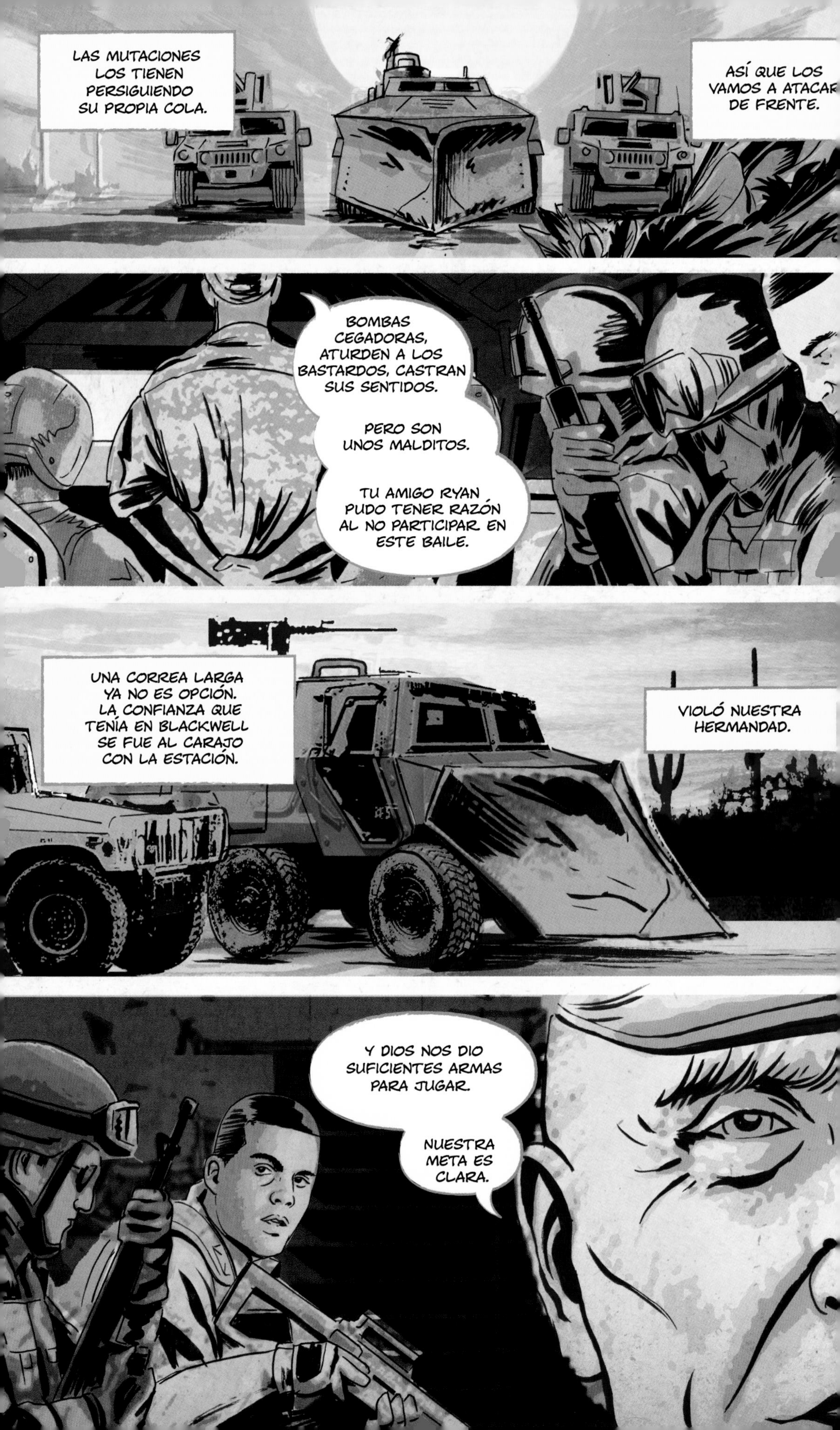
LAS MUTACIONES LOS TIENEN PERSIGUIENDO SU PROPIA COLA.
ASÍ QUE LOS VAMOS A ATACAR DE FRENTE.
BOMBAS CEGADORAS, ATURDEN A LOS BASTARDOS, CASTRAN SUS SENTIDOS.
PERO SON UNOS MALDITOS.
TU AMIGO RYAN PUDO TENER RAZÓN AL NO PARTICIPAR EN ESTE BAILE.
UNA CORREA LARGA YA NO ES OPCIÓN. LA CONFIANZA QUE TENÍA EN BLACKWELL SE FUE AL CARAJO CON LA ESTACIÓN.
VIOLÓ NUESTRA HERMANDAD.
Y DIOS NOS DIO SUFICIENTES ARMAS PARA JUGAR.
NUESTRA META ES CLARA.

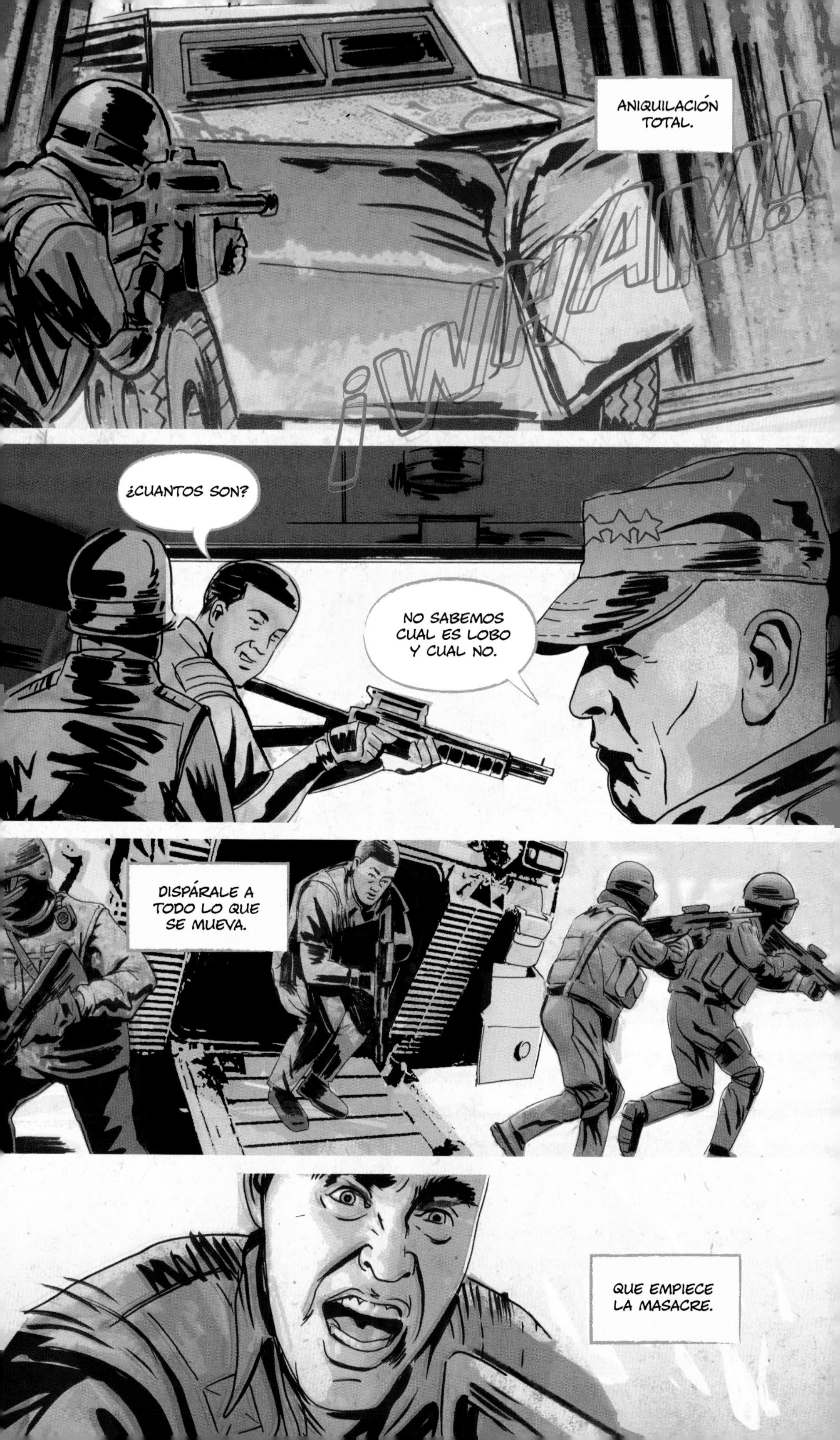
ANIQUILACIÓN TOTAL.
¡WHAM!!
¿CUANTOS SON?
NO SABEMOS CUAL ES LOBO Y CUAL NO.
DISPÁRALE A TODO LO QUE SE MUEVA.
QUE EMPIECE LA MASACRE.

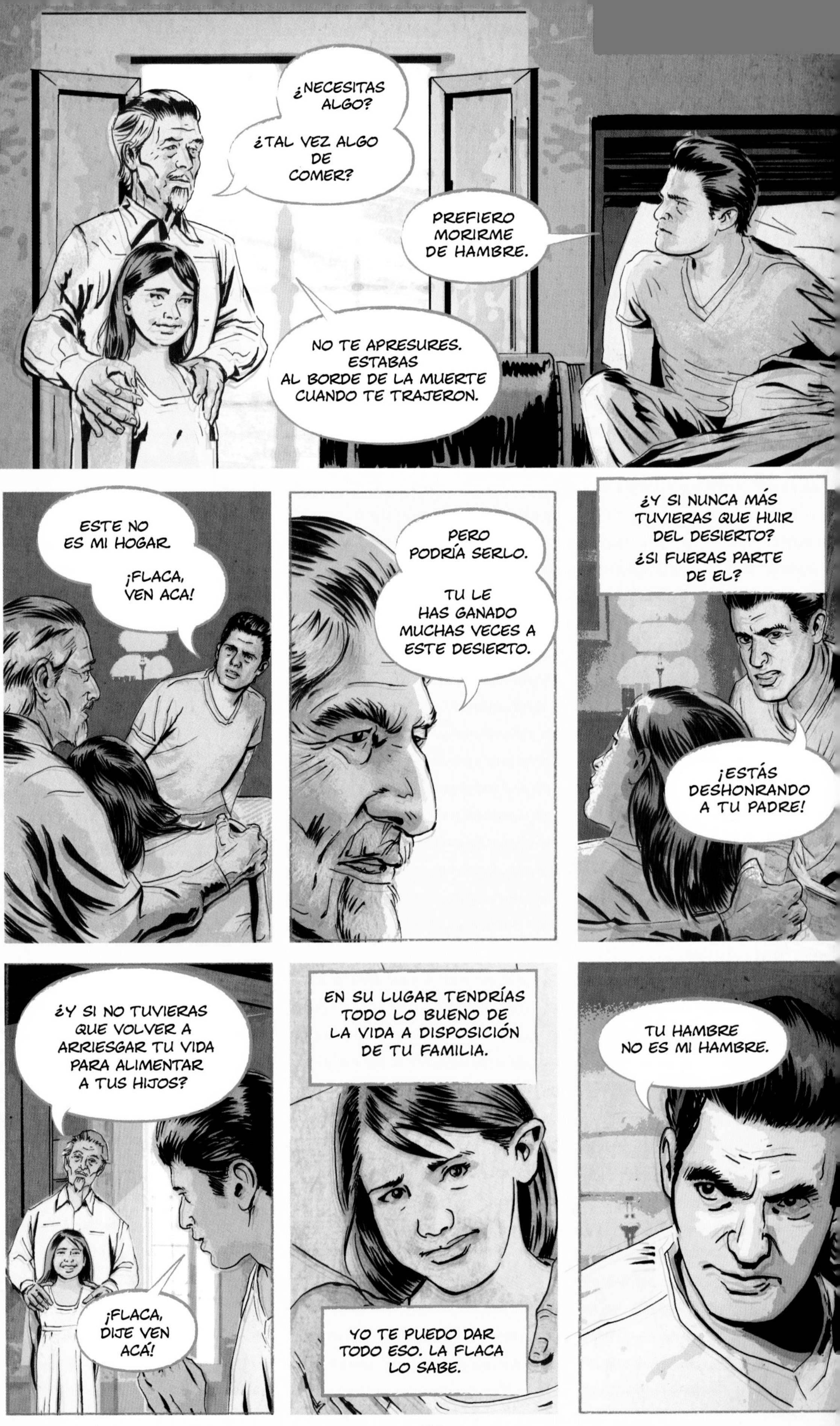
¿NECESITAS ALGO?
¿TAL VEZ ALGO DE COMER?
PREFIERO MORIRME DE HAMBRE.
NO TE APRESURES. ESTABAS AL BORDE DE LA MUERTE CUANDO TE TRAJERON.
ESTE NO ES MI HOGAR
¡FLACA, VEN ACA!
PERO PODRÍA SERLO.
TU LE HAS GANADO MUCHAS VECES A ESTE DESIERTO.
¿Y SI NUNCA MÁS TUVIERAS QUE HUIR DEL DESIERTO? ¿SI FUERAS PARTE DE EL?
¡ESTÁS DESHONRANDO A TU PADRE!
¿Y SI NO TUVIERAS QUE VOLVER A ARRIESGAR TU VIDA PARA ALIMENTAR A TUS HIJOS?
¡FLACA, DIJE VEN ACÁ!
EN SU LUGAR TENDRÍAS TODO LO BUENO DE LA VIDA A DISPOSICIÓN DE TU FAMILIA.
YO TE PUEDO DAR TODO ESO. LA FLACA LO SABE.
TU HAMBRE NO ES MI HAMBRE.

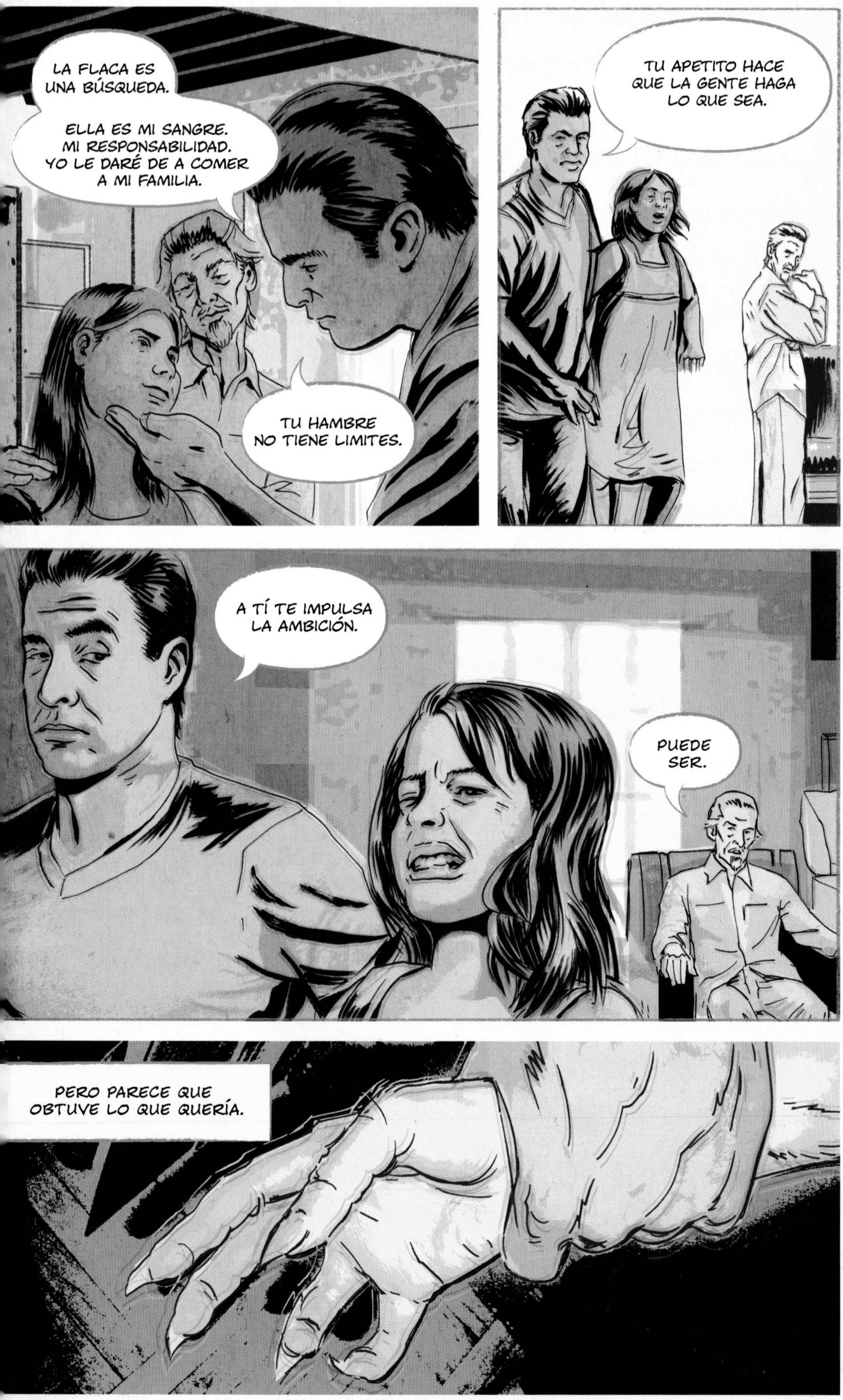
LA FLACA ES UNA BÚSQUEDA.
ELLA ES MI SANGRE. MI RESPONSABILIDAD. YO LE DARÉ DE A COMER A MI FAMILIA.
TU HAMBRE NO TIENE LIMITES.
TU APETITO HACE QUE LA GENTE HAGA LO QUE SEA.
A TÍ TE IMPULSA LA AMBICIÓN.
PUEDE SER.
PERO PARECE QUE OBTUVE LO QUE QUERÍA.

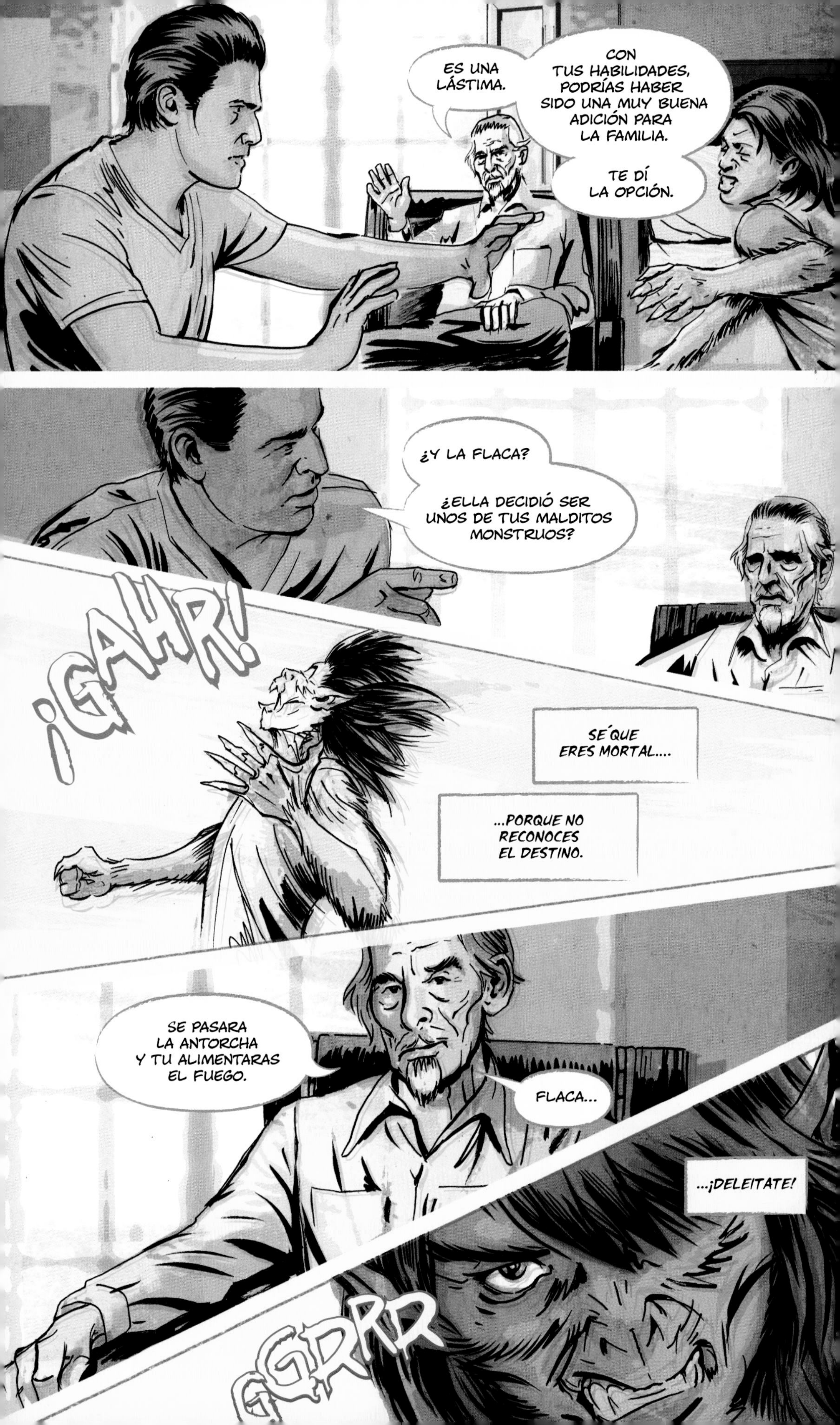
ES UNA LÁSTIMA.
CON TUS HABILIDADES, PODRÍAS HABER SIDO UNA MUY BUENA ADICIÓN PARA LA FAMILIA.
TE DÍ LA OPCIÓN.
¿Y LA FLACA?
¿ELLA DECIDIÓ SER UNOS DE TUS MALDITOS MONSTRUOS?
¡GAHR!
SE´QUE ERES MORTAL....
...PORQUE NO RECONOCES EL DESTINO.
SE PASARA LA ANTORCHA Y TU ALIMENTARAS EL FUEGO.
FLACA...
...¡DELEITATE!
GGRRR

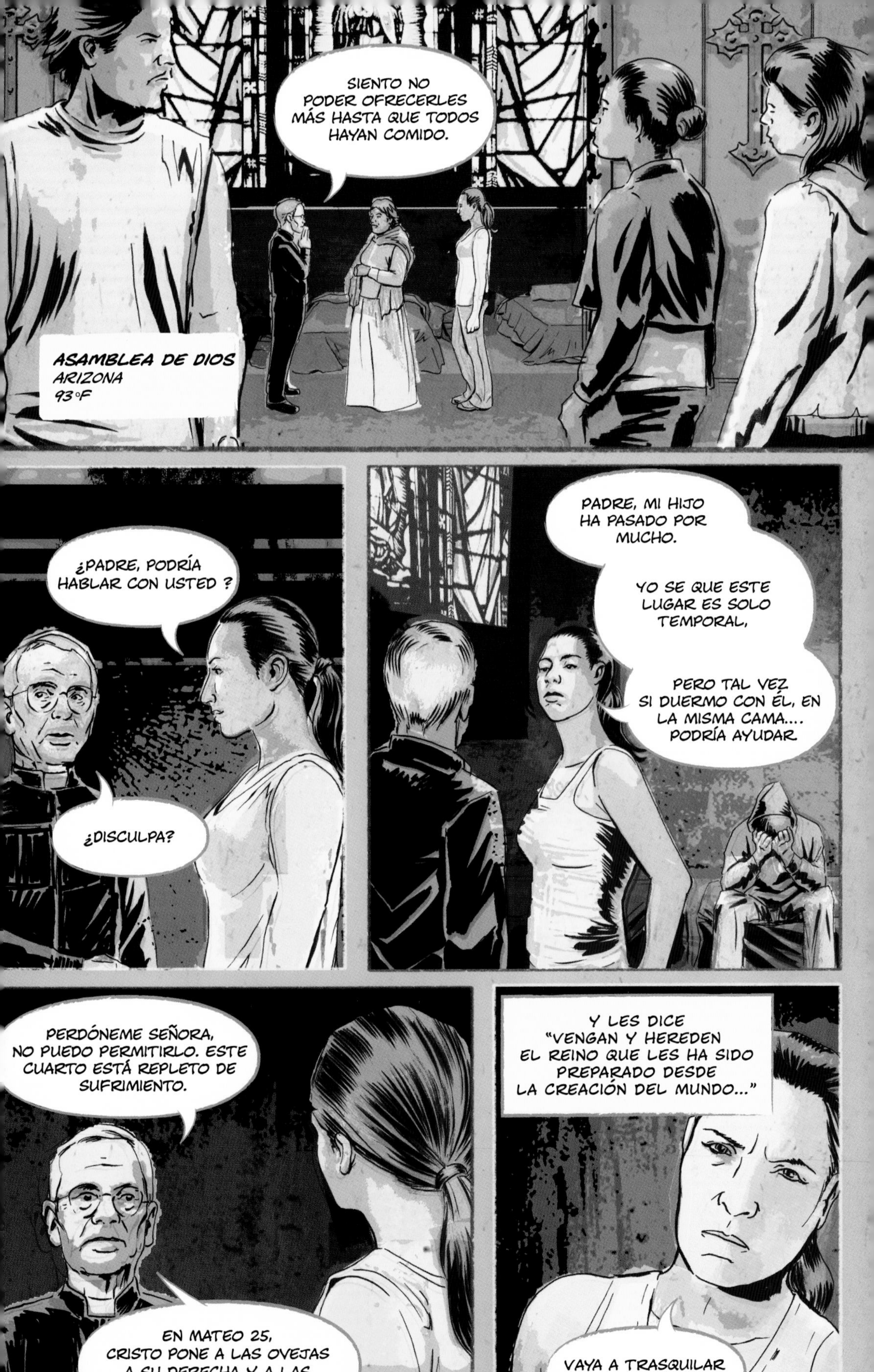
SIENTO NO PODER OFRECERLES MÁS HASTA QUE TODOS HAYAN COMIDO.
ASAMBLEA DE DIOS
ARIZONA
93°F
¿PADRE, PODRÍA HABLAR CON USTED ?
¿DISCULPA?
PADRE, MI HIJO HA PASADO POR MUCHO.
YO SE QUE ESTE LUGAR ES SOLO TEMPORAL,
PERO TAL VEZ SI DUERMO CON ÉL, EN LA MISMA CAMA.... PODRÍA AYUDAR
PERDÓNEME SEÑORA, NO PUEDO PERMITIRLO. ESTE CUARTO ESTÁ REPLETO DE SUFRIMIENTO.
EN MATEO 25, CRISTO PONE A LAS OVEJAS A SU DERECHA Y A LAS CABRAS A SU IZQUIERDA.
Y LES DICE "VENGAN Y HEREDEN EL REINO QUE LES HA SIDO PREPARADO DESDE LA CREACIÓN DEL MUNDO..."
VAYA A TRASQUILAR UNA OVEJA, PADRE.

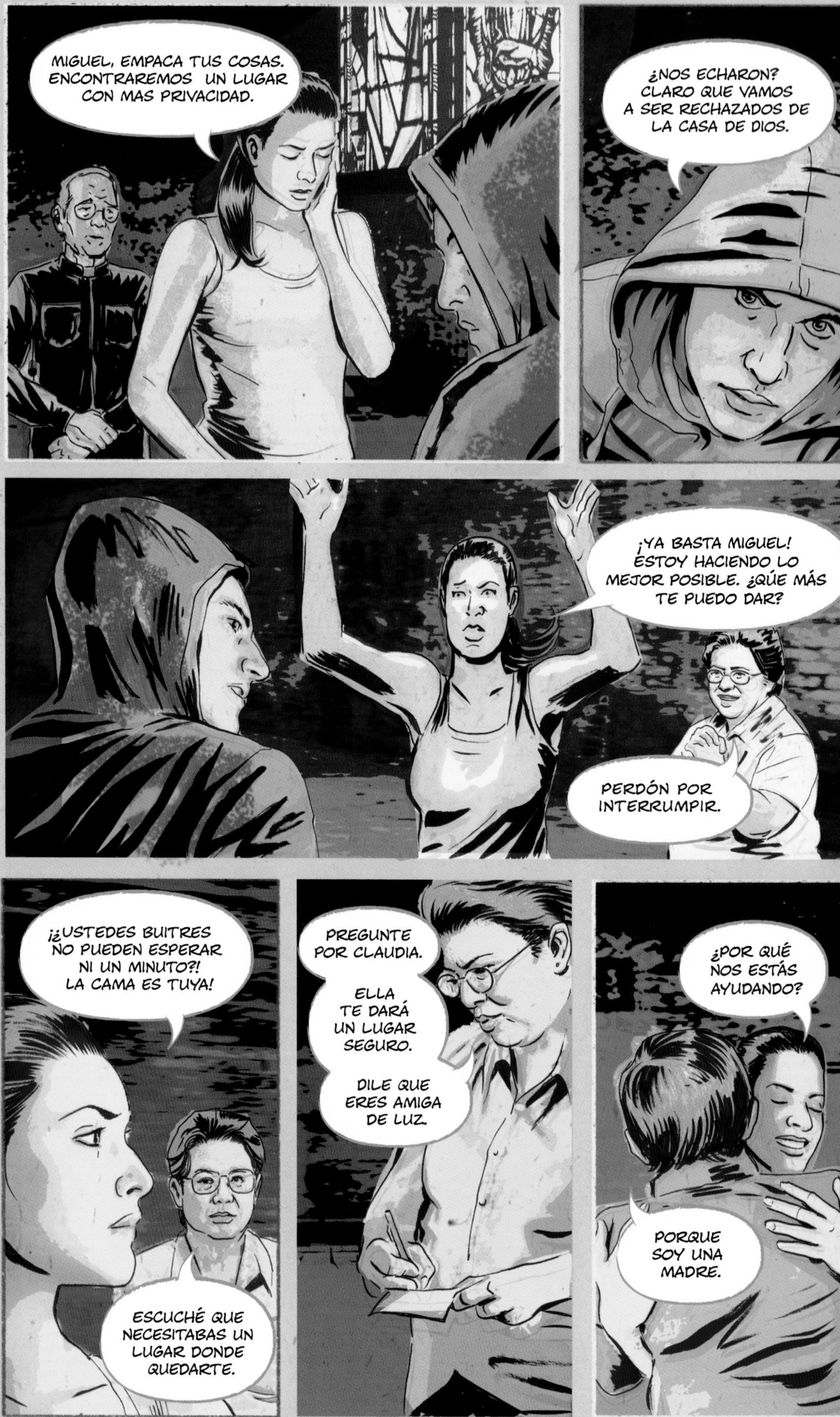
MIGUEL, EMPACA TUS COSAS. ENCONTRAREMOS UN LUGAR CON MAS PRIVACIDAD.
¿NOS ECHARON? CLARO QUE VAMOS A SER RECHAZADOS DE LA CASA DE DIOS.
¡YA BASTA MIGUEL! ESTOY HACIENDO LO MEJOR POSIBLE. ¿QÚE MÁS TE PUEDO DAR?
PERDÓN POR INTERRUMPIR.
¡¿USTEDES BUITRES NO PUEDEN ESPERAR NI UN MINUTO?! LA CAMA ES TUYA!
ESCUCHÉ QUE NECESITABAS UN LUGAR DONDE QUEDARTE.
PREGUNTE POR CLAUDIA.
ELLA TE DARÁ UN LUGAR SEGURO.
DILE QUE ERES AMIGA DE LUZ.
¿POR QUÉ NOS ESTÁS AYUDANDO?
PORQUE SOY UNA MADRE.

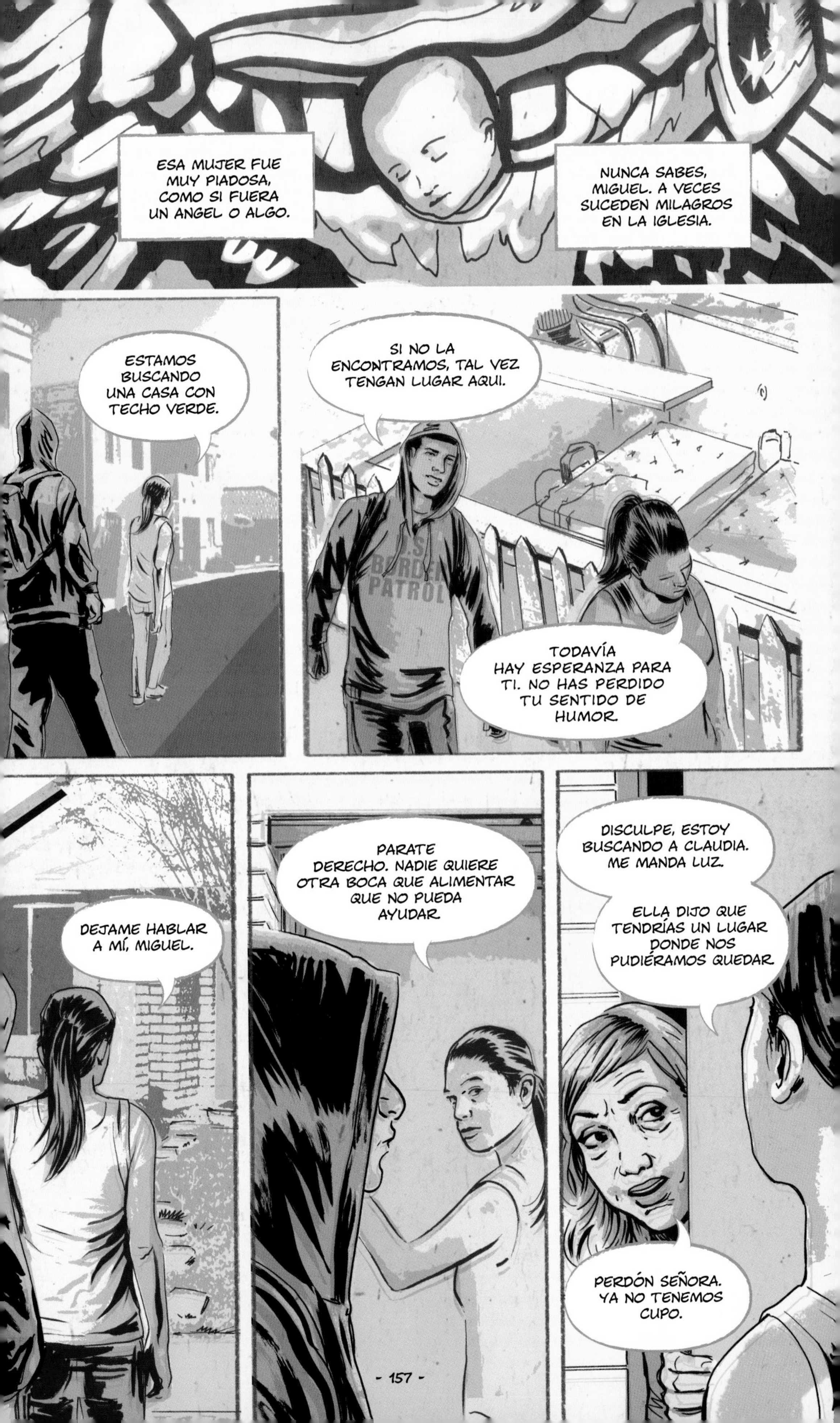
ESA MUJER FUE MUY PIADOSA, COMO SI FUERA UN ANGEL O ALGO.
NUNCA SABES, MIGUEL. A VECES SUCEDEN MILAGROS EN LA IGLESIA.
ESTAMOS BUSCANDO UNA CASA CON TECHO VERDE.
SI NO LA ENCONTRAMOS, TAL VEZ TENGAN LUGAR AQUI.
U.S. BORDER PATROL
TODAVÍA HAY ESPERANZA PARA TI. NO HAS PERDIDO TU SENTIDO DE HUMOR.
DEJAME HABLAR A MÍ, MIGUEL.
PARATE DERECHO. NADIE QUIERE OTRA BOCA QUE ALIMENTAR QUE NO PUEDA AYUDAR
DISCULPE, ESTOY BUSCANDO A CLAUDIA. ME MANDA LUZ.
ELLA DIJO QUE TENDRÍAS UN LUGAR DONDE NOS PUDIÉRAMOS QUEDAR
PERDÓN SEÑORA. YA NO TENEMOS CUPO.

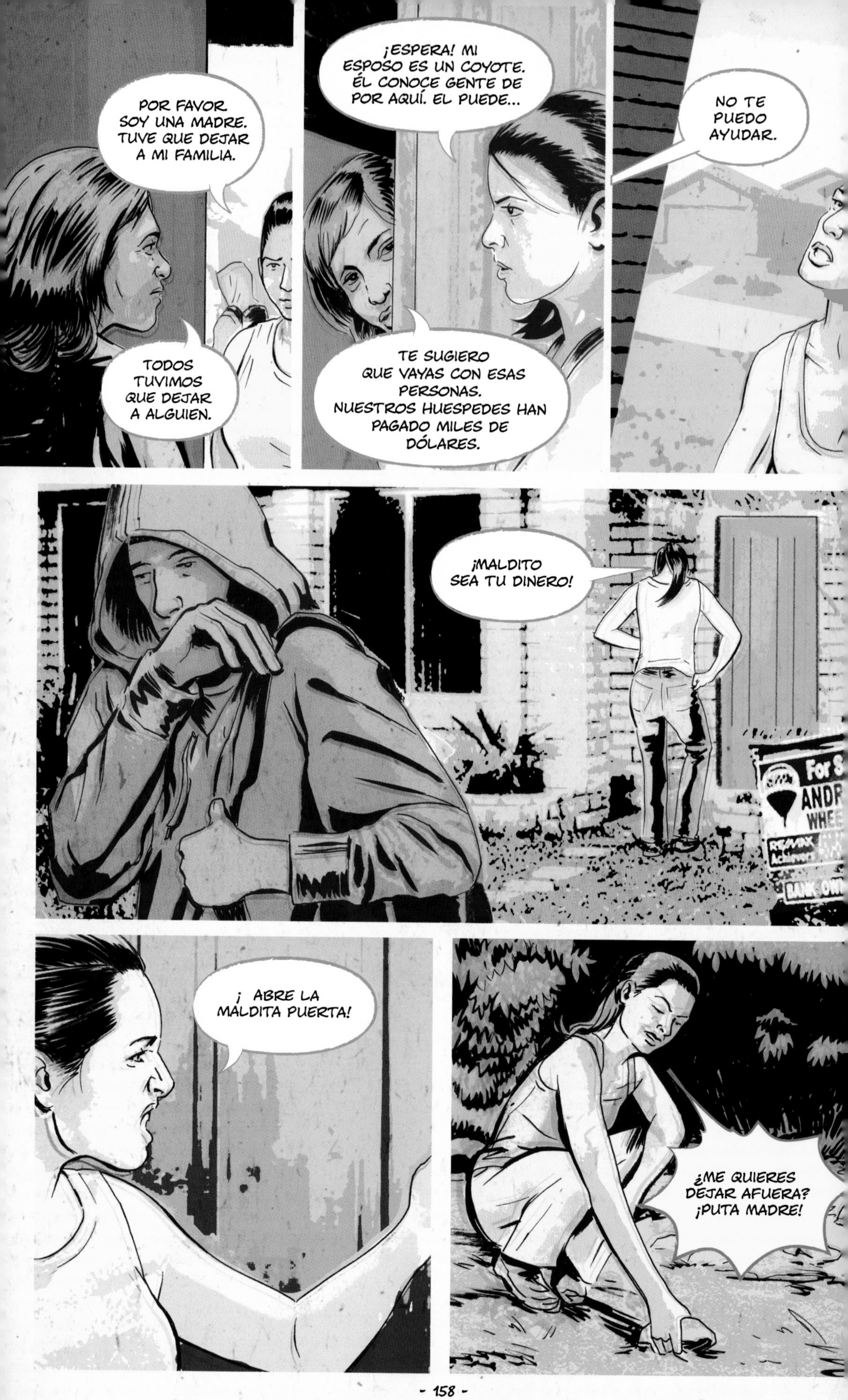
POR FAVOR SOY UNA MADRE. TUVE QUE DEJAR A MI FAMILIA.
TODOS TUVIMOS QUE DEJAR A ALGUIEN.
¡ESPERA! MI ESPOSO ES UN COYOTE. ÉL CONOCE GENTE DE POR AQUÍ. EL PUEDE...
TE SUGIERO QUE VAYAS CON ESAS PERSONAS. NUESTROS HUESPEDES HAN PAGADO MILES DE DÓLARES.
NO TE PUEDO AYUDAR.
¡MALDITO SEA TU DINERO!
¡ ABRE LA MALDITA PUERTA!
¿ME QUIERES DEJAR AFUERA? ¡PUTA MADRE!

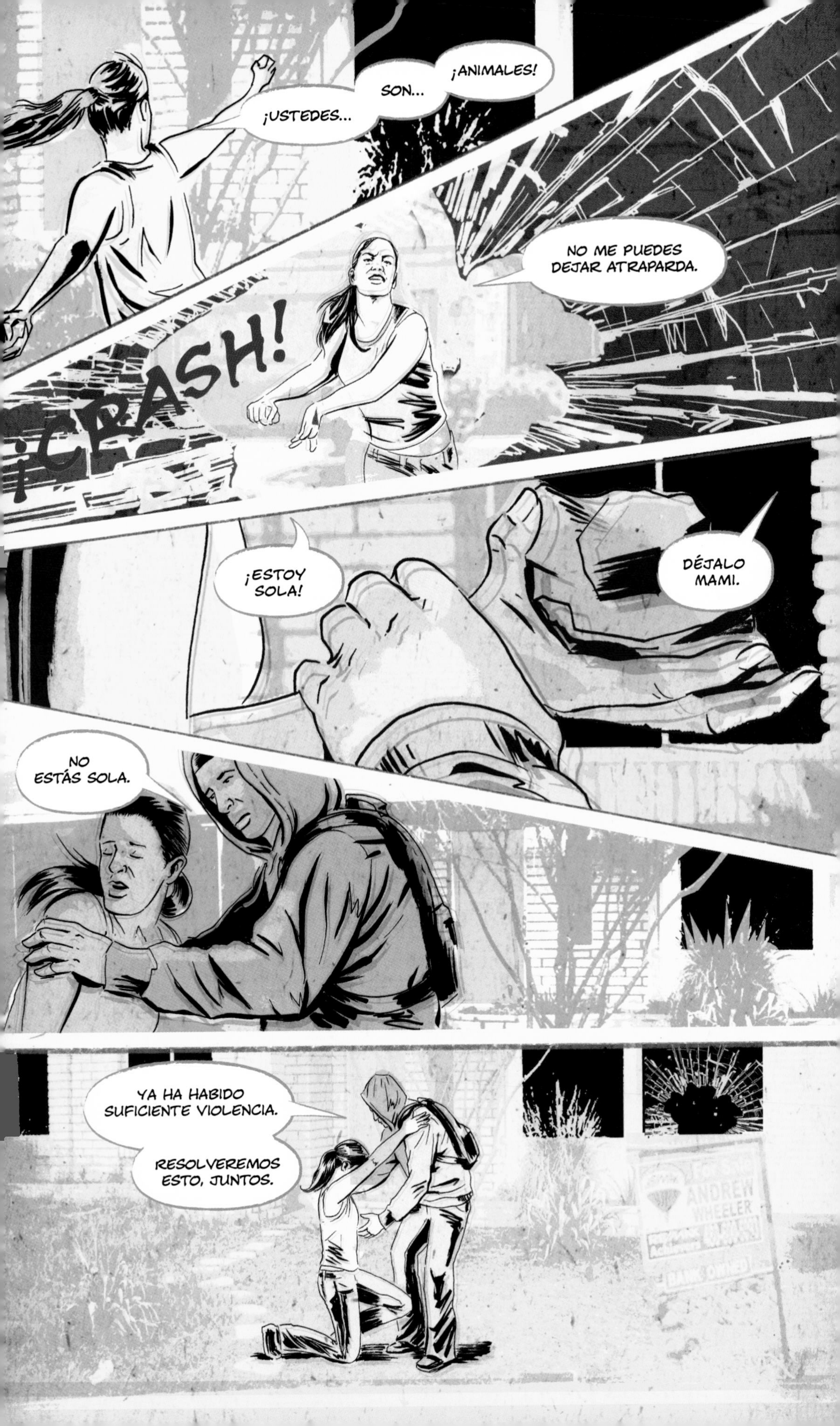
¡USTEDES...
SON...
¡ANIMALES!
NO ME PUEDES DEJAR ATRAPARDA.
¡CRASH!
¡ESTOY SOLA!
DÉJALO MAMI.
NO ESTÁS SOLA.
YA HA HABIDO SUFICIENTE VIOLENCIA.
RESOLVEREMOS ESTO, JUNTOS.
ANDREW WHEELER
BANK OWNED

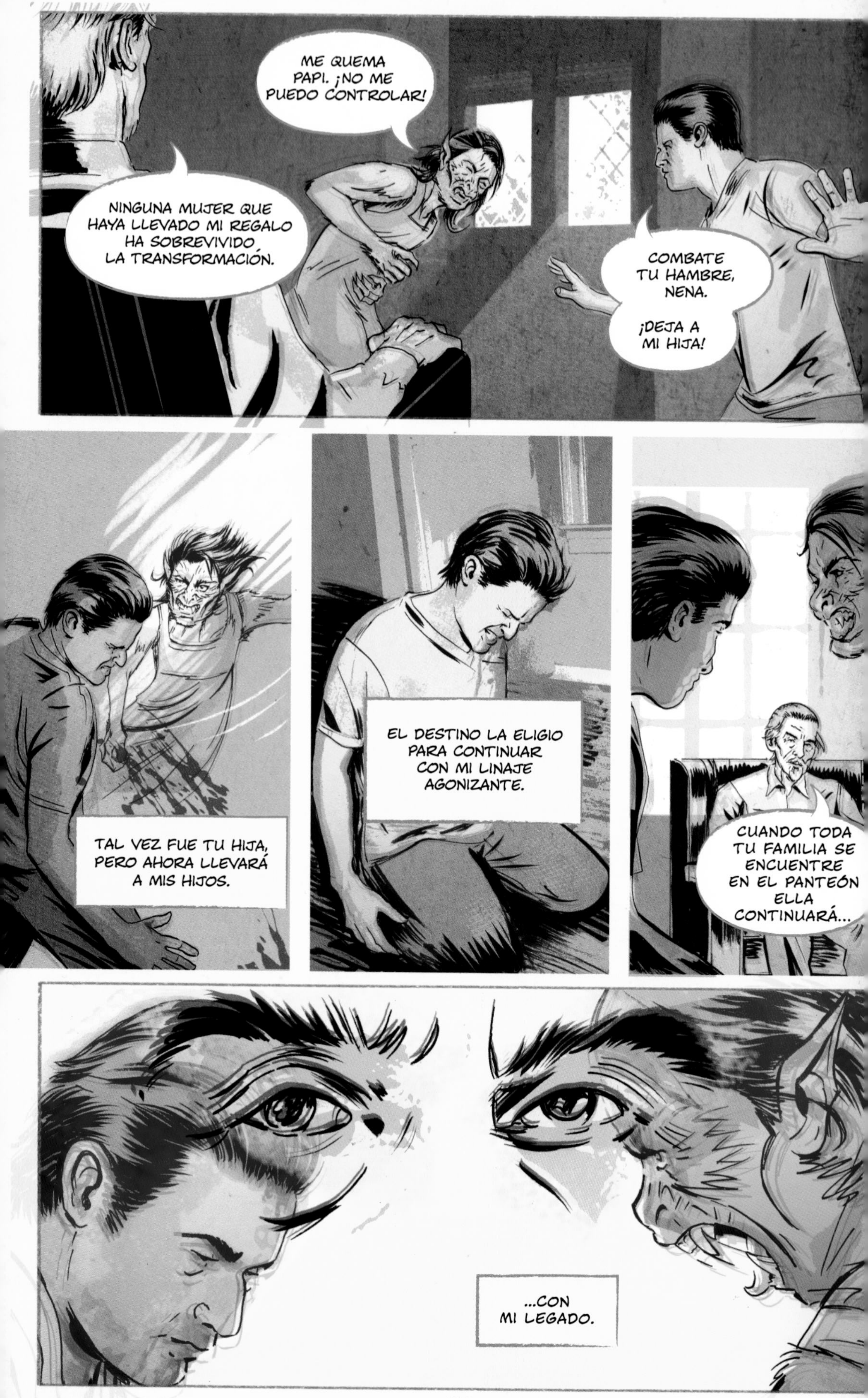
ME QUEMA PAPI. ¡NO ME PUEDO CONTROLAR!
NINGUNA MUJER QUE HAYA LLEVADO MI REGALO HA SOBREVIVIDO LA TRANSFORMACIÓN.
COMBATE TU HAMBRE, NENA.
¡DEJA A MI HIJA!
TAL VEZ FUE TU HIJA, PERO AHORA LLEVARÁ A MIS HIJOS.
EL DESTINO LA ELIGIO PARA CONTINUAR CON MI LINAJE AGONIZANTE.
CUANDO TODA TU FAMILIA SE ENCUENTRE EN EL PANTEÓN ELLA CONTINUARÁ...
...CON MI LEGADO.

ASÍ QUE...

...ASÍ ES COMO MATASTE A TU TÍO.

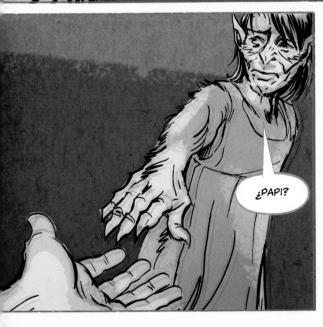

¿PAPI?

HAS DESPRECIADO MI OFERTA. ESTOS HOMBRES, FUERTES EN VIDA...

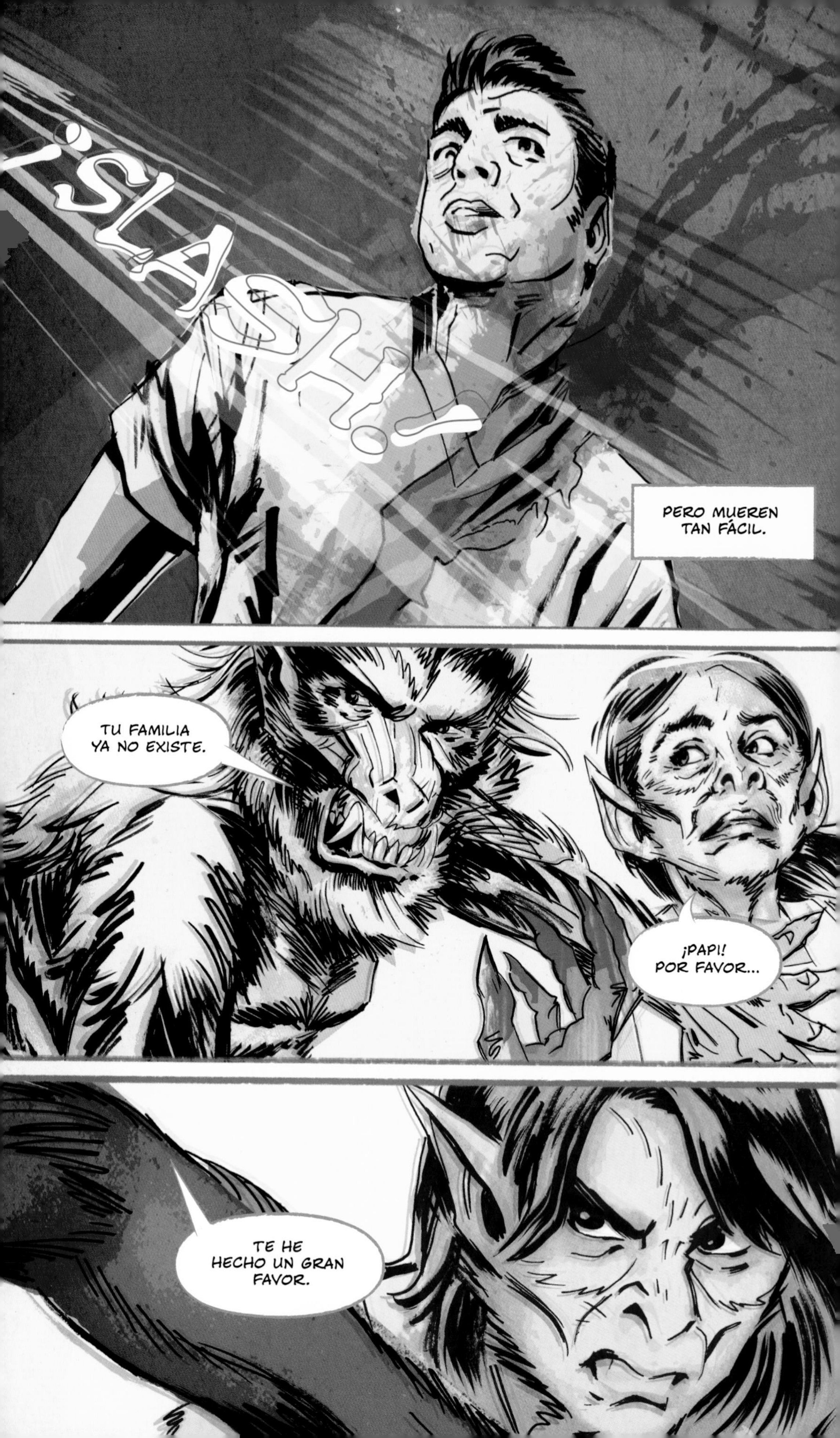
¡SLASH!
PERO MUEREN TAN FÁCIL.
TU FAMILIA YA NO EXISTE.
¡PAPI! POR FAVOR...
TE HE HECHO UN GRAN FAVOR.

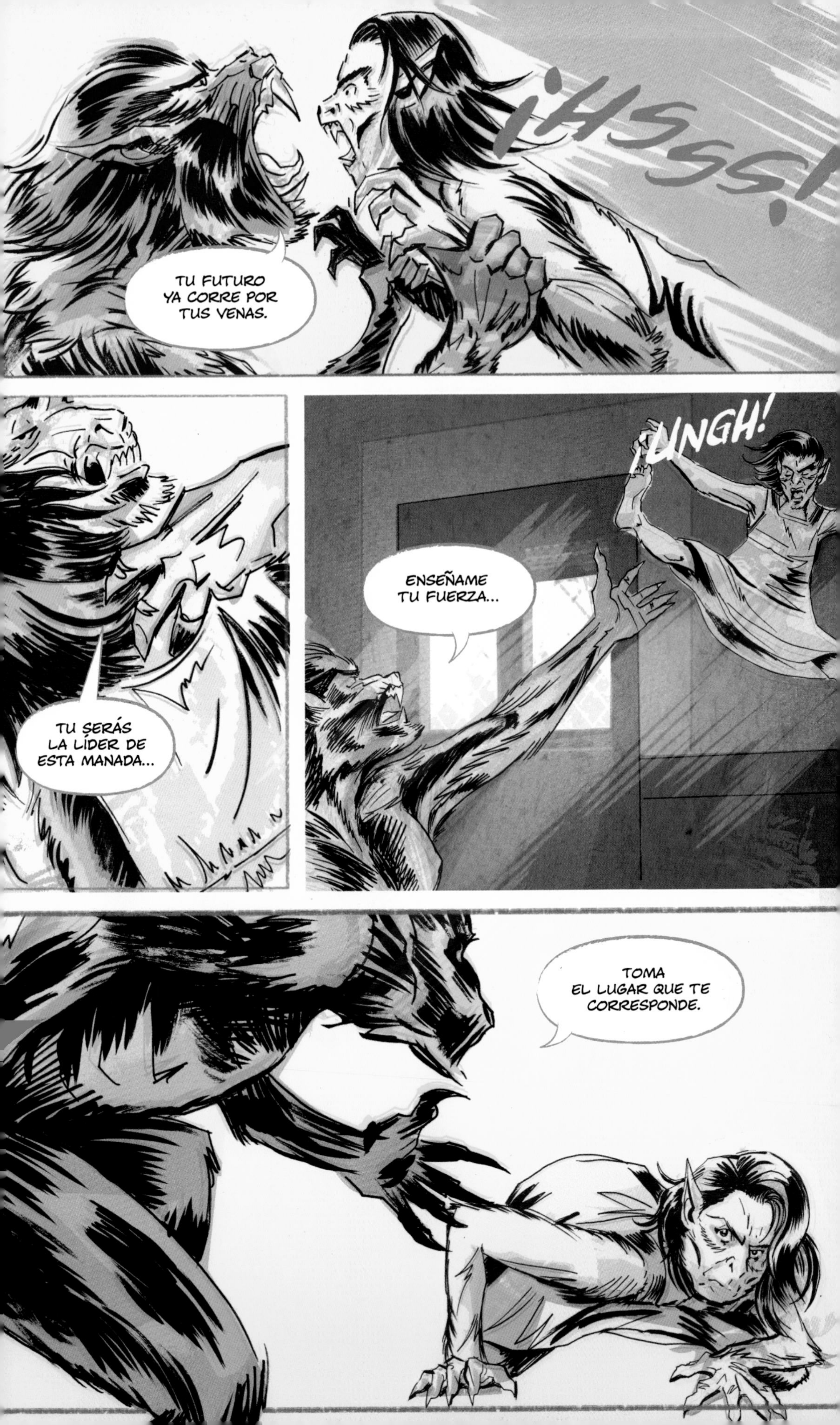
¡HSSS!
TU FUTURO YA CORRE POR TUS VENAS.
TU SERÁS LA LÍDER DE ESTA MANADA...
¡UNGH!
ENSEÑAME TU FUERZA...
TOMA EL LUGAR QUE TE CORRESPONDE.

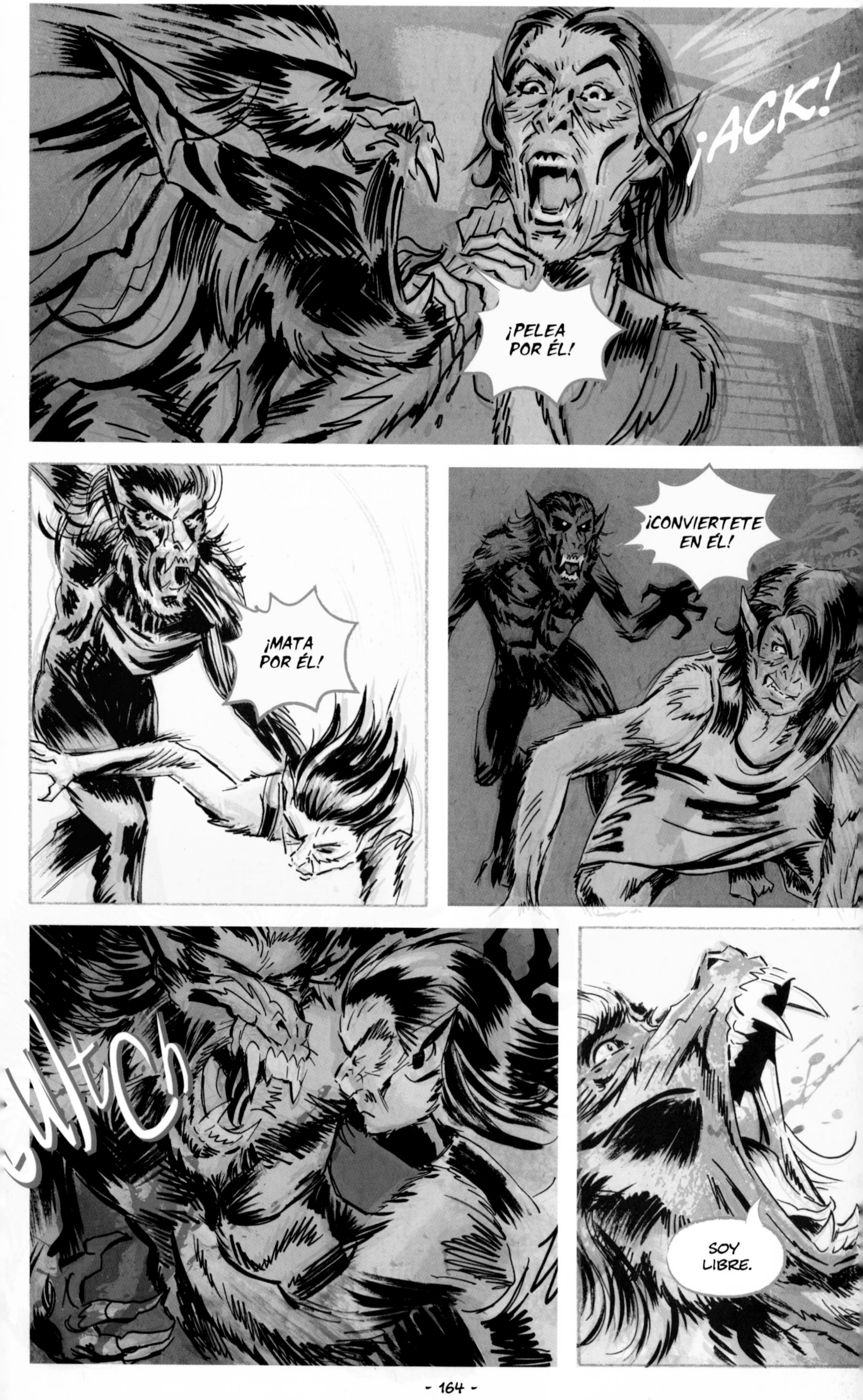
¡ACK!
¡PELEA POR ÉL!
¡MATA POR ÉL!
¡CONVIERTETE EN ÉL!
SOY LIBRE.

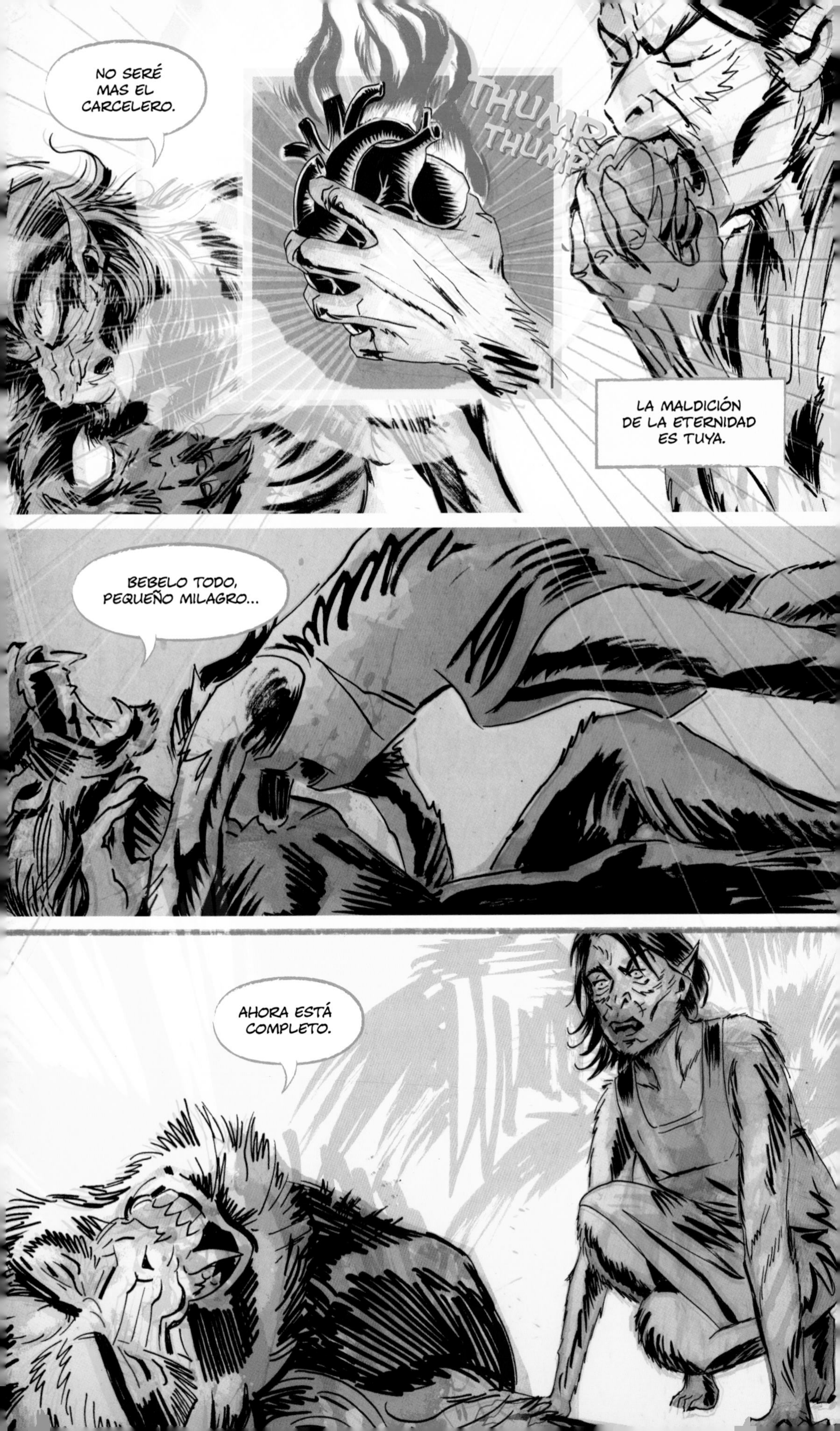
NO SERÉ MAS EL CARCELERO.
THUMP THUMP
LA MALDICIÓN DE LA ETERNIDAD ES TUYA.
BEBELO TODO, PEQUEÑO MILAGRO...
AHORA ESTÁ COMPLETO.

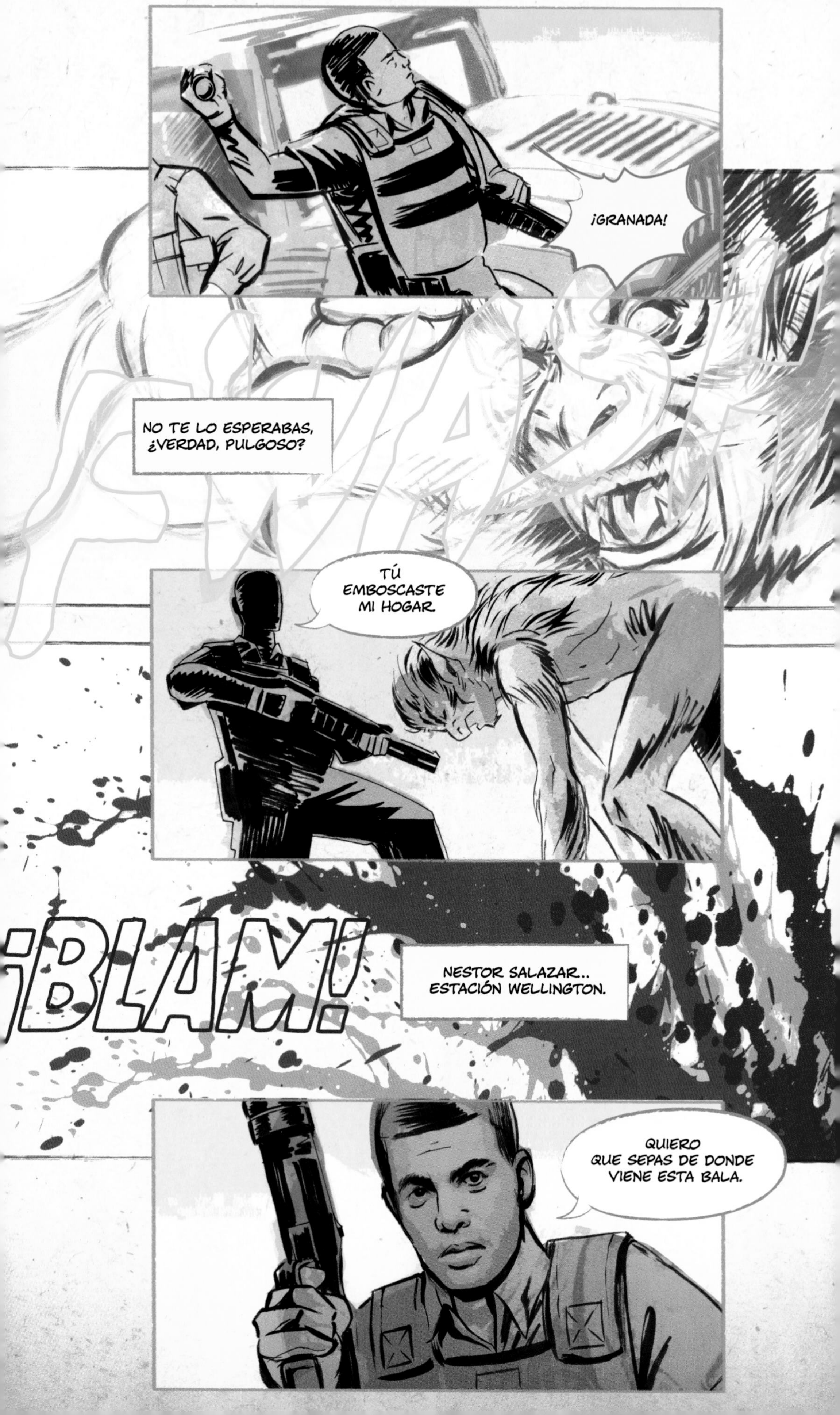
¡GRANADA!
NO TE LO ESPERABAS, ¿VERDAD, PULGOSO?
TÚ EMBOSCASTE MI HOGAR
¡BLAM!
NESTOR SALAZAR.. ESTACIÓN WELLINGTON.
QUIERO QUE SEPAS DE DONDE VIENE ESTA BALA.

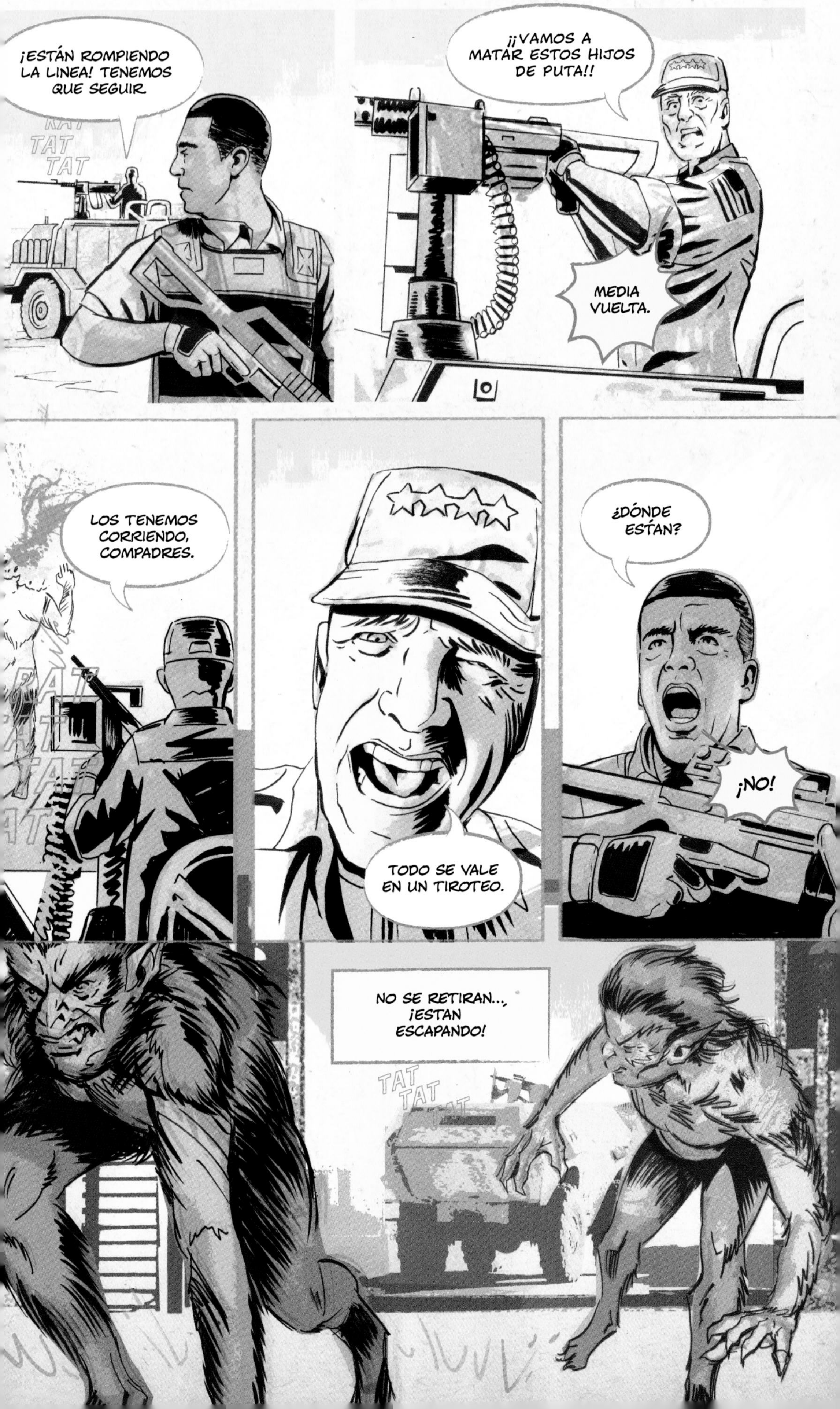
¡ESTÁN ROMPIENDO LA LINEA! TENEMOS QUE SEGUIR
RAT TAT TAT
¡¡VAMOS A MATAR ESTOS HIJOS DE PUTA!!
MEDIA VUELTA.
LOS TENEMOS CORRIENDO, COMPADRES.
RAT TAT TAT TAT
TODO SE VALE EN UN TIROTEO.
¿DÓNDE ESTÁN?
¡NO!
NO SE RETIRAN..., ¡ESTAN ESCAPANDO!
TAT TAT TAT

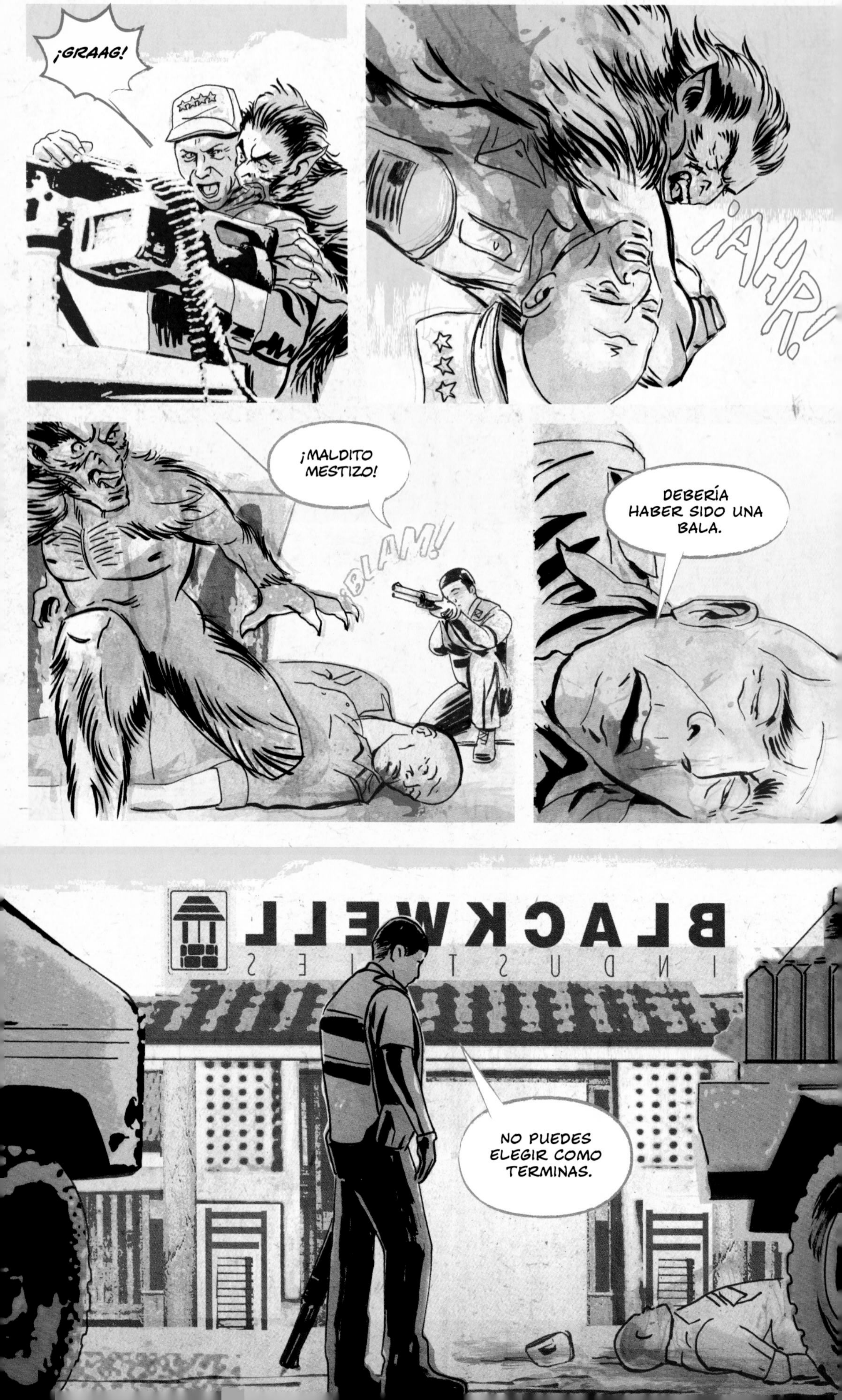
¡GRAAG!
¡AHR!
¡MALDITO MESTIZO!
¡BLAM!
DEBERÍA HABER SIDO UNA BALA.
BLACKWELL INDUSTRIES
NO PUEDES ELEGIR COMO TERMINAS.

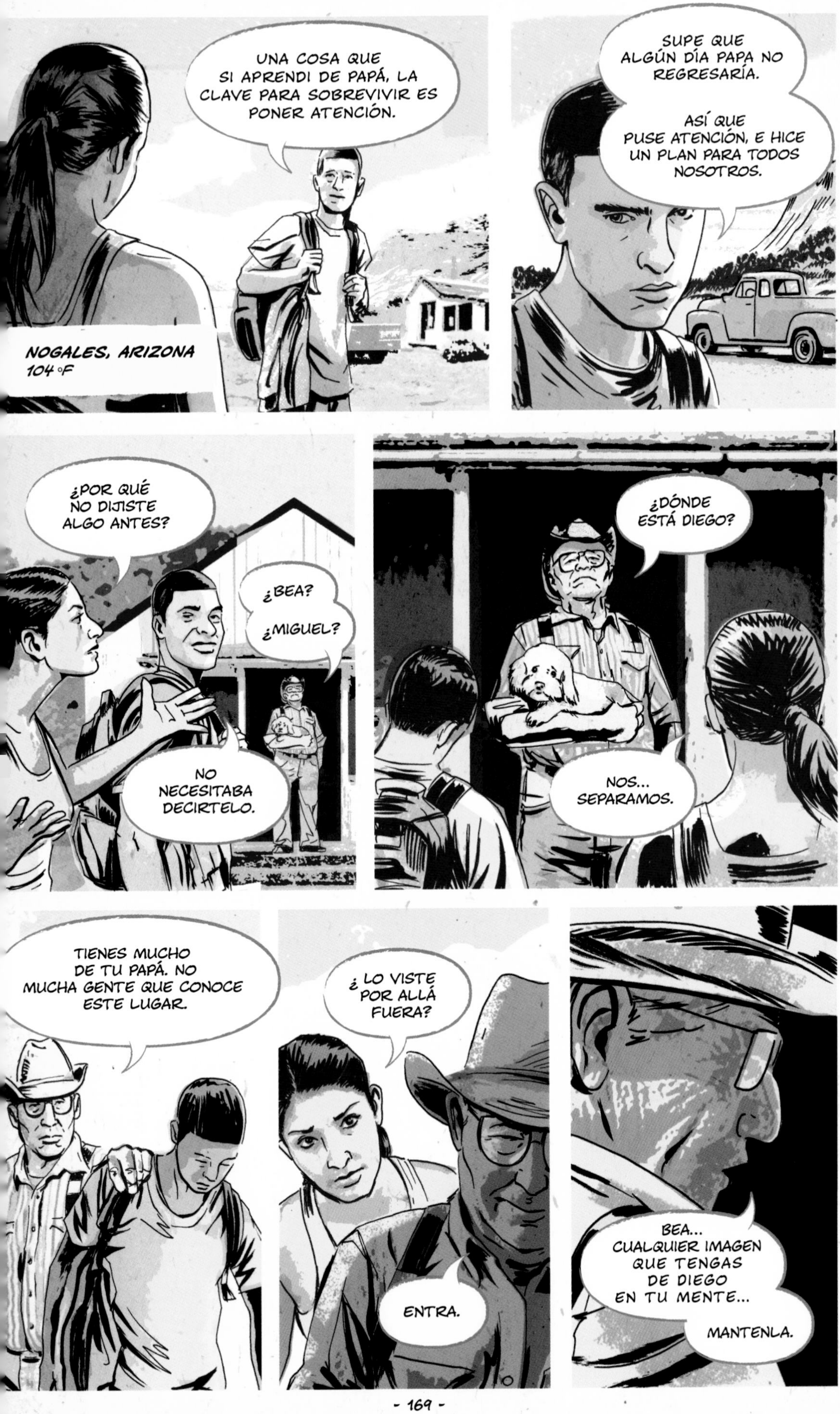
UNA COSA QUE SI APRENDI DE PAPÁ, LA CLAVE PARA SOBREVIVIR ES PONER ATENCIÓN.
NOGALES, ARIZONA 104 °F
SUPE QUE ALGÚN DÍA PAPA NO REGRESARÍA.
ASÍ QUE PUSE ATENCIÓN, E HICE UN PLAN PARA TODOS NOSOTROS.
¿POR QUÉ NO DIJISTE ALGO ANTES?
¿BEA?
¿MIGUEL?
NO NECESITABA DECIRTELO.
¿DÓNDE ESTÁ DIEGO?
NOS... SEPARAMOS.
TIENES MUCHO DE TU PAPÁ. NO MUCHA GENTE QUE CONOCE ESTE LUGAR.
¿ LO VISTE POR ALLÁ FUERA?
ENTRA.
BEA... CUALQUIER IMAGEN QUE TENGAS DE DIEGO EN TU MENTE...
MANTENLA.

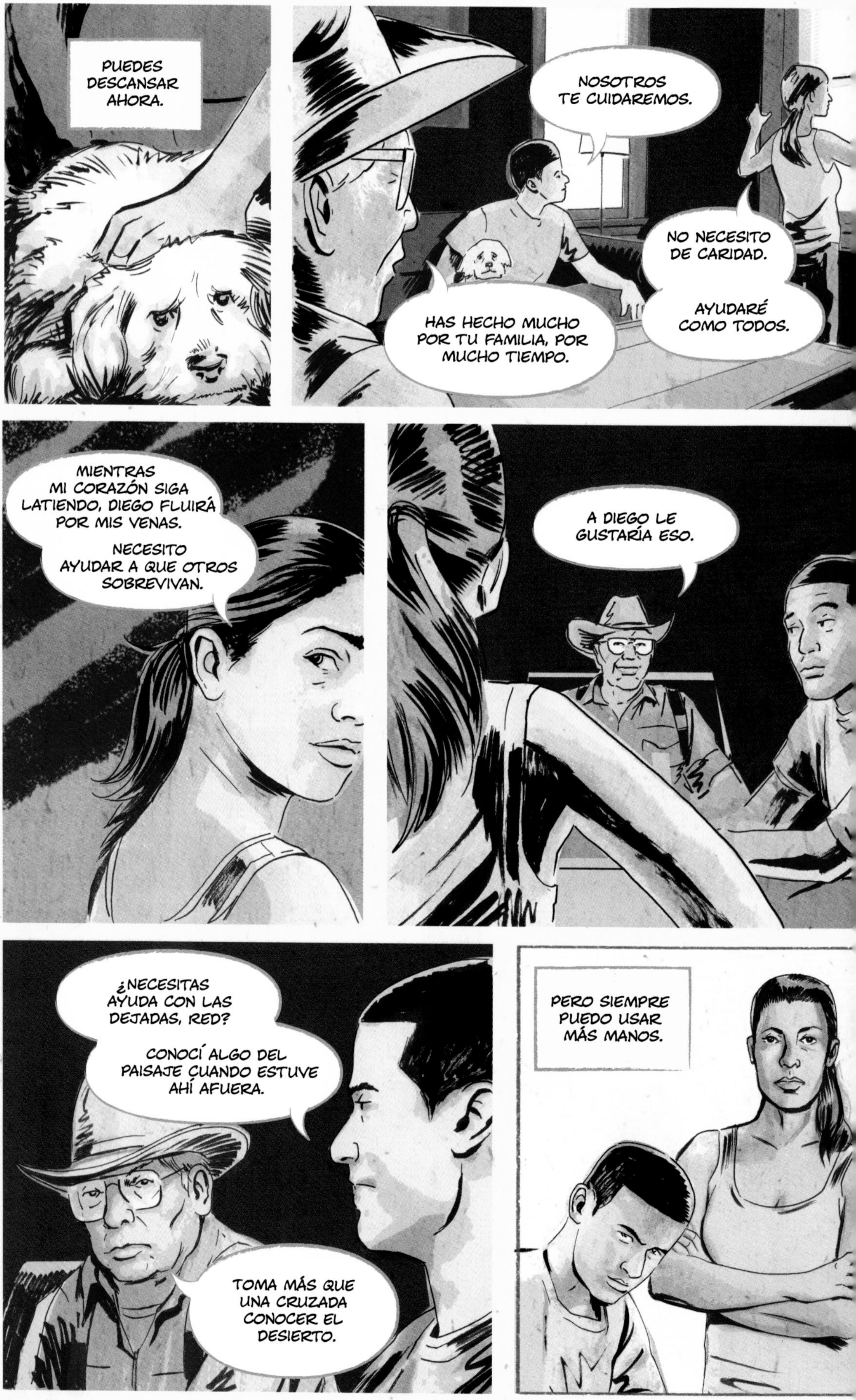
PUEDES DESCANSAR AHORA.
NOSOTROS TE CUIDAREMOS.
HAS HECHO MUCHO POR TU FAMILIA, POR MUCHO TIEMPO.
NO NECESITO DE CARIDAD.
AYUDARÉ COMO TODOS.
MIENTRAS MI CORAZÓN SIGA LATIENDO, DIEGO FLUIRÁ POR MIS VENAS.
NECESITO AYUDAR A QUE OTROS SOBREVIVAN.
A DIEGO LE GUSTARÍA ESO.
¿NECESITAS AYUDA CON LAS DEJADAS, RED?
CONOCÍ ALGO DEL PAISAJE CUANDO ESTUVE AHÍ AFUERA.
TOMA MÁS QUE UNA CRUZADA CONOCER EL DESIERTO.
PERO SIEMPRE PUEDO USAR MÁS MANOS.

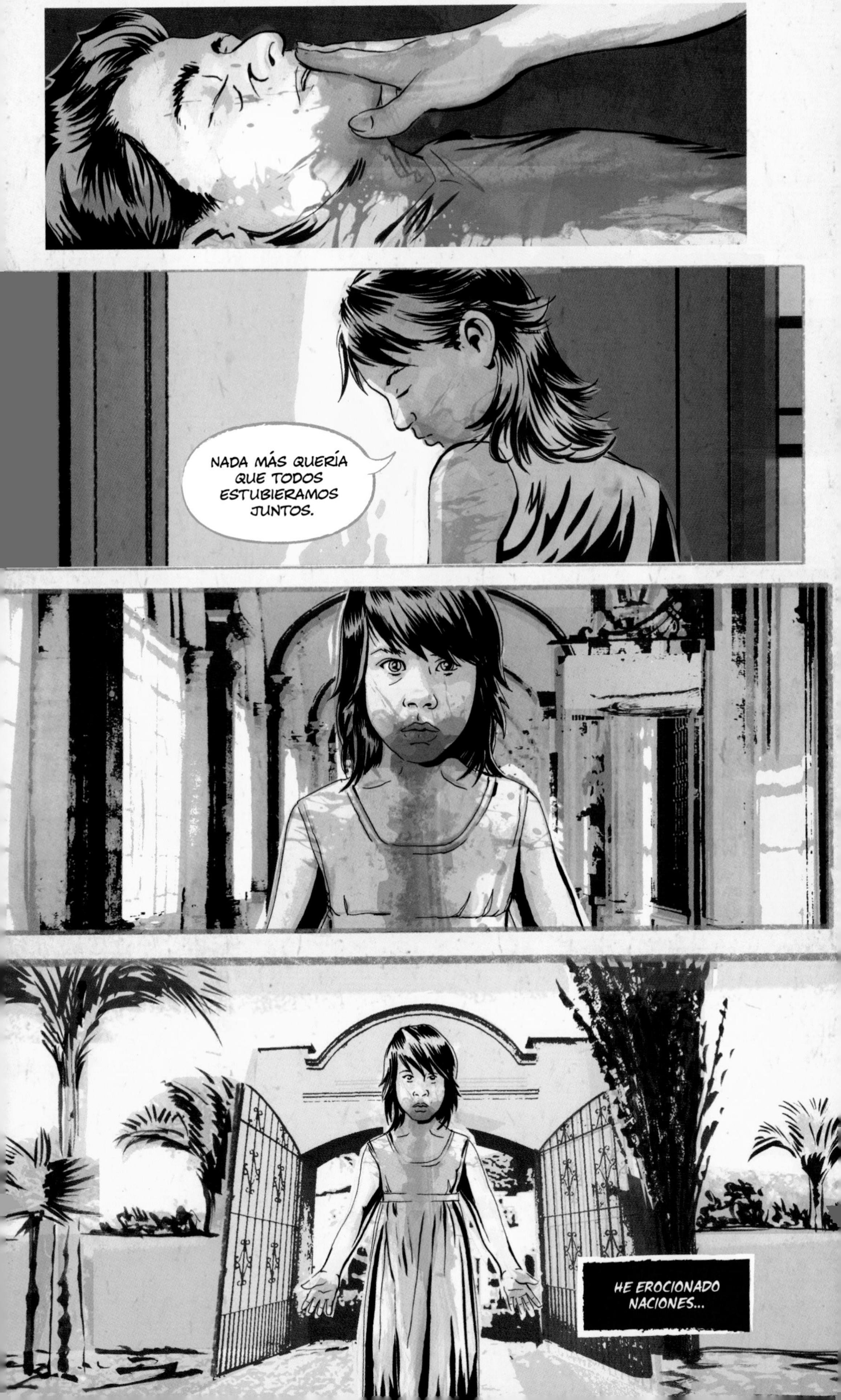
NADA MÁS QUERÍA QUE TODOS ESTUBIERAMOS JUNTOS.
HE EROCIONADO NACIONES...

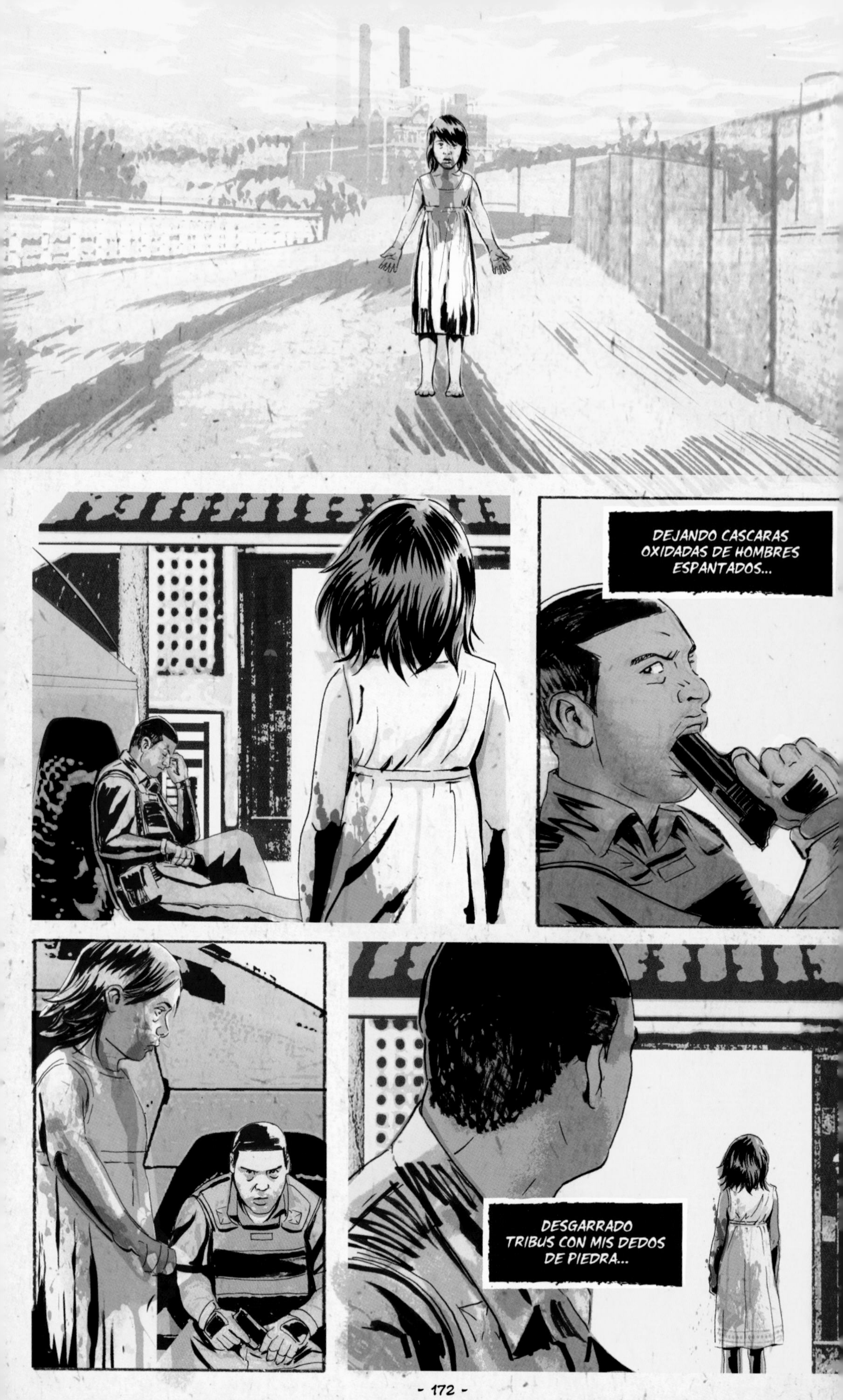
DEJANDO CASCARAS OXIDADAS DE HOMBRES ESPANTADOS...
DESGARRADO TRIBUS CON MIS DEDOS DE PIEDRA...

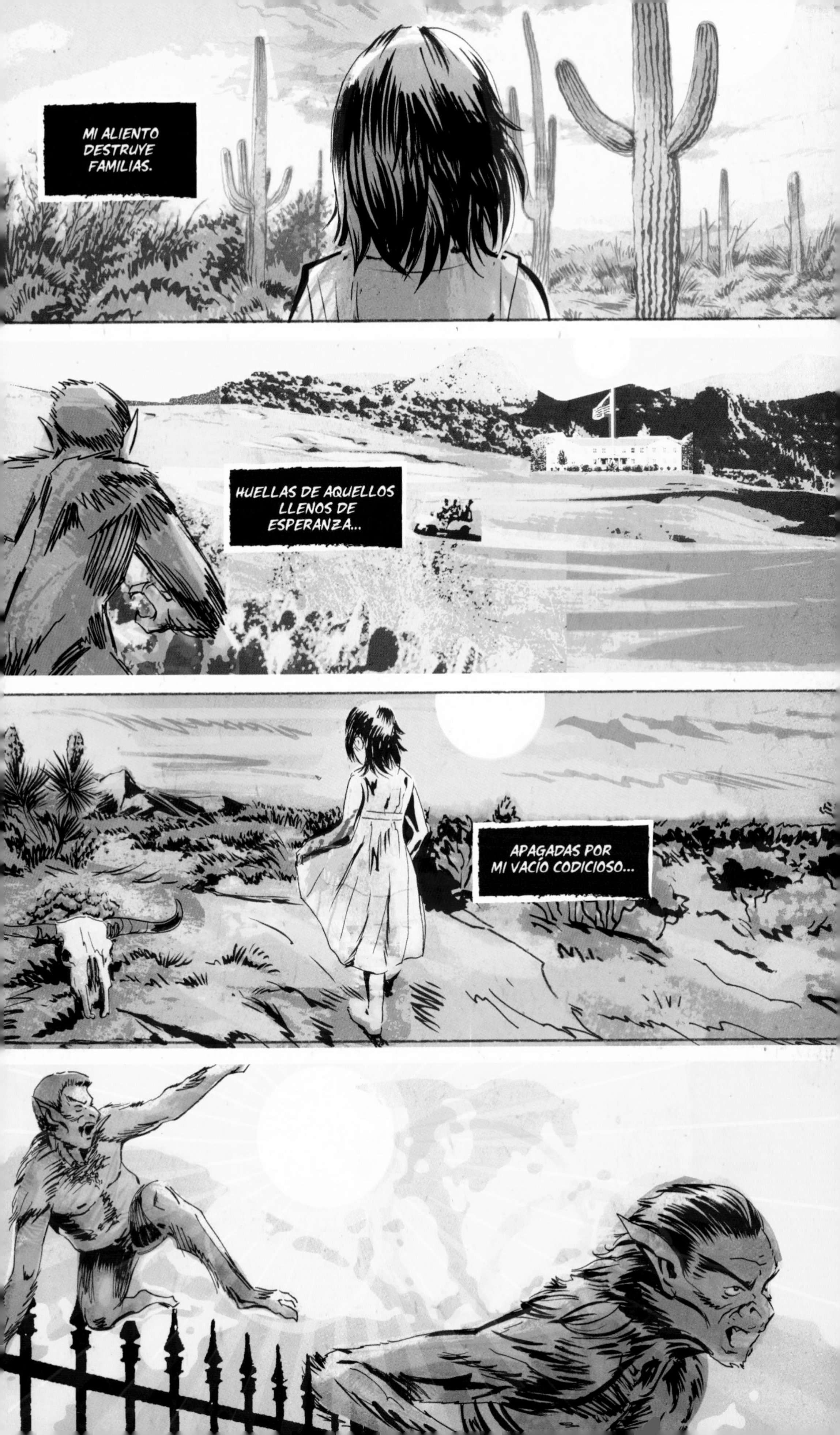
MI ALIENTO DESTRUYE FAMILIAS.
HUELLAS DE AQUELLOS LLENOS DE ESPERANZA...
APAGADAS POR MI VACÍO CODICIOSO...

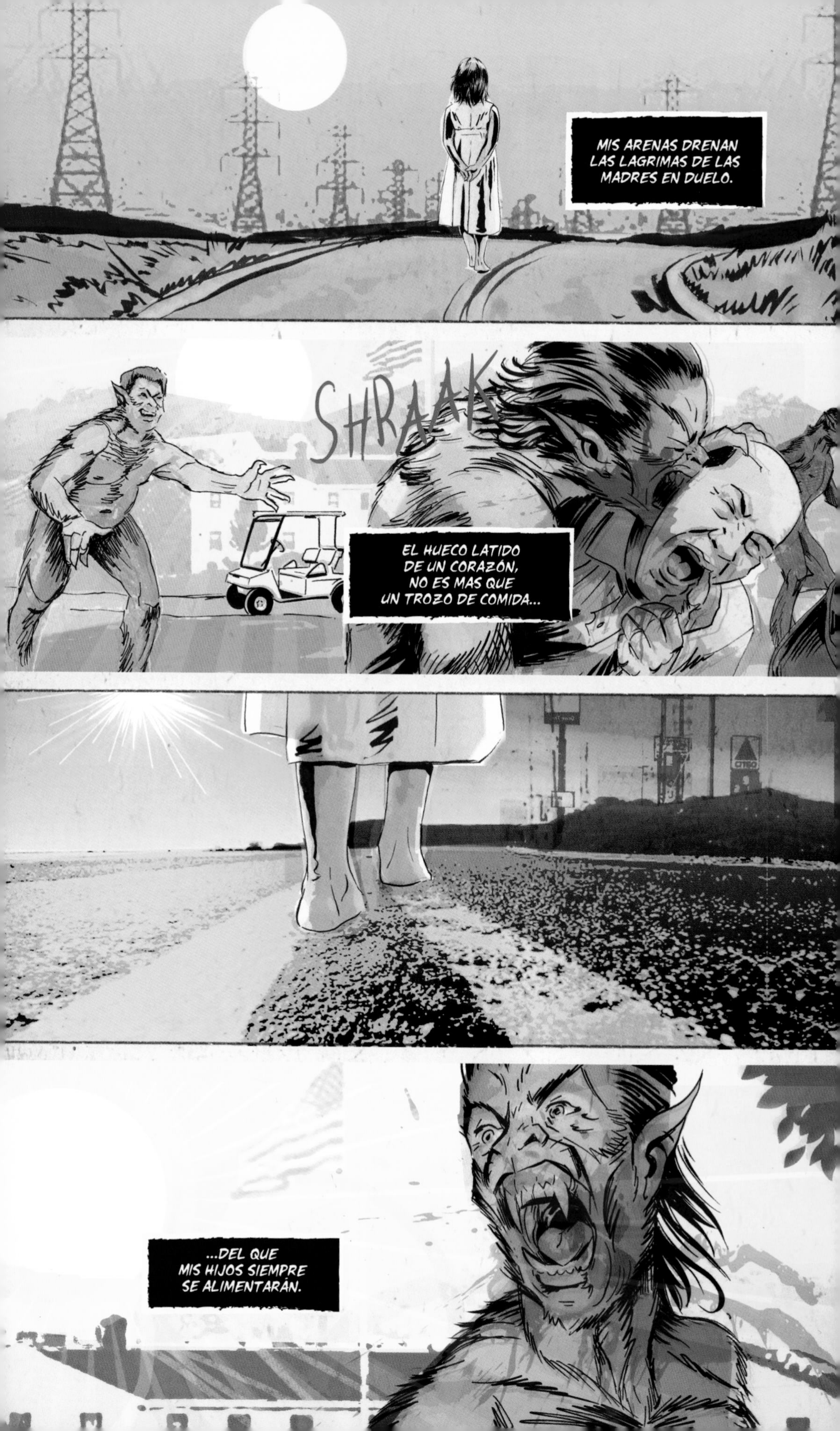
MIS ARENAS DRENAN LAS LAGRIMAS DE LAS MADRES EN DUELO.
SHRAAK
EL HUECO LATIDO DE UN CORAZÓN, NO ES MAS QUE UN TROZO DE COMIDA...
...DEL QUE MIS HIJOS SIEMPRE SE ALIMENTARÁN.

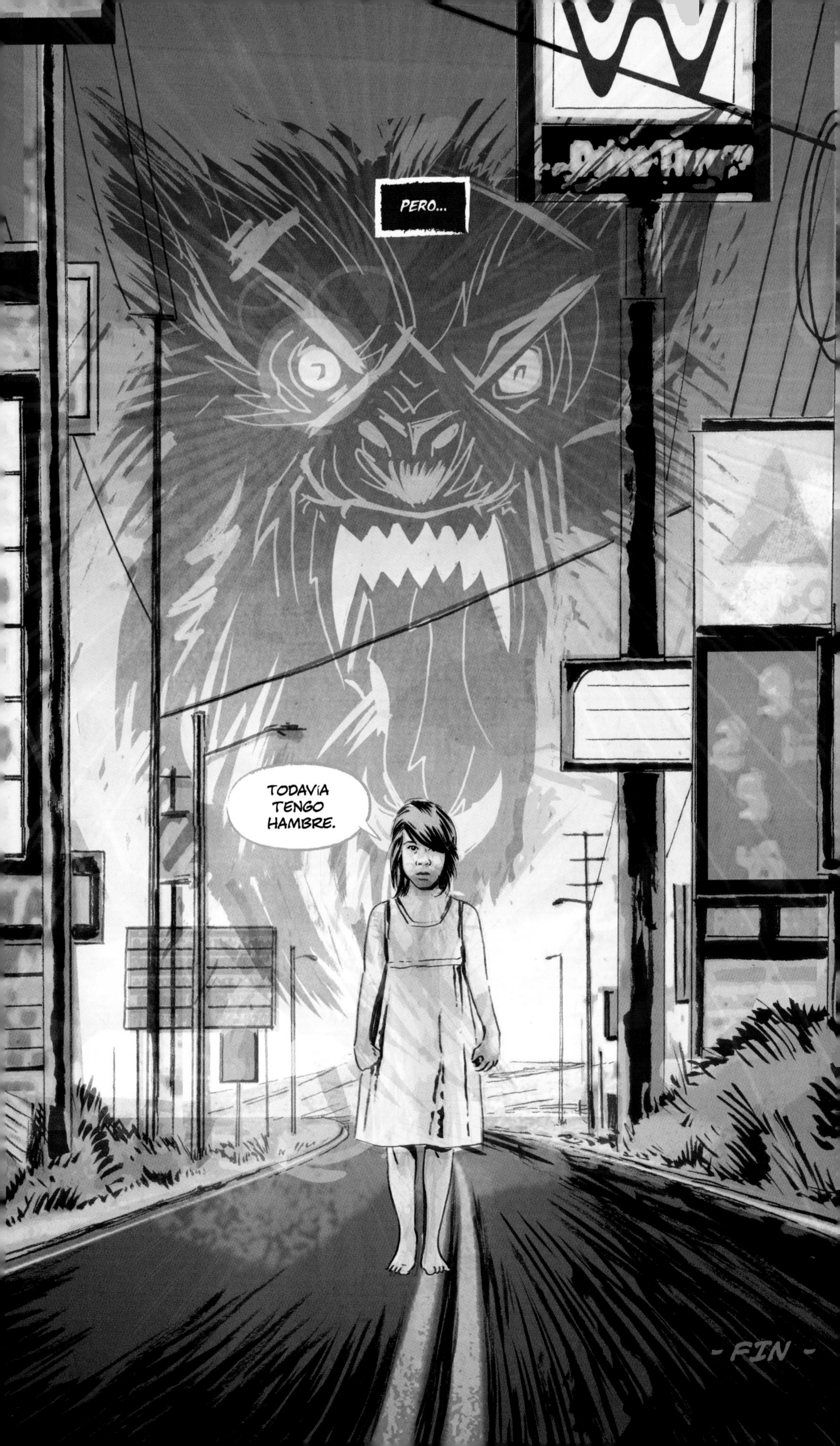
PERO...
TODAVíA TENGO HAMBRE.
- FIN -

MONSTRUOS
VERDADEROS E IMAGINARIOS
POR THOMAS PEYTON

La mitología de FEEDING GROUND está basada en histórias reales recopiladas a lo largo de el Camino del Diablo. Decir que yo las capturé de primera mano sería poco franco. Afortunadamente, conocemos a algunos verdaderos cronistas que han hecho consciente la dura realidad de la frontera entre México y Arizona. Thomas Peyton, un talentoso documentalista y fan del horror, fue el primero en plantar la semilla de lo que después se convertiría en FEEDING GROUND, compartiendo sus propias experiencias en el Camino del Diablo. A continuación, les compartimos sus pensamientos acerca del genero de Horror y su habilidad de transmitir lo verdaderamente terrorífico.
- Swifty Lang

El miedo de un niño hacia los monstruos nace de su imaginación. Inexplorado, el mundo sigue siendo una tierra de sombras donde los monstruos se esconden en los clósets o como yo solía temer, debajo de la cama. Pero este miedo es fácil de calmar; encendiendo la luz, el espacio se ilumina y el monstruo desaparece.

Un adulto teme a los monstruos por razones muy diferentes. Él sabe que cada monstruo es una metáfora, una luz angustiada puesta sobre sus más profundas sombras. Está consciente de los horrores que el hombre puede cometer. Ya ha perdido su inocencia, y con ella, el relativo privilegio de los "monstruos imaginarios".

Los monstruos reales son más aterrorizantes que los imaginarios. He documentado la muerte de los inmigrantes en Arizona por más de seis años, y sé una cosa por seguro, el borde está lleno de monstruos. De los verdaderos.

Antes de discutir sobre estos monstruos, vamos a aclarar algunos puntos sobre el cruce de la frontera durante el 2011. Existe un muy triste y persistente mito acerca del inmigrante Mexicano que brinca la cerca, corre al lado de La Migra y empieza su nueva vida en "el otro lado". Nada puede estar más lejos de la realidad, pues ése mito no considera el sufrimiento que las personas tienen que soportar nada más para llegar allí.

El Camino del Diablo es un extenso y árido trecho del Desierto de Sonora. El camino recibe su apodo de mal agüero, por los mineros que viajaban por el camino durante la fiebre de oro en California en 1849. Cientos de ellos murieron, y aquellos que sobrevivieron nunca pudieron olvidar lo que fue atravesar ese implacable escenario, donde "... frecuentes tumbas y cráneos blanquecinos de animales eran los lamentables recuerdos de los desafortunados viajeros que murieron de sed en el camino."

Ahora, cruzar el borde toma entre dos y cinco días, dependiendo del guía y la ruta. Sin embargo, dos días son tiempo más que suficiente para morir, especialmente durante el verano, cuando las temperaturas pueden subir hasta 130 grados Fahrenheit y las personas requieren de dos galones de agua al día, nada más para sobrevivir. La mayoría de los inmigrantes sólo tienen un galón de agua porque sus "guías" les dicen que eso es todo lo que van a necesitar.

Aquí están nuestros "verdadero monstruos."

Muchos Americanos están familiarizados con el término coyote, pero el término más común para los guías de los migrantes es pollero, que significa: alguien que cría y

vende pollos. En consecuencia, se refieren a los inmigrantes como pollos, que es bastante apropiado, porque estos son tratados más como ganados que humanos.La inmigración ilegal es un negocio muy lucrativo. Los inmigrantes pagan entre $1500 a $3000 cada uno para cruzar. Para los polleros y sus jefes esta es, más que nada, la única consideración. Digamos, por ejemplo, que un pollero está dirigiendo un grupo de diez inmigrantes por el desierto y un hombre se tuerce el tobillo y no puede caminar más, el pollero lo deja para morir porque es mejor perder un poco de sus ganancias que todas sus ganancias. Ya he escuchado esta historia miles de veces.

Los Polleros también obligan sus inmigrantes a tomar píldoras, un cóctel de cafeína y pseudofedrina, que los puede matar, pero los mantiene moviéndose. La vida es barata para los "verdaderos monstruos" del borde.

Para las mujeres es peor. Historias de violación son tan comunes, que muchas de las inmigrantes esperan hasta que puedan viajar con un familiar masculino, o simplemente se resignan a otro "costo" para cruzar el borde.

Como si todo esto no fuera suficiente, hay otros monstruos con los que los inmigrantes tienen que lidiar, Bandidos. Estos los roban en el camino, por lo que muchos inmigrantes cosen bolsillos escondidos dentro de sus ropas nada más para el viaje. También están los carteles de drogas, que secuestran grupos enteros de inmigrantes, forzándolos cargar 50lbs de bultos de arpillera llenos de marihuana por áreas remotas de las montañas.

Esos son los "verdaderos" monstruos de desierto.

Si hay monstruos "imaginarios" por el borde, no son zombis o vampiros u hombres lobos. Son espíritus. En general, aproximadamente 200 cuerpos de migrantes son descubiertos en el desierto de Arizona cada año. Muchos de esos son esqueletos que han estado en el desierto por tanto tiempo que nunca vamos a saber cuánto tiempo han estado allí o quienes eran.

El verano pasado, durante la filmación con una Patrulla Fronteriza del equipo de búsqueda y rescate, encontramos dos cuerpos. El primero era de una madre joven, que tomo su último refugio debajo de un árbol mezquite. El segundo era de su hija de 11 años, que se había arrastrado unas trescientas yardas despues de que finalmente se dio cuenta que su mama ya no estaba allí. Su muñeca, una figura preciosa de una santa Mexicana en un vestido azul luminoso, estaba tirada en la tierra a su lado.

Por varios días lo único en que podía pensar era de esa jovencita. Ella debería haber estado preocupada por el monstruo en su clóset, pero en su lugar, ella como tantos otros confrontó "monstruos verdaderos" cruzando La Carretera del Diablo. Yo, por primera vez en muchos años, chequé debajo de mi cama y dormí con la luz prendida.

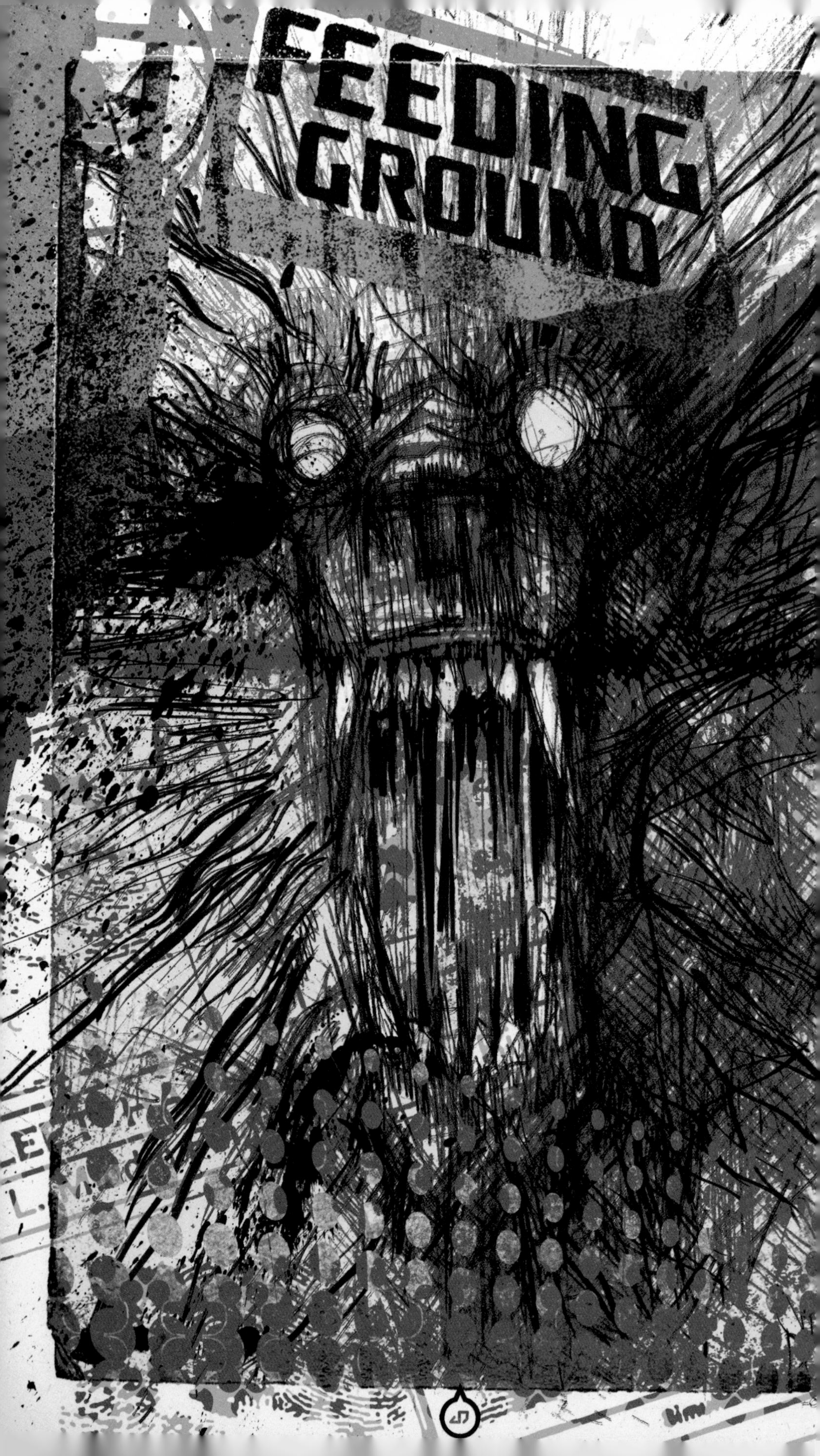
FEEDING
GROUND

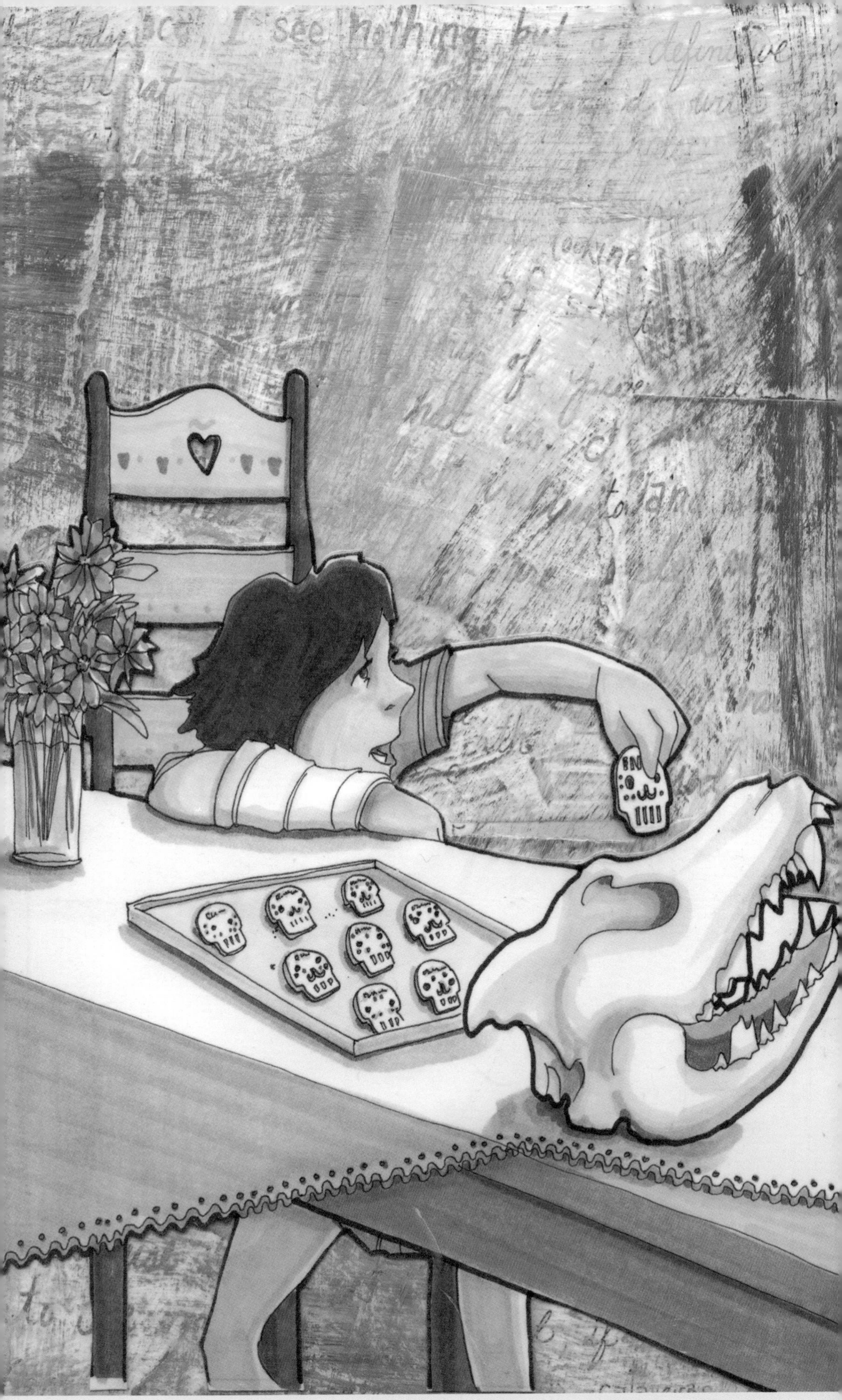
I see nothing but

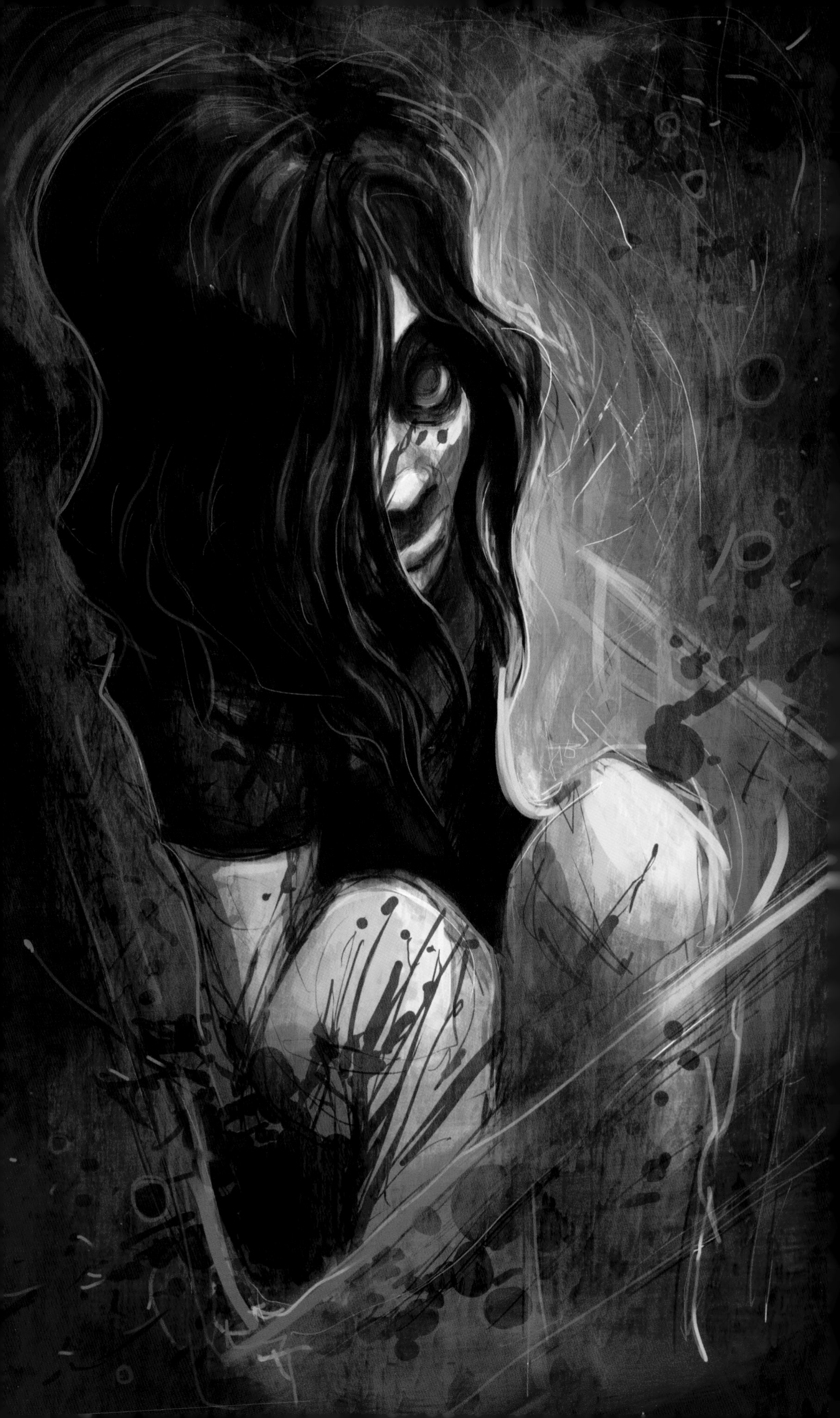

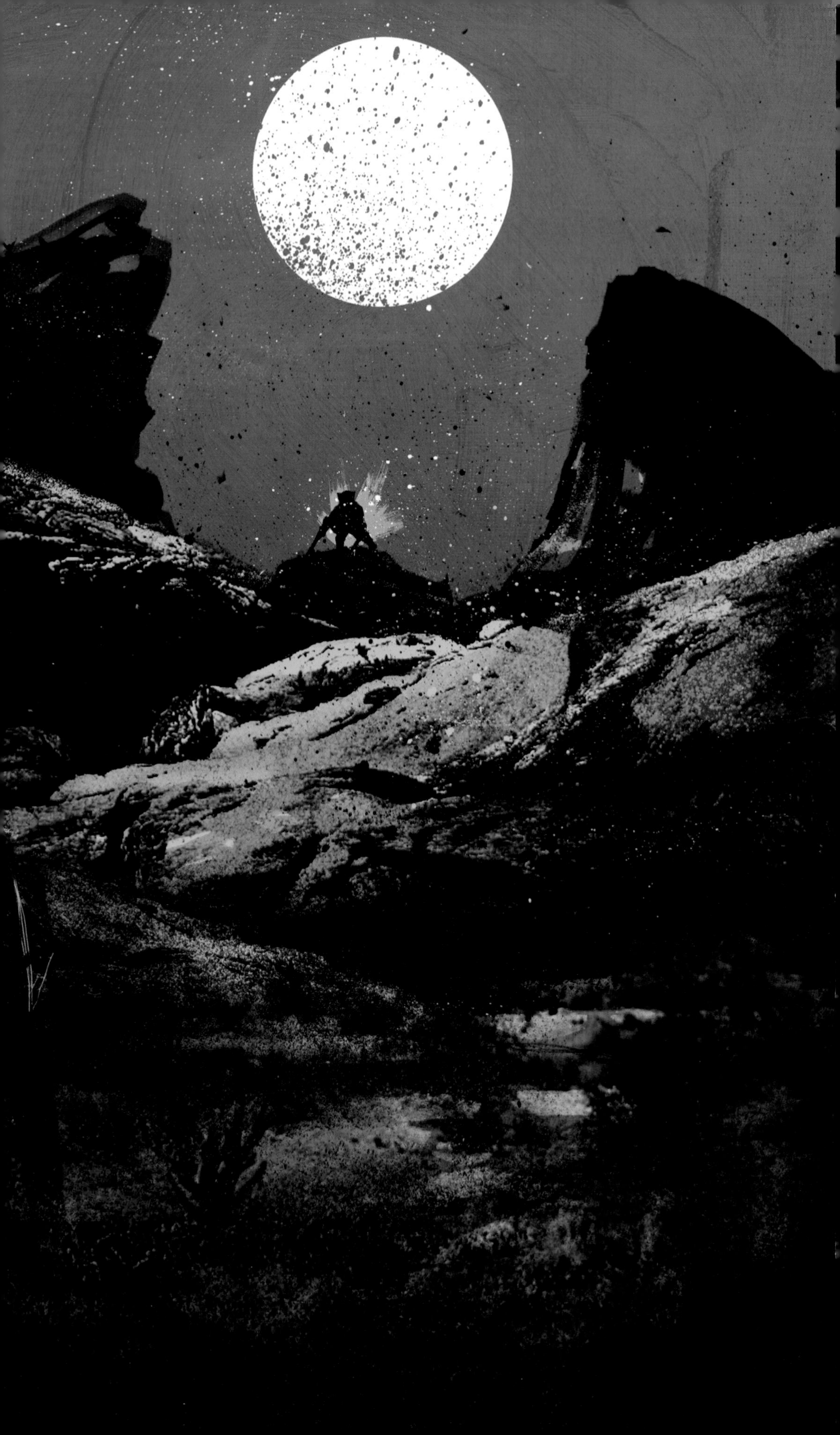

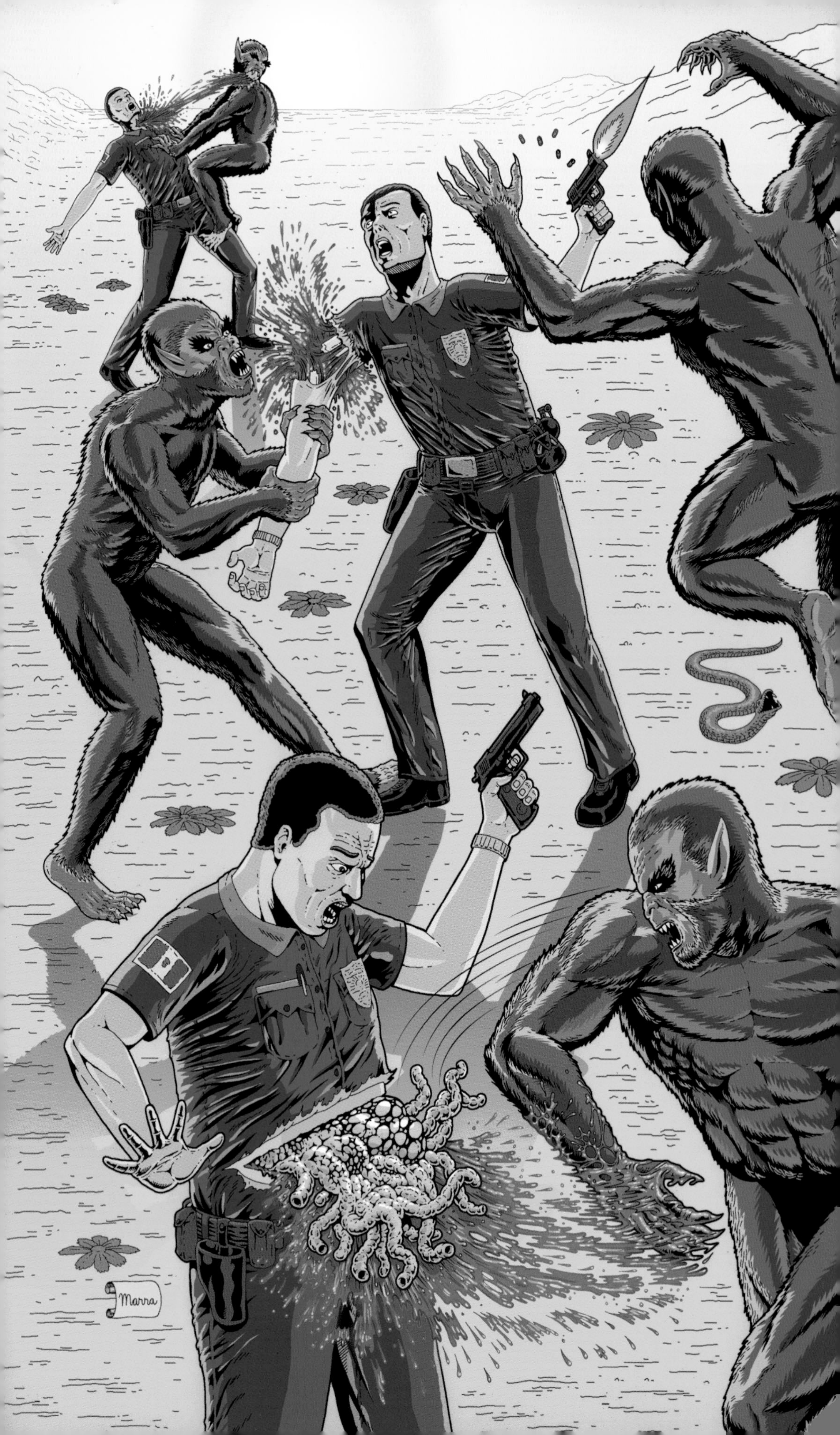
Marra

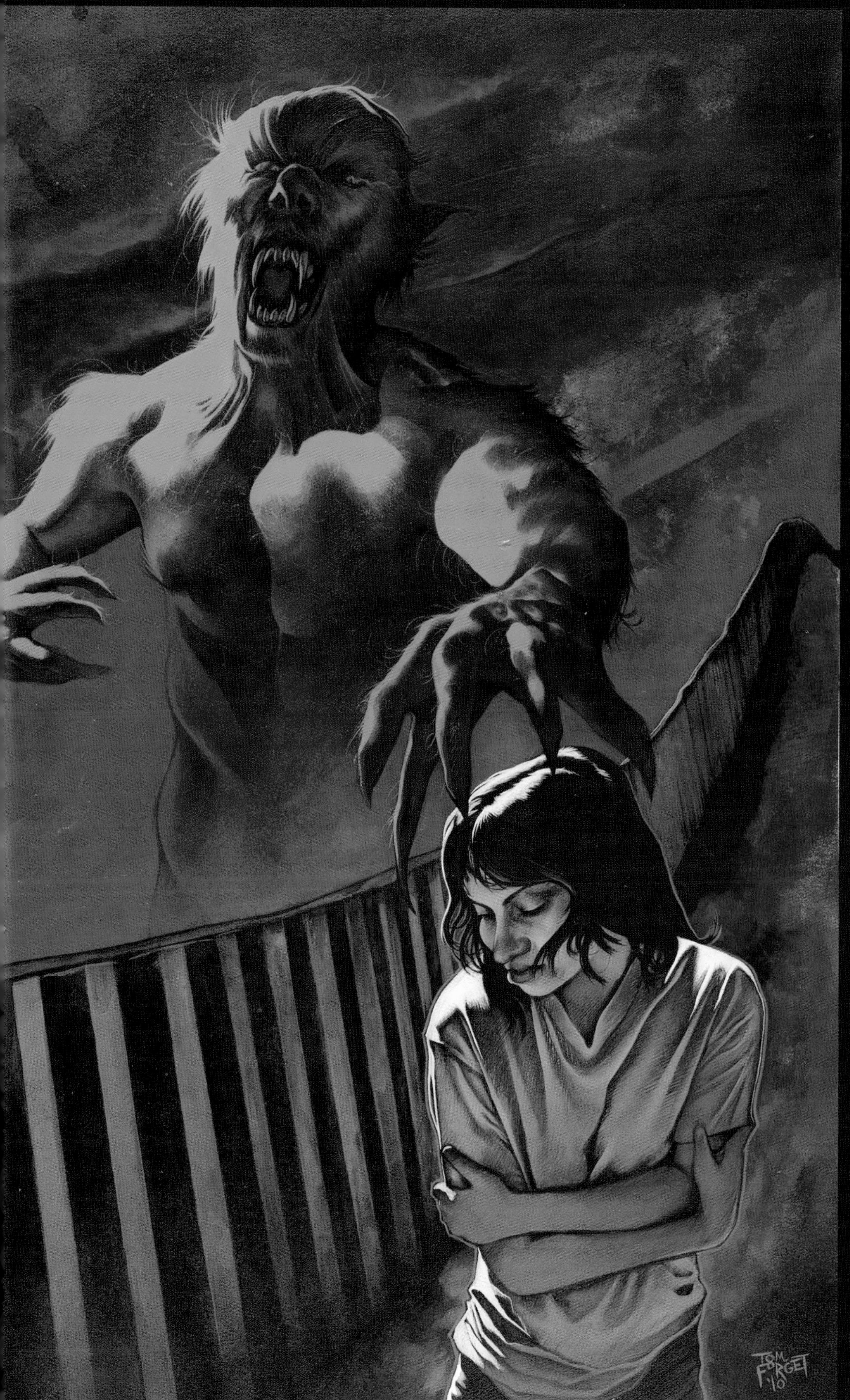
TOM FORGET '10

SOBRE LOS AUTORES

Como grupo, nos beneficiamos por la perspectiva y experiencias de **Thomas Peyton** y **Luis Alberto Urrea** los consejos de **Suzana Carlos**, y la camaradería y estímulo del artista **Juan Doe**, y la comunidad de creadores de cómics de **Bergen Street Comics**. Muchas gracias a todos de **Archaia Entertainment**, no sólo por reconocer nuestra visión y tomar el riesgo con *FEEDING GROUND*, si no también por su guía y apoyo para hacerlo más fuerte.

SWIFTY LANG   Siguelo en Twitter - @SwiftyLang

Swifty Lang nació en Liege, Bélgica y se educó en el Sur de Florida. Él recibió su M.A. en Estudios de Cinematografía por la Universidad de Ámsterdam. Es un reformado crítico de películas en donde sus textos han sido publicados en Sh'Ma y el Miami New Times. Swifty también ha gastado un montón de papel escribiendo guiones y ficción. Su fascinación con el horror empezó con miradas clandestinas de los libros médicos de su papá, y ahora se trasladan a FEEDING GROUND, su primer cómic profesional. Él llama Brooklyn, Nueva York su hogar.

Gracias a: Mis padres, el Dr Arnold y la Dra Gale; mis hermanos, David y Samantha; Neal Mitnick, Moshe Pinchevsky, B.B.; Mis gentes de Florida, NY y el mundo. Este libro está dedicado a mi mujer, Spooky, por escuchar sin juzgar, hasta sobre los hombres lobos.

MICHAEL LAPINSKI   mlapinski.blogspot.com

Michael es un Director de Arte para la industria de la animación en NYC, empezó como un Pintor de celdas de animación en el show *Doug* para Disney, después como Diseñador Digital en *Blue's Clues* para Nickelodeon, y finalmente como el Supervisor de Color para las *Tortugas Ninjas* con Dancing Diablo Studios. Como co-creador de Uppercut Animation, el creó el juego de red de boxeo *Batman Brawl!* para Warner Bros. El regresó a Nick como Director de Arte de *Chickiepoo & Fluff: Barnyard Detectives* y como Diseñador Digital en *Team Umizoomi*. FEEDING GROUND es su primer cómic profesional.

Gracias a Rick y Paul por el empuje de crear mi propio libro. Aplausos a mi familia – a mi prima Alexandra por su asistencia y mis padres que con su generoso afecto siempre me ayudan a crecer. Y a Lindsay, gracias por agregar una dulzura a mi vida y montar este lobo hasta Bayonne y más allá.

CHRIS MANGUN   www.chrismangun.com

Chris creció en el area de Chicagoland y se graduó con un BS en Educación de la Universidad de South-ern Illinois en el 2001. El ahora trabaja como Diseñador Digital y Desarrollador de Estrategias para agencias de publicidad en Nueva York donde él vive. FEEDING GROUND es su entrada a la publicación de cómics.

A Chris le gustaría dar gracias a las síguentes personas: Su papá Rick, que le enseñó artesanía. Su mamá, Kathie, que le enseñó como escuchar a las personas. Su hermana Jenny, que le abrió los ojos a las ideas y la música en el momento apropiado. Su hermano Rob, el mejor literato que él conoce. Su Tio Tim, por sus historias evocativas, que le enseñó que eran una forma muy importante de compartir. Y más que nada, su mejor amigo Mel, que creyó en él durante increíbles fines de semana y continúa apoyándolo. También a la cerveza Pale Ale... ese espíritu tan amable que a veces ayuda a lubricar la agradable rutina de los supues-tos eventos trascendentales de la vida.

NATHALIA RUIZ MURRAY   venoozianmade.blogspot.com

Nació en Caracas, Venezuela, Nathalia se educó en la Gran Manzana. Fascinada con el movimiento, ella estudia Kyudo, Danza Árabe, Roller Derby y Yoga. Ella aplica ese conocimiento construyendo títeres y dándoles vida un cuadro a la vez. Esta es su primera incursión en traducir cómics.

Nathalia le quiere agradecer a Mike, Swifty y Chris por dejar que ella sea parte de este fascinante mundo de lobos. Está agradecida con su esposo Liam Murray, por no molestarse cuando leía los guiones en voz alta (a veces con énfasis de telenovela) en español. Pero más que nada quiere agradecer a su mamá, Inés Ruiz, por aguantar todas las preguntas de dichos mexicanos (ojalá que no esten pasados de moda), y no regañándola cuando se le olvidaba uno que otro acento.

Gracias a Germán Ventriglia por la fuente **CAN CAN DE BOIS**. Y gracias a los artistas en La Galería de Pin-ups:

Juan Doe *juandoe.com*   **Alex Eckman-Lawn** *alexeckmanlawn.com.com*   **Tom Forget** *tomforget.com*
Chandra Free *spookychan.com*   **Janet Lee** *j-k-lee.com*   **Benjamin Marra** *benjaminmarra.blogspot.com*